高端智库

中原智库丛书·论丛

智库

建设新型高端智库

JIANSHE XINXING GAODUAN ZHIKU

阮金泉　王承哲◎主　编
李同新　王玲杰◎副主编

经济管理出版社
ECONOMY & MANAGEMENT PUBLISHING HOUSE

图书在版编目（CIP）数据

建设新型高端智库/阮金泉，王承哲主编；李同新，王玲杰副主编．—北京：经济管理出版社，2023.4

ISBN 978-7-5096-9231-8

Ⅰ.①建… Ⅱ.①阮… ②王… ③李… ④王… Ⅲ.①咨询机构—研究—中国 Ⅳ.①C932.82

中国国家版本馆 CIP 数据核字(2023)第 178370 号

组稿编辑：申桂萍
责任编辑：谢　妙
责任印制：黄章平
责任校对：王淑卿

出版发行：经济管理出版社
（北京市海淀区北蜂窝 8 号中雅大厦 A 座 11 层　100038）
网　　址：www.E-mp.com.cn
电　　话：(010) 51915602
印　　刷：唐山玺诚印务有限公司
经　　销：新华书店
开　　本：720mm×1000mm/16
印　　张：16
字　　数：301 千字
版　　次：2023 年 4 月第 1 版　　2023 年 4 月第 1 次印刷
书　　号：ISBN 978-7-5096-9231-8
定　　价：98.00 元

编委会名单

目　录

以高质量的成果担当智囊大任

刘俊勋*

智库是具有资政启民职能的咨询研究机构，是社会经济高质量发展的重要智力支撑，是体现国家软实力的重要标志。我们要以习近平新时代中国特色社会主义思想为指导，深入贯彻党的十九届六中全会精神、河南省第十一次党代会精神，围绕“两个确保”和“十大战略”，以前瞻30年的眼光，提出具有建设性、针对性的决策咨询报告，为河南省委、省政府决策提供智力支持，以高质量的成果担当智囊大任。

第一，坚持以人民为中心，突出人民立场。智库具有服务决策、舆论引导的职能，直接影响政策的制定和群众的价值导向，站稳人民立场尤为重要。智库要坚持以人民为中心，始终代表最广大人民的利益。要对党讲赤诚，对民讲良心；以良心建言，以公心辅政；不做刀笔吏，不当马屁精；不为一小撮人摇旗呐喊，不为极个别人证明背书。做到立场坚定，实事求是，始终谨记“把屁股端端地坐在老百姓的这一面”。

第二，坚持研以致用，突出资政建言。智库不仅要做好研究，更要有实用性，研以致用。必须充分发挥为社会经济发展资政建言、献计献策的重要职能。要把服务决策、支撑决策作为实现自身价值的根本路径。要以实现确保高质量建设现代化河南、确保高水平实现现代化河南作为当前最高的奋斗目标，提出破解难题的正确思路和有效办法，形成一批高质量、有价值、可操作的思想产品和研究成果，为河南省委、省政府提供决策咨询。

第三，坚持问题导向，深挖问题本质。智库要立足河南实际，把发现问题、

* 刘俊勋，河南省委政研室一级巡视员。

解决问题作为推动河南省社会经济进步的根本路径，尽量多出一些内参，尤其是要努力克服内参“不内”的问题。一要勇于发现问题，坚持去伪存真、去粗取精、不避尖锐、不惧繁难、直面问题、直击痛点，挖掘出造成河南省发展不平衡不充分、不协调不适应的根本问题。二要善于发现问题，加强对马克思主义基本原理的学习，加强对河南省发展面临的重大实践、重大政策的分析，不断强化捕捉问题、发现问题本质的能力。

第四，坚持结果导向，注重跟踪问效。形成重要研究成果是智库工作的重要内容，但不是工作的终点。智库工作要坚持以结果论英雄，以效果论英雄，做到“顶天立地”。“顶天”就是能够在云端做学问，能够以更高的视野，将实践、经验上升为理论，形成建设现代化河南的理论体系；“立地”就是能够将理论落地生效，解决实际问题。能够科学判断运筹，针对当前河南社会经济发展中遇到的问题，设计出有效果、可操作的解决方案。要坚持以结果为导向，以是否解决问题、是否获得成效作为评判智库工作好坏的根本标准。

第五，坚持解放思想，注重突破创新。当今世界，百年未有之大变局加速演进，特别是构建新发展格局，对每个地方都是一次机遇性、竞争性、重塑性的变革，不进则退、慢进亦退、不创新必退。智库要深刻理解河南省在构建和融入新发展格局中的定位，解放思想、突破创新，善于从“新时代”与“大变局”中创新解决问题的方法，助力河南省在新一轮竞争中换道竞速、争先创优。

第六，坚持善打交道，注重沟通协调。智库具有资政启民的职能，工作不是孤芳自赏，更不是自娱自乐，智库研究人员要勇于从书斋里“走出去”。一要学会和决策部门沟通。要理解党政机关的行政逻辑，准确获取决策者需求，切实推动优秀策略、方案进入决策者的视野，纳入决策的制定中。二要学会和社会沟通。要学会群众语言，准确获取群众对问题的看法和诉求，并能用通俗易懂的方式把自己的思想表达好，让社会听到、听懂，真正当好党政的“智囊团”、群众的“连心桥”。

第七，坚持交流合作，建立共享机制。智库的发展离不开相互之间的交流合作，闭门造车只会造成孤陋寡闻。全省智库要联合起来，形成合力。一是在课题设置上加强交流合作。智库之间要定期召开联席会议，围绕河南省委中心工作和全省发展中的重大问题，商议研究课题，协同设置重大议题，强化应用对策研究。二是在研究推动上加强交流合作。定期召开座谈会交流经验，相互通报最新的研究进展；互派骨干力量参与研究方向相近的课题，形成人才共同培养、知识互通有无的场面。三是在成果应用上加强交流合作，相互运用平台和渠道及时反馈研究成果，实现双方成果材料共享。

让我们携手共创，以智为擎，以谋辅政，用高质量的成果肩负起智库的崇高责任，为实现确保高质量建设现代化河南、确保高水平实现现代化河南展现智库担当！

学习贯彻河南省第十一次党代会精神 进一步提高政府决策咨询服务水平

皇甫小雷*

围绕学习贯彻河南省第十一次党代会精神，进一步提高政府决策咨询服务水平，主要从以下三个方面发挥智库作用：

一、深入学习省第十一次党代会精神，确保会议要求落实落细

河南省第十一次党代会从立足新发展阶段、贯彻新发展理念、构建新发展格局、实现高质量发展出发，以全局视野、系统观念、辩证思维，前瞻30年、谋划15年、做好“十四五”为出发点，对现代化河南建设进行谋篇布局，提出了锚定“两个确保”宏伟目标，部署实施“十大战略”，进一步坚定了全省上下在党中央、国务院和河南省委、省政府的领导下，开创现代化建设新局面的信心与决心，激发全省人民奋勇争先、更加出彩的奋斗热情。

通过学习，笔者认为以下几个方面需认真把握：一是把握好河南未来发展的宏伟蓝图、发展路径。当今世界正经历百年未有之大变局，中华民族伟大复兴正处在关键时期，我们需要认清历史方位、明确努力方向。河南省第十一次党代会分阶段描绘了全面建设现代化河南的宏伟目标，谋划提出“十大战略”，为建设

* 皇甫小雷，河南省人民政府研究室副主任。

现代化河南明晰了任务书、时间表和路线图。二是把握好河南强化枢纽经济优势的战略意义。抢抓构建新发展格局战略机遇，对每个地方都是一次机遇性、竞争性、重塑性的变革，不进则退、慢进亦退，我们必须入局而不能出局。河南省第十一次党代会提出推动交通区位优势向枢纽经济优势转变，为河南立足区位交通优势打造枢纽经济、形成战略支点找到了重要着力点。三是把握好河南创新驱动的内在动力。进入新发展阶段，支撑发展的要素条件发生了深刻变化，创新成为引领发展的第一动力。河南省第十一次党代会把创新驱动、科教兴省、人才强省摆在“十大战略”之首，强调创新是发展的逻辑起点、现代化建设的核心位置，为我们推动高质量发展明确了动力来源。四是把握好数字化转型的重要地位。当今社会，数字经济发展速度之快、辐射范围之广、影响程度之深前所未有，正在成为重组全球要素资源、重塑全球经济结构、改变全球竞争格局的关键力量。河南省第十一次党代会强调，要突出数字化引领、撬动、赋能作用，为我们顺应新一轮科技革命和产业变革，全面推动产业转型升级，明确了重要抓手。此外，此次党代会还对城乡融合、都市圈建设、改革开放、生态建设、乡村振兴、民生改善、社会治理、党的建设等领域进行了全面系统部署。全省各级各类智库都应深入学习，自觉躬身入局，主动担当作为，为实现“两个确保”、实施“十大战略”、谱写新时代中原更加出彩的绚丽篇章贡献力量。

二、认真履行“以文辅政”职能，积极发挥省政府研究室桥梁纽带和智库平台作用

河南省政府研究室是河南省政府正厅级直属机构，承担着服务主要领导、研究重大问题、起草重要讲话等“以文辅政”职能。一年来，我们在智库建设方面做了以下工作：

（一）高质高效做好文稿起草

组织起草河南省政府主要领导在省委经济工作会议、省人民代表大会《政府工作报告》、省委农村工作会议、省政府全会等综合性讲话文稿，以及疫情防控、防汛调度、万人助万企、灾后重建、数字政府建设等专题性会议讲话文稿，共计

180 多篇、100 多万字，多数文稿得到了省政府主要领导的肯定，有效服务了省政府中心工作的部署和开展。

（二）深入细致开展调查研究

围绕河南省委、省政府中心工作和河南省委、省政府领导关心关注的热点、难点问题，积极开展专题调研，起草撰写了一批高质量的调研报告，为领导谋划推动工作起到了资政参谋的作用。2021 年以来，在呈报的 10 篇《策报》中，有 5 篇得到了领导的批示和肯定，批示率达 50%。同时，持续完善调查研究制度和方式创新，加强对全省 17 个县市调研基地的指导和联系，推动调研由一次性调研向持续调研、深度调研、蹲点调研转变，促进调研工作深入开展。

（三）用心用力推进决策咨询

提供决策咨询是履行“以文辅政”职能的重大责任。组织协调有关省直部门和单位、科研机构、高等院校及相关智库等力量，围绕本年度 30 个重点研究专题进行调研，为省政府决策提供了重要参考。广泛联系有理论、重实际、视野广、水平高的各领域专家，为领导决策提供针对性服务。组织全省政府系统综合文字工作人员到高校、干部学院进行集中培训，提升了教育培训的针对性、系统性。

（四）精益求精提供信息服务

把做好信息服务作为发挥参谋助手作用、服务科学决策的重要渠道。紧跟中央政策热点和全省关注重点，围绕服务全国两会、中央经济工作会议等重大活动，以及省委、省政府重要会议，专题整理提供经济运行、产业发展、改革开放、城市建设、科技创新等相关参阅资料数十期。完成省政府常务会议需要学习领会的习近平总书记重要论述摘编 39 期，为服务省政府主要领导决策作出积极贡献。

三、加强中原新型智库建设，为河南高质量发展贡献智慧

新型智库建设对现代社会、当今中国、当前河南都非常重要，尤其在我国外

部环境日趋复杂，国内经济发展面临需求收缩、供给冲击、预期转弱三重压力下，河南省要完成省第十一次党代会提出的目标，推动“十四五”规划落实，实现高质量发展，都需要中原各级各类智库贡献智慧。河南省委书记楼阳生、河南省省长王凯都非常重视智库建设，在不同场合都提出要充分集中各方智慧、凝聚最广泛力量，建好用好新型高端智库，提高决策科学化水平，更好推动现代化河南建设。为顺应形势发展，落实好省委、省政府主要领导要求，笔者提出以下三点建议：

（一）建立分工协作机制

为避免低水平重复研究，避免理论研究与决策需求脱节，从而形成各类智库研究合力，需要加强顶层设计，建立协作机制。一是省委、省政府依托相关部门分别建立专家决策咨询委员会或联席会议制度，根据党委、政府中心工作需要，分别统筹课题拟定、确定分工、协同攻关、成果上报等智库建设运作工作。二是建立课题征集发布机制。由省委、省政府建立的专家决策咨询委员会分别征集和拟定年度课题和阶段性课题，充分征求意见，经领导审定后作为省级课题对有关智库单位发布，明确研究分工，督促抓好落实，并将上述课题作为重点课题给予支持。三是建立智库组织参加有关会议机制。根据工作需要，除有保密要求外，省委、省政府重大决策性会议可吸收专家决策咨询委员会和有关智库负责人列席，以便及时了解跟进决策动态和决策需求。

（二）搭建智库活动平台

一是完善定期研讨交流合作机制。推进定期研讨制度化，定期组织全省政策研究和决策咨询机构交流会议，促进常态化的交流沟通，实现资源共享、合作共赢。积极组织参加国家和省外组织举办的智库活动，加强与国内、国际各领域著名智库和专家学者的交流合作，提升智库开放发展水平。二是提升中原智库论坛影响力。当前中原智库论坛已经发挥了很好的作用，但活动影响力还不大，需要提升活动层次，精心设置议题，加大活动频度，整合专业智库的优势资源，常态化、高频度推出各种成果，转化为全省高质量发展的现实生产力。

（三）强化智库成果转化

一是建立专家参与决策机制。对于重大战略、重大规划、重要政策、重大民生关切等方面，在完成初步方案制订后，可通过专家决策咨询委员会委托智库研究论证、做出评价、提出建议，并将其纳入决策前置程序的必要环节。二是建立决策研究成果发布机制。党委、政府的专家决策咨询委员会可以通过网站、专报、简报等方式，统一发布决策需求信息和研究成果。三是建立领导对智库成果的采纳反馈机制。省领导对有决策参考价值的成果主动批示有关部门研究或办理，专家决策咨询委员会定期通报领导批示情况，以调动智库专家的工作积极性。

聚焦聚力乡村振兴　夯实县域经济“成高原”的重要基础

李新年*

“郡县治，天下安。”河南省第十一次党代会以前瞻30年的眼光，作出了推动县域经济“成高原”的决策部署，这是贯彻落实习近平总书记关于县域治理“三起来”和乡镇工作“三结合”的重要举措。县域经济是区域发展的基石，是推动区域发展升级的支撑。实践证明，一个地区发展得好不好，在很大程度上取决于县域经济发展得如何，取决于县域经济能否成为区域发展中的“高原”。县域经济发展的关键在乡村，短板在乡村，潜力也在乡村，实施乡村振兴战略是促进县域经济发展的有力保障。因此，要贯彻落实习近平总书记重要讲话精神和河南省第十一次党代会精神，必须聚焦聚力乡村振兴，充分发挥乡村振兴对县域经济的支撑作用，促进城乡要素、资源、产业等方面的深度融合，为推动县域经济“成高原”提供坚实的基础。

一、当前推进乡村振兴面临的难题

2022年是全面推进乡村振兴的关键之年。这一年来，我们组织力量深入基层开展了田野式调研。从调研情况来看，目前全面推进乡村振兴面临以下几个难题：

---

* 李新年，河南省社科联党组成员、副主席、研究员。

一是农村集体经济薄弱与其重要地位不相符。发展和壮大农村集体经济，是助推乡村振兴战略的有效途径，是实现农民共同富裕的物质保障。但是，当前农村集体经济薄弱仍比较普遍，以某县为例，村集体经济年收入低于 10 万元的村占很大比例，有的村甚至是经济空壳村，严重影响了乡村振兴的推进力度。

二是农村产业发展需求与建设用地规划的矛盾。2020 年中央一号文件提出，新编县乡级国土空间规划应安排不少于 10%的建设用地指标，重点保障乡村产业发展用地。但现实中，乡村谋划的一些好项目，往往因为没有建设用地规划而不得不放弃。

三是乡村有效治理与基层组织公信力不高的矛盾。治理有效是实现乡村振兴的重要保障。在调研中我们发现，基层不能有效治理与基层组织公信力不高有很大关系。主要是基层组织在落实中央和省委政策上存在不到位的情形，特别是一些基层干部对群众乱许诺或答应的事办不到，失去了群众的信任，导致群众不愿意配合乡村干部工作，甚至有的村民还会故意制造矛盾和冲突。

四是群众发展愿望与其内生动力不足相矛盾。很多群众都知道乡村振兴是好事，也希望政府把乡村振兴的“蛋糕”做大。可是，个别群众“等、靠、要”思想仍比较重，只想着自己伸手找政府要，而不考虑自己怎么靠劳动获取。甚至有个别群众，为了达到个人的利益诉求，动不动就以上访为由给乡村两级干部出难题。

五是基层组织功能发挥与人才匮乏相矛盾。在一些村庄，由于村干部综合素质和工作积极性不高，致使村组织功能无法得到有效发挥，进而不能有效动员组织群众干事创业。又由于待遇低，且认为没有“发展前途”，导致高素质的年轻人不愿意当村干部，缺乏干事创业领头人。

二、化解乡村振兴矛盾问题的对策建议

一是坚持把发展村集体经济和农村产业作为重要突破口。要进一步加大政策的落实力度，特别是在农村建设用地上，既要坚决守住 18 亿亩耕地红线，又要合理调配城乡建设用地指标，根据每个村的实际情况，整合有限的土地资源，为发展村集体经济和农村产业提供建设用地。要重视采用资本运营的办法，努力盘

活农村资本，大力发展特色经济，力争每个行政村都有一个可持续增收的村集体经济发展项目和支柱产业。

二是切实以优良的干部作风增强基层组织的公信力。基层干部是群众衡量政府公信力的重要窗口。因此，增强政府公信力，关键在于培养优良的干部作风。当前，河南省正在开展“能力作风建设年”活动。按照省委统一部署要求，要切实开展好“能力作风建设年”活动，着力提升基层干部做好乡村振兴工作的本领，实实在在为群众办实事、办好事。

三是着力推进新时代文明实践中心（所、站）建设。习近平总书记强调，要推进新时代文明实践中心建设，不断提升人民思想觉悟、道德水准、文明素养和全社会文明程度。要切实把建设新时代文明实践中心（所、站）作为“一把手”工程来抓，从各村实际出发，以党群服务中心为依托，建好用好这个推进乡风文明建设的主阵地。要加大乡村文化人才培养力度，以群众为主角，讲好党的故事、革命的故事、英雄的故事，演活群众身边的人和事，教育引导群众自觉听党话、感党恩、跟党走，激发群众参与和支持乡村振兴的内生动力。

四是坚持以党组织为核心把乡村人才集聚起来。习近平总书记指出，乡村振兴，人才是关键。要积极培养本土人才，鼓励外出能人返乡创业，鼓励大学生村官扎根基层，为乡村振兴提供人才保障。要把农村基层党组织建设放在首要位置，提高农村干部的政治待遇和工资待遇，特别是“发展前途”问题，吸引更多的优秀人才，使他们愿意当村官、争着当村官，把农村基层党组织建设成人才济济的能够产生强大磁引力的组织阵地，以党建为引领，通过有成就的事业把各类优秀人才集聚到乡村振兴一线。

三、推进乡村振兴的几点思考

一是要用好调查研究这件“传家宝”。没有调查就没有发言权，没有调查也没有决策权。不同的乡村有不同的自然禀赋、资源条件和人文风貌，不同的群众有不同的性格和利益诉求，必须踏踏实实做好调查研究，真真实实把情况摸清楚，才能真正做到有的放矢、对症下药，才能把乡村振兴的工作做到家、做到位。

二是要用好实事求是这把“金钥匙”。中国共产党靠实事求是起家，全面推进乡村振兴同样靠实事求是。实践证明，哪个地方实事求是了，哪个地方乡村振兴就抓得好。反之，则很难破解难题、推动发展。比如，在调研中发现的某村物流园建设问题，实质上该村有一块地，曾是当年建高速公路的石料厂，也撂荒多年，现在群众用来临时停车。这块地由于土地性质而无法开发利用，致使该土地无法产生最大的经济效益。这就需要以实事求是的态度，来破解这一难题。

三是要建好“农”字牌新型智库。近年来，河南省一些高校相继设立了乡村振兴研究院，在推进乡村振兴中很好地发挥了智库作用。要进一步支持与扶持高校和科研机构乡村振兴研究院（所）的建设，特别是要重视吸收一批有乡村生活背景、工作经验和政策理论水平的各界人士加入进来，并组织专家学者多到乡村开展田野式调研，增强“农”字牌新型智库的乡土味，真正拿出符合农村实际且有创造性、前瞻性的智库成果，为乡村全面振兴提供强有力的智力支持。

锚定“两个确保” 积极发挥智库作用

廖富洲*

河南省第十一次党代会是在“两个一百年”历史交汇处的重要时间节点，也是在开启全面建设社会主义现代化河南新征程的重要时刻召开的一次重要会议。这次党代会确立了河南“两个确保”目标，提出实施“十大战略”，不仅明确了今后五年工作的总体要求、主要目标、重大战略、主要任务、重要举措，而且描绘了今后15年、30年全面建设现代化河南的宏伟蓝图，具有很强的政治性、思想性、战略性、前瞻性、指导性。这是新一届河南省委对河南现代化建设的全景式谋篇布局，是指导河南全面建设现代化、谱写新时代中原更加出彩绚丽篇章的重要会议，在河南发展历史进程中具有重要的里程碑意义，对河南今后的经济社会发展必定产生深远的影响，也为河南的智库研究增添了丰富的内容，指明了研究方向。作为河南的智库单位，全面学习宣传和贯彻落实河南省第十一次党代会精神，是当前和今后一段时期的一项重大政治任务，必须为河南实现“两个确保”目标做出努力、做出贡献。

一、要紧紧围绕中央和省委中心工作进行研究

河南省第十一次党代会为河南省现代化建设描绘了蓝图，明确了目标和方向，对当前和今后一个时期河南省经济社会发展具有重要指导意义，尤其是在本

* 廖富洲，中共河南省委党校校委委员（党组成员）、二级教授。

次党代会报告中的新思想、新观点、新举措不时跃入眼帘，令人振奋、催人奋进，对河南省将产生重要影响。比如，本次党代会提出的“十大战略”，提出的建设制造强省、材料强省、现代种业强省，打造品质河南、设计河南、技能河南等新观点；提出的“不进则退、慢进亦退、不创新必退”判断，坚定走好创新驱动高质量发展“华山一条路”的决心；在对河南省区域发展布局作出的新部署，提出既要加大郑州国家中心城市建设力度，强化洛阳副中心城市能级，支持南阳建设副中心城市，又要实现四区联动“组板块”，加快构建主副引领、四区协同、多点支撑的发展格局；在县域经济高质量发展方面提出做强做优“一县一省级”开发区、全面推行省直管县财政体制改革等新的举措；以及提出以党建“第一责任”引领保障发展“第一要务”；等等。这些都是对河南影响深远的重大问题，也应该是智库研究的中心内容。

2021 年召开的中央经济工作会议提出了很多新的问题需要研究。比如，我国经济发展面临需求收缩、供给冲击、预期转弱三重压力；重提“坚持以经济建设为中心”是党的基本路线的要求，要推动经济实现质的稳步提升和量的合理增长；提出稳字当头、稳中求进的主基调；坚持先立后破，稳扎稳打；2022 年经济工作中的七大政策组合，以及提出要正确认识和把握五个方面的重大理论和实践问题等。这些都是当前经济转型与改革的焦点与痛点，而这些问题河南都不同程度地存在，有些方面还比较严重。如何根据中央精神，结合河南实际，更好地把握和解决这些问题，应该是智库研究的重要内容。只有紧紧围绕中央和省委中心工作进行研究，建言献策，才能体现智库研究的针对性、时效性，才能体现智库的价值。

二、要踏踏实实地开展实地调研和跟踪调研

智库成果的核心内容是高质量的决策咨询报告。没有调查就没有发言权，自然也没有决策基础。一方面，调研是掌握一手资料、摸清问题真相的过程；另一方面，调研是向基层学习、向群众取经的过程。只有以丰富翔实的调研资料为基础，不断提高发现问题、分析问题、解决问题的能力，才能提出观点正确、分析深刻、切实可行的对策建议。比如，“全面推行省直管县财政体制改革”，要思

考如何处理好“省—市—县”关系、解决好县域经营、债务、产业、资金等问题，这些内容不是一次调研就可以完成的，更不是走马观花可以应付的，需要持续地跟踪调研，面对面地和基层同志进行深入、细致的对话。

中共河南省委党校对此主要有两个做法：一是发布年度重点调研课题。每年发布立项一批校级专项课题、决策咨询重点调研课题，要求课题组开展实地调研，形成言之有据、言之有理的研究报告。二是开展全校蹲点调研。2021年下半年，省委党校围绕省委工作会和省第十一次党代会重大决策部署，组织动员全体教职工以部门为单位，到全省各地基层蹲点调研，成效显著，发现了一些真问题，提出了一些好建议，不少调研报告获得了省领导肯定性批示。这既能锻炼队伍、推出成果，又能倾听群众心声、解决实际问题。这一调研形式将形成常态化机制。

三、要注重凝聚发挥集体团队的智慧力量

一个人的力量是有限的，集体的智慧才是无穷的。河南省第十一次党代会报告是一篇大文章，许多问题繁复急迫、相互交织，在开展对策研究时，单兵作战是行不通的，必须依靠团队的智慧和力量。一方面，组团攻关能够集思广益、博采众长，使问题分析更加全面深刻、对策建议更加科学有效；另一方面，成员之间可以协作分工、提高效率，更快更好地找到破题之策、解题之法。这就要求我们形成“开门办智库、开放办智库”的思维，积极互动，形成合力。

中共河南省委党校对此主要采取了三个方面的措施：一是鼓励跨界多元合作。支持教研人员之间、教师和学员之间打破条块限制，共同组建团队，推动协作分工，发挥各自特长，促进优势互补。二是开展经常性学术交流。通过组织开展研讨会、座谈会、学术交流会等多种形式，鼓励头脑风暴、百家争鸣，使研究的问题更加聚焦，不断产生新思想、找到新方案。三是搭建交流联系协作平台。我们已经筹划启动组建全省党校系统智库联盟，聚合全省党校系统精兵强将3000多人，打造地方特色高端智库平台。党校系统智库联盟将在研究贯彻落实河南省第十一次党代会精神上全力布局。

四、要高度重视人才的关键作用

推动河南省新型智库高质量服务河南经济社会发展，人才是第一资源；没有高层次人才，就不可能有高质量的决策咨询报告。要积极营造尊重人才的良好氛围，搭建人才施展才华的广阔舞台，千方百计调动人才的积极性、主动性、创造性。一方面，要重视发挥智库领军人才的支撑引领作用，让他们成为政策理论研究和创新团队建设的“领跑者”“开拓者”；另一方面，要注重对智库青年人才的培养锻炼，使他们尽快成为党和政府“信得过、用得上、靠得住”的“好参谋”“好助手”。

中共河南省委党校历来重视人才工作，主要体现在以下几个方面：一是用好优秀学员资源。党校学员来自各行各业，在工作岗位上有丰富的实践经验和真知灼见，结合在党校学习培训期间的理论思考，能够迅速形成一批高水平的决策咨询报告。二是选拔优秀青年挂职锻炼。一方面实实在在地为他们提供服务地方经济社会发展的机会；另一方面解决了从校门到校门，对基层实际不了解的问题。三是加大人才引进培养力度。近年来，吸引了海内外数十位年轻博士来校工作，这些新鲜血液带来了许多新视野、新观念、新方法。我们通过创新人才培养选拔机制，完善激励机制，改革评价体系，为优秀青年施展才干创造了良好环境，让这些年轻人想干事、能干事、干成事，很多青年已经崭露头角，成为“教研咨学”一体化工作的有生力量。

中国式现代化道路和“两个确保”五问

王承哲*

党的十九届六中全会指出，党领导人民成功走出中国式现代化道路，创造了人类文明新形态，拓展了发展中国家走向现代化的途径。实现现代化是中华民族和世界上许多民族共同的追求。工业革命以来，西方发达国家主导的现代化道路成为世界现代化的主流，也是大多数发展中国家模仿的对象。中华人民共和国成立以来，党领导人民既借鉴国际经验，又从国情出发，逐步摸索出一条中国式现代化道路，现在我们仍然走在这条道路上。河南省委认真学习贯彻党的十九届六中全会精神，从河南省第十一次党代会到省委经济工作会，系统谋划部署了确保高质量建设现代化河南、确保高水平实现现代化河南“两个确保”奋斗目标和战略安排。这标志着河南省正在探索省域层面实现现代化的新路子、新途径、新模式。实现这一目标，要做好“五问五答”。

第一问：中国式现代化道路是什么？现代化本质上是人的现代化。中国式现代化新道路，是中国共产党在马克思主义理论的指导之下，紧紧依靠广大人民群众艰苦奋斗而成功探索出来的正确道路，是在吸取人类一切有益成果包括西方现代化经验教训基础上对西方现代化道路的超越。这一现代化新道路的深刻内涵，正如党的二十大报告指出的，“中国式现代化是人口规模巨大的现代化，是全体人民共同富裕的现代化，是物质文明和精神文明相协调的现代化，是人与自然和谐共生的现代化，是走和平发展道路的现代化”。实现现代化是人类文明发展与进步的显著标志，是近代以来世界各国孜孜以求的共同目标。不同国家应根据本国的历史、文化、传统、国情等，自主选择适应时代发展要求并具有可持续发展

---

* 王承哲，河南省社会科学院院长。

前景的现代化道路。

第二问：“两个确保”高质量高在哪里？现在，我国正处于转变发展方式的关键阶段，传统发展方式难以为继，同时世界新一轮科技革命和产业变革正在多点突破，只有推动高质量发展，形成优质高效多样化的供给体系，才能在新的水平上实现供求均衡，实现经济持续健康发展。此外，我国社会的主要矛盾已经转化为人民日益增长的美好生活需要和不平衡不充分的发展之间的矛盾，不平衡不充分的发展就是发展质量不高的表现。解决我国社会的主要矛盾，就必须推动高质量发展。在河南省委工作会议谋划“两个确保”目标的过程中，楼阳生书记强调，“高质量发展不能只是一句口号，更不是局限于经济领域”；在河南省第十一次党代会工作报告起草调研中进一步指出，“经济、社会、文化、生态等各领域都要体现高质量发展的要求”。河南作为经济总量稳居全国第五位的大省，我们要推进的现代化，从过程上看必须是高质量建设的现代化，从目标上看也必须是高水平实现的现代化，两者辩证统一于现代化河南建设的全过程。

第三问：高水平的河南现代化标杆拉高在何处？河南在提出高水平实现现代化河南的奋斗目标时，强调了综合实力、创新能力进入全国前列，人均生产总值、城镇化率、研发经费投入强度、全员劳动生产率、人均可支配收入达到或超过全国平均水平，这样的经济现代化的目标，鼓舞人心、催人奋进。从建成富强民主文明和谐美丽的社会主义现代化强省，到基本建成经济强省、文化强省、生态强省、开放强省和国家创新高地、幸福美好家园，再到“五个基本形成、五个显著提高”，分阶段描绘了全面建设现代化河南的宏伟蓝图。特别是在经过认真研究和测算的基础上，这一奋斗目标对现代化一些核心指标进行了相应量化表述，鲜明提出到2035年河南人均生产总值超过全国平均水平，城镇化水平超过全国平均水平，研发经费投入强度超过全国平均水平，居民人均可支配收入超过全国平均水平。这“四个超过”兼顾质量优先和进度率先，充分体现了奋勇争先、更加出彩的导向要求，综合考虑了河南省基础条件、成长空间、发展走势，既极具挑战性也切实可行，是现代化河南建设必须长期坚持的战略安排。

第四问：习总书记嘱咐河南奋勇争先、更加出彩的动力何在？习近平总书记强调，要突破发展瓶颈、解决深层次矛盾和问题，根本出路在于创新，关键要靠科技力量。河南把创新摆在发展的逻辑起点、现代化建设的核心位置。新时代的发展，最鲜明的特征是依靠科技进步、依靠创新。为此，推进现代化河南建设应把创新摆在前所未有的高度来部署，把创新驱动、科教兴省、人才强省战略作为

“十大战略”的“一号战略”，把建设国家创新高地作为推动高质量发展的“一号工程”，把打造一流创新生态作为建设国家创新高地的根本之策，从“建设一流创新平台、凝练一流创新课题、培育一流创新主体、集聚一流创新团队、创设一流创新制度、厚植一流创新文化”六个方面，对建设国家创新高地作出部署。特别是提出“不进则退、慢进亦退、不创新必退”的论断，就是为了提醒大家，全力打造一流创新生态刻不容缓、势在必行，必须在全省上下营造大抓创新的鲜明导向、浓厚氛围，用创新铺就现代化河南建设之路。

第五问：现代化河南建设之路在何方？河南现代化建设正处在百年未有之大变局加速演进之中，建设之路在于前瞻 30 年、谋划 15 年、立足 5 年的奋斗目标；建设路径在于在拉高标杆中争先进位，在加压奋进中开创新局；建设途径在于在新一轮科技革命和产业变革深入发展中，河南重构创新版图，重塑经济结构，重建现代化新道路。这些路径途径就在于锚定“两个确保”，把握战略方向、突出战略重点，全面实施“十大战略”。从“十大战略”的总体框架布局来看，可以从重点领域、关键招数、蓄势赋能三个维度来把握。就重点领域而言，以人为核心的新型城镇化战略、乡村振兴战略、数字化转型战略、绿色低碳转型战略、文旅文创融合战略，这些是现代化河南建设的重点领域。就战略举措而言，包括创新驱动、科教兴省、人才强省战略，制度型开放战略，全面深化改革战略，这是现代化河南建设的关键招数。优势再造战略、换道领跑战略，都是首次提出，旨在为现代化河南建设蓄势赋能。

立足中华民族伟大复兴战略全局和世界百年未有之大变局交织激荡的时代背景，我们必须深刻认识中国式现代化和现代化河南建设的使命任务，把河南发展进步的命运牢牢掌握在自己手中。

建设一流高校智库，将文章写在中原大地上

郑永扣*

2021年11月8日召开的中国共产党第十九届中央委员会第六次全体会议提出，在社会建设上，人民生活全方位改善，社会治理社会化、法治化、智能化、专业化水平大幅度提升，发展了人民安居乐业、社会安定有序的良好局面，续写了社会长期稳定奇迹。在中国共产党河南省第十一届委员会上，河南省委书记楼阳生提出，要把为老百姓谋福祉作为一切工作的出发点和落脚点，不断增强人民群众的获得感、幸福感、安全感，以办好河南的事情更好服从大局、服务大局，以一域出彩为全局尽责任、作贡献。

一、主要成效

郑州大学社会治理河南省协同创新中心（以下简称中心）在2013~2021年中，强力推进品牌智库建设，充分发挥高校智库的核心优势，瞄准河南省重大战略和需要，以社会治理专业研究和特色优势精准服务决策需求，取得了明显的成效，主要体现在以下四点：

（一）依托大学人才优势，打造成熟的智库团队

高校人力资源集中，有着规模庞大且健全的科研人才，从教授到博士生、硕

* 郑永扣，郑州大学原党委书记、教授、博士生导师。

士生、本科生，能为智库建设提供有力的人才支撑。要建立整合智库人才队伍的平台和机制，整合高校的人才资源。中心在智库团队打造上，通过开放课题制，以河南省社会治理重大需求为导向，以任务为牵引，基于问题导向、问题意识打造跨学科研究团队，尤其注重吸纳年轻学者进入智库研究团队，参与内参、报告、课题等咨政研究。目前，中心已经形成了跨学科、多院校、多部门协同的格局，形成了一支开放的研究队伍，研究方向涉及地方社会治理、乡村振兴、城乡一体化、公共服务、营商环境建设等方面。中心开展研究工作发放课题的形式主要有两种：一种是创新团队建设支持课题，所有纳入团队建设的研究员经申报评审都给予课题支持；另一种是蓝皮书课题，围绕蓝皮书编写，向协同单位和社会公开招标相关课题。招标课题负责人分别来自河南省政府研究室、河南省民政厅、河南省委党校、河南大学等 10 余个单位，体现了中心的开放性和协同性。

（二）整合大学资源，将多学科优势转化为智库优势

高校学科基础是高校智库的天然优势，只有将这种天然优势转化为智库的专业研究优势，才能真正办出特色，同时还能够反哺学科建设、人才培养和专业发展。

中心在智库建设中充分利用了大学的专业优势，一是整合了大学数据资源。中心建立了资源共享、开放包容的河南省社会治理数据库，充分利用高校的人才资源，组织多院系、多学科的不同人才开展年度寒暑假社会治理综合调查、专项调查、热点问题调查以及社会治理评价等，广泛收集了河南省社会治理相关的调查数据及原始资料。中心的《河南省社会治理发展报告》蓝皮书和《决策参考》都是基于一手资料撰写的，为智库服务奠定了基础。二是推动多学科专业融合，中心围绕河南省社会治理重大急需，以开放课题、委托课题的方式推动多学科专业融合，形成了跨学科、跨单位、跨行业的协同机制。涉及的学科包括经济学、法学、新闻传播学、管理工程学、信息管理学、哲学、社会学等。比如，第七次全国人口普查结束后，我们就委托人口学青年博士做了“河南省生育支持服务供需现状及其优化路径”研究等。三是推出智库丛书，凝聚地方社会治理学科方向。中心主持编撰了《社会治理河南省协同创新中心智库丛书》。围绕地方社会治理学科发放创新团队课题，形成专业优势和学科优势。

（三）推进协同创新，形成成熟的智库成果转化机制

智库的成果更强调时效性，要及时转化为应用并广泛推广。一是要建立协同研究平台推动智库发展。中心与民政部政策研究中心建立了合作关系，承接了民政部多项课题研究和调查任务，于2019年获批民政部政策理论研究基地。二是要建立成熟的智库成果转化和推广机制。中心从四个层面推动智库成果转化：首先是建立内参报送机制，每月两期的决策参考通过机要报送方式报送省委、省政府，还有各委局、18个地市；其次是建议提案报送机制，通过全国、河南省人大代表和全国、河南省政协委员提交人大代表建议和政协委员提案，报送智库成果；再次是建立媒体发布机制，中心与媒体建立了良好的合作关系，同时定期召开新闻发布会发布研究成果，如中心于每年7月会定期发布《河南社会治理发展报告》蓝皮书，以增强中心的舆论引导能力和社会影响力；最后是建立成果转化平台，中心建立了多个实践实验基地，推动成果转化。

（四）加强智库品牌建设，增强智库自主造血能力

品牌就是竞争力、生命力，要有智库服务品牌意识。高校过去的学术研究比较小众化，而智库建设必须得面向政府、面向社会、面向大众，在特定的领域、一定的区域，不断增强知名度，树立专业性和权威性，才能够形成智库自我生存和发展的强大生命力。分别打造了《河南社会治理发展报告》蓝皮书品牌和《决策参考》品牌，增强了智库的自主造血功能。

首先，《河南社会治理发展报告》蓝皮书已经成为有影响力的智库品牌。连续发布了10年（2014～2023年），蓝皮书关注度和影响力逐年提升，2021年网上报道突破3505篇，区域影响力不断扩大。省内多个政府部门运用蓝皮书数据和观点，例如，许昌、驻马店、济源等地市向中心咨询关于数字政府、营商环境等评价及建设问题，蓝皮书已经成为观察河南社会治理发展的“晴雨表”。

其次，形成了《决策参考》服务品牌。中心自成立以来共提交《决策参考》127期、25000余份，定期提交社会治理决策咨询报告，多项研究成果获高度评价或采纳应用，中心与河南省委信息室、政府研究室、政法委、民政厅建立了信息交流机制，多项研究成果获得领导批示并被采纳。随着中心品牌建设和影响力的扩大，增强了中心自主造血能力。

二、未来打算

中心紧紧围绕理论创新、制度创新、实践创新的目标，以打造具有国际国内影响力的高端智库品牌为根本，努力推动中心在学术团队汇聚、重大成果产出、国际合作拓展、创新人才培养等方面得到全面提升，使中心整体达到国内同类研究基地先进水平。下一步我们拟从以下四个方面着力加强中心建设：

（一）进一步创新智库运行体制机制

首先，进一步丰富河南省社会治理分析与决策的数据资源。做好寒暑假大学生社会实践调查活动，完善定点跟踪社会调查体系，依托数据采集点，开展长年持续的跟踪式调查。其次，持续开展疫情防控应急管理状况网络调查，强化社会治理数据库平台建设。最后，进一步完善成果转化和成果报送平台建设，强化与政府、媒体和社会之间的协同合作，进一步探索中心与政府、社会以及媒体的协同，形成智库网络。

（二）进一步打造一流智库团队

以河南省社会治理重大需求为导向，以地方社会治理为研究方向，继续深化创新团队建设，完善专兼职人员融合机制，以任务和项目为中心，加强多学科、跨学校团队成员融合，围绕创新团队方向形成多个创新小组，派出青年骨干教师到其他高校智库机构交流学习，提高人才队伍的综合素质。持续推动开放课题制，对已有的创新团队进行深层次、全方位提升，形成高水平融合创新的智库研究团队，凸显中心的研究特色。

（三）进一步夯实社会治理数据库平台

一是深化协同创新平台建设，进一步探索中心与政府、企事业单位、社会组织等的协同合作平台建设，推进调查基地和实验基地建设，加强数据搜集及成果运用和转化。二是进一步做好大学生常规调查、专项调查平台建设。进一步完善河南省社会治理分析与决策的数据资源；完善定点跟踪社会调查体系，依托数据采集点，开展长年持续的跟踪式调查。完善大学生社会调查机制，持续开展大学生寒暑假常规调查和不定期专项调查及社会治理创新典型经验跟踪调查等。三是进一步推进社会治理案例库建设，充实市域社会治理案例库、城乡基层治理创新案例库、政策法规库等专题数据资源。

（四）深化智库社会服务品牌影响力

一是深化蓝皮书品牌影响力。围绕蓝皮书编写，发挥校内不同学科、校外各学术单位协同的优势，深化协同合作，推出具有影响力的年度焦点议题，聚焦河南省经济发展的新形势、新任务，增强基于大规模调查的社会治理评价研究，进一步扩大社会治理蓝皮书的品牌影响力，打造年度社会治理蓝皮书精品品牌。二是提升《决策参考》品牌影响力。强化《决策参考》平台建设，以《决策参考》为抓手，打造具有区域影响力的社会服务品牌，形成良性可持续社会效应，为河南省经济社会发展重大方略的实施提供助力。以品牌建设为抓手，回应重大需求，瞄准社会治理现代化的重大理论现实需求，发挥中心优势，产出有影响力的高水平成果。

锚定“两个确保”展现百年名校使命担当

王明钦[*]

河南大学历经百年沧桑，铸就了勇于担当的使命感。借助深厚的学术底蕴和齐全的学科门类，在河南省率先建设智库。现全校已有各类定位清晰、特色鲜明的新型智库共20家。2021年以来，河南大学积极贯彻落实党中央作出的关于加强中国特色新型智库建设、建立健全决策咨询制度的重大部署，以服务党和政府决策为宗旨、以政策研究咨询为主攻方向，锚定“两个确保”，全面提升学校为国家和区域战略咨政建言和服务社会的能力，紧密结合区域经济社会发展，着力开展基础性、理论性、前瞻性等重大问题研究，取得了良好成效。

一、河南大学智库建设情况

一是担使命、强智库。长期以来，河南大学坚持把建好高端智库作为历史使命和时代责任，以服务国家战略需求和区域经济社会发展，特别是以让新时代中原更加出彩为宗旨，在河南省高校中率先启动智库建设，2022年是河南大学首个智库——黄河文明与可持续发展研究中心成立20周年，目前仍然是国内唯一的以黄河文明与沿岸地区可持续发展为研究对象的国家级综合性研究与咨询机构。2016年，中原发展研究院入选中国智库索引（CTTI）首批来源智库，也是

* 王明钦，河南大学党委宣传部部长、新闻中心主任。

河南省唯一入选的高校系统智库机构。2018 年以来，根据《河南大学哲学社会科学振兴计划》，利用专项资金对特色新型智库进行 5 年的周期性支持，其中，以色列研究中心成为中共中央对外联络部“一带一路”智库合作联盟的理事单位。

二是聚英才、育人才。学校注重加强智库建设顶层设计，推动智库机构高质量建设。目前，智库机构更多实施专职研究员制度，以院士、学部委员、海外特聘教授等国家级、省级人才称号为引领，打造特色创新团队建设。以河南省委宣传部与河南大学共建马克思主义学院为契机，聘请中共中央马克思主义理论研究和建设工程咨询委员会主任、河南省委原书记徐光春担任马克思主义研究院院长，带领学院深入开展马克思主义中国化的最新成果研究、阐释和创新，努力建设成为中原地区马克思主义理论人才的“孵化器”和马克思主义理论专家智库。2021 年 12 月 9 日，向河南省社会科学院原院长张占仓研究员颁发了黄河文明省部共建协同创新中心特聘研究员聘书。2021 年，承办了人力资源和社会保障部、河南省人力资源和社会保障厅主办的“黄河流域生态保护和高质量发展高级研修班”，深入解读黄河流域生态保护和高质量发展战略。自建有黄河学综合数据库和承建有国家地球系统科学数据中心黄河中下游数据分中心，为构建黄河学学科体系提供数据支撑，成为国内首家“黄河学”博士培养单位，着力打造“黄河学”本硕博一体化人才培养体系。

三是创学科、继绝学。2021 年以来，学校承办了“习近平新时代中国特色社会主义思想系列理论研讨会”，主办了黄河流域生态保护和高质量发展高层论坛、承办了中国古文字研究会第二十三届学术年会、第十三届“黄河学”高层论坛暨黄河文化与文旅融合发展研讨会，黄河学课程成为河南省“精品视频公开课”，推动黄河文化在新时代发扬光大，打造黄河文明学科群，构建“黄河学”学科，以黄河流域生态保护和高质量发展国家战略实施为契机，推动新兴学科发展，显著提升相关学科的科研能力，积极打造学科高峰，助力黄河文化走向世界。遵循习近平总书记关于甲骨文研究的贺信精神，学校凝聚甲骨文与古代文明交叉学科建设重点方向，着力推动甲骨文等“冷门绝学”建设。王蕴智教授在安阳市主导规划建设中国文字博物馆，助推漯河市创办以汉字文化为主题的许慎文化园，为保护传承中国汉字文化做出了突出贡献。

四是攻难题、向资政。围绕中原经济区建设、郑汴港协同发展、郑汴一体化升级、郑洛新国家自主创新示范区创新发展、黄河生态文化经济带建设、城市返乡回流人口对中国农村经济发展的影响等重大实践任务开展资政服务，为区域发展和政府科学决策提供智力支持，科学研究持续攀上新台阶。“十三五”时期，学校承担横向委托课题400余项，总经费达9000余万元。2021年，以黄河为主题，学校在《人民日报》《光明日报》等中央报刊上发表了20余篇理论文章，获批国家社会科学重大、重点项目，文化和旅游部黄河文化专项4项，首倡“黄河保护与发展”智库联盟建设，入选河南省重点智库行列，创新构建基地智库新格局。

五是塑品牌、兴文化。2018年以来，学校认真遴选，并认定中原发展研究院、黄河文明与可持续发展研究中心等20个特色新型智库，制定发展规划，投入专项资金，着力打造新型中原智库品牌。围绕华夏文明传承创新区建设、河南“一带一路”文化建设中的地位、开封宋文化资源开发，河南考古遗产发掘与保护、许慎文化资源开发、甲骨文知识普及、非文化遗产保护与传承等方面开展深入研究和调研，为河南省“文化高地”建设提供基础数据和理论支撑。通过中央电视台“百家讲坛”栏目、河南卫视等向民众普及和宣传中原历史名城、中国传统民俗节日，以及解读中原经济区建设大政方略等，讲好河南故事，凝聚思想共识。如中原发展研究院以“两宋论坛”和“中原发展研究创新奖”两大品牌论坛为引领，积极提升成果影响力。

整体来看，河南大学智库建设发展在近几年有很大进步，参照CTTI来源智库增补标准，组织形式、资源保障、学术基础、运行成果、领域特色、媒体影响等方面均有积极评价。

二、智库建设存在的问题与不足

一方面，教师参与智库建设的意识不够强。高校智库与政府决策部门互动交流不够顺畅，导致智库成果转化难、认定难、评定难。高校教师偏向于理论研究，忽略了应用研究，参与智库建设的意识不够强。

另一方面，智库成果的评价方式不够完善。当前，高校多以政府部门或者领导批示为依据认定、评价智库成果，一些舆论引领成果、进入决策成果和数据库成果得不到有效认定和评价，存在重学术轻应用的问题，不利于科学评价、激励创新。

三、高校智库锚定“两个确保”、推动河南省高质量发展的思考

一是推进政校共建智库。建议河南省政府根据高校智库功能定位、主攻方向和重点任务等特点，组建不同类型的共建研究基地和智库，对共建智库人员实行双重身份聘用，以项目为抓手，以任务为导向，通过人员互派互访、挂职锻炼、定期会商等途径加强交流合作，实现组织目标。充分利用河南高校智库联盟平台，创新合作机制，共建对话平台。

二是健全决策咨询制度。建议河南省政府不断建立健全政府购买决策咨询服务制度，认真落实决策咨询指标制和决策咨询问责制，探索建立政府主导、社会力量参与的决策咨询服务供给体系，加大政府购买服务的力度和完善基金会捐助机制，稳步推进提供服务主体多元化和提供方式多样化，满足政府部门多层次、多方面的决策需求。

三是完善智库运行机制。建议河南省政府建立智库与党政系统的双向流动机制。鼓励党政干部转向高校智库，智库成员在适当的机制下参与政府决策系统。建立智库成果的多元化评价机制。完善职称评定和智库成果评价体系，将舆论引领成果、进入决策成果和数据库成果纳入智库评价体系，将智库成果纳入职称评定体系。主导制定支持智库发展的多元化、多渠道投入体系，加大财政资金投入，确保高校智库经费充足。

提高站位　强化担当　为锚定“两个确保”、实施“十大战略”献策助力

杨宏志*

河南省第十一次党代会提出以前瞻30年的眼光，紧抓构建新发展格局的战略机遇、新时代推动中部地区高质量发展的政策机遇、黄河流域生态保护和高质量发展的历史机遇，在拉高标杆中争先进位，在加压奋进中开创新局，确保高质量建设现代化河南，确保高水平实现现代化河南。面对新形势、新任务、新要求，省级重点智库围绕如何实现“两个确保”，政府经济发展与社会管理创新研究中心（以下简称中心）就如何推动“十大战略”落地见效开展研究义不容辞、首担其责。笔者主要从以下三个方面提出开展科学研究的实践、探索与思考：

一、坚持服务大局，积极围绕现代化河南建设开展创新性研究

中心成立以来，按照“高举旗帜、围绕大局、服务社会、改革创新”的目标与原则，依托学校人才与学科优势，重点围绕政府经济发展、财政经济政策、社会保障政策、公共管理创新、社会管理创新等方面开展基础理论和应用对策研究，特别是紧密结合河南实际，突出对河南省经济社会发展重大现实问题的研

---

* 杨宏志，河南财经政法大学原党委书记。

究，为河南省委、省政府决策提供高质量的咨询服务。同时，中心围绕中原经济区建设、航空港区建设等，推出了一批具有重要参考价值的精品力作，培养了一支高素质、高水平的社会科学理论研究和宣传人才队伍。在承担重大任务方面，中心承担了中宣部马克思主义理论研究与建设工程项目（以下简称“马工程”）重大课题和国家社会科学基金重点课题——河南省建立“四项基础制度”创新社会管理研究子课题的研究工作，推动“马工程”项目顺利结项，得到了河南省委宣传部的肯定。在出版著作方面，中心紧密围绕新发展理念，深刻总结国内外发展经验教训，顺利出版了“五大发展理念”系列丛书。中心首席专家杨承训教授撰写的专著《中国特色社会主义政治经济学十二讲》受到了好评。在发表论文方面，中心成员近 5 年来先后在核心期刊发表政策研究学术论文 144 篇，在主流媒体发表理论文章 57 篇，其中发表在《光明日报》的《发展 21 世纪中国的马克思主义应重视的几个问题》作为河南省唯一入选“新时代中国特色社会主义思想”主题文章受中共中央宣传部通报表彰，《高质量发展的价值意蕴与逻辑机理》一文得到了学术界的关注。杨承训教授在意大利《21 世纪马克思》杂志第 2~3 期合刊发表了重要论文——《深刻理解共建“开放型世界经济”的理论渊源》，影响广泛。在建言献策方面，2017~2021 年，中心先后撰写内参、调研报告 15 份，获得省部级以上领导肯定性批示 10 份。《关于“十四五”期间发展高质量农业现代化生态化的几点建议》一文获得了省政府领导的批示，要求研究推广。中心成员先后提交人大议案、政协提案 16 件，其中，关于深入推进人才强省战略、推动构建亲清政商关系、深化河南高等教育供给侧结构性改革、科学建立大学生就业率评价体系、构建黄河流域农产品跨境电商物流体系等提案得到了河南省有关部门的高度重视和积极回应。中心现已建立与河南省政协有关部门的合作机制，定期收集、整理并分析相关政协委员的提案，开展相关研究。

二、坚持示范带动，有力促进学校研究机构产出高质量成果

中心充分发挥河南省首批重点智库的标杆示范作用，通过加强与河南经济研究中心等 20 个省级研究平台、企业发展研究所等近百个校内研究机构的交流研

讨与协同攻关，推动形成了你追我赶、相互促进、水涨船高的良好局面，推出了一大批原创性、标志性、创新性成果。如现代服务业河南省协同创新中心围绕河南企业管理创新、现代物流、科技金融、文旅融合等方面进行理论和现实问题的研究，在“豫商文化与河南企业高质量发展”“黄河流域文旅文创融合发展”等研究方面卓有成效。其中，陈晓景教授主持的国家社会科学基金重大项目“黄河流域生态保护和高质量发展法律制度体系研究”，抓住了黄河流域生态保护和高质量发展法律制度体系建构以及黄河立法的关键问题。潘勇教授发布的《中国跨境电商发展报告（2020）》是第一部系统全面介绍我国跨境电商最近发展进展的蓝皮书；城乡协调发展河南省协同创新中心李小建教授主编的《经济地理学》荣获全国优秀教材奖，系河南高校唯一获此殊荣的教材；自由贸易试验区研究院高新才教授、郭宏教授主持完成的“中国（河南）自由贸易试验区‘十四五’发展规划编制”项目已通过评估验收并进入实施阶段；道德与文明研究中心负责人朱金瑞主持的“中国共产党人百年伦理精神研究”课题获批2021年度国家社会科学基金重大项目立项；现代物流与枢纽经济分中心的王长林教授撰写的《人力资源开发与河南省经济增长》获河南省委领导的批示。

三、坚持铭责于心，努力在锚定“两个确保”、实施“十大战略”中勇立新功

“两个确保”是从国情省情出发，顺应时代发展潮流，为现代化河南建设指明了方向。围绕实现“两个确保”提出的“十大战略”既是路线图又是施工图，高起点、全方位、多层次、系统性地构建了实现“两个确保”的战略体系，构成了支撑现代化河南建设的“四梁八柱”。河南省委把实施“创新驱动、科教兴省、人才强省”战略放在“十大战略”之首，把“一流创新生态基本形成”摆在未来5年十大目标首位，以前所未有的高度、力度、强度，推动河南教育现代化迈入一个全新的发展机遇期和历史加速期。新形势、新机遇不仅对高等教育发展提出了新的要求，也对高校智库充分发挥作用提出了新的要求。下一步，政府经济发展与社会管理创新研究中心将在已有工作的基础上，紧跟省委的要求和节奏，在省委宣传部的领导下，在有关厅局、兄弟高校和研究机构的支持下，以下

辖的政府经济发展研究所、财政经济政策研究所、社会保障政策研究所、公共管理创新研究所、社会管理创新研究所、现代供应链创新发展研究所6个研究机构为依托，积极对接“十大战略”，特别是聚焦“创新驱动、科教兴省、人才强省战略”“优势再造战略”“换道领跑战略”“以人为核心的新型城镇化战略”“乡村振兴战略”“制度型开放战略”“全面深化改革战略”，通过设置研究专题、会聚研究队伍、整合研究资源、深化调查研究、强化结果导向等举措，以切实可行、管用好用的研究成果积极融入、服务河南经济社会发展大局，同时积极带动促进校内其他研究机构多出成果、出好成果，为锚定“两个确保”、实施“十大战略”不断作出新的更大贡献。

提升创新能力是实现“两个确保”的根本抓手

耿明斋*

一、实现“两个确保”注定不会轻松

河南省第十一次党代会报告明确提出了要实现“两个确保”的战略目标，即“确保高质量建设现代化河南、确保高水平实现现代化河南”。同时，提出了具体的指标体系，即“到2035年，人均生产总值、城镇化率、研发经费投入强度、全员劳动生产率、人均可支配收入达到或超过全国平均水平”，其中核心无疑是人均GDP。要实现这样的目标，注定不会轻松。笔者做出这样的判断是基于如下几点事实和认识：

一是补缺口的任务重。2020年河南人均GDP为5.5万元［5.5万亿元（54997.07亿元）/9937万人（“第七次全国人口普查”数据为99365519人）］，相当于全国人均GDP7.2万元（1013567亿元/141177.87万人）的76%，与全国平均值相差24个百分点。要在未来15年内补上这个缺口，由-24变为0，甚至转为正数，意味着平均每年至少要缩小1.6个百分点。这也意味着在常住人口增速与全国持平的情况下，河南每年GDP增速要超出全国平均值1.6个百分点以上，难度可想而知。

* 耿明斋，河南大学经济学院名誉院长、中原经济发展研究院院长、河南省委咨询组研究员。

二是从整个中国经济发展和经济运行的态势来看，高速、超高速增长阶段已过，十年前就已经进入中高速甚至中速增长阶段。从理论上来说，一个经济体的现代化是一个从传统农耕文明向现代工业文明、从低收入到高收入、从不发达到发达的发展过程，也是一个财富总量增长和结构演化过程。就经济增长速度来说，阶段划分是很明显的，不同阶段经济增长的趋势也是有规律可循的。一般来说，在发展的初、中期阶段，除了解决温饱问题之外，发展主要聚焦于交通基础设施和城市建设，支撑因素是资源消耗，驱动因素是投资，产业特征是重化结构，结果是 GDP 呈现为高速甚至超高速增长。这种发展和运行态势，大体上与我国 20 世纪 90 年代初至 2008 年金融危机的时间段相吻合，1978~2008 年平均增速为 9.8%。过了发展中期阶段以后，基础设施和城市建设接近饱和，投资增速会明显降下来，能源资源型产业开始萎缩，结构趋于轻型化，结果是 GDP 呈现为中高速甚至中速增长，这种发展和运行态势，大体上与 2008 年金融危机冲击进入新阶段后，我国经济的增长状况相吻合。经历过 2009 年的深度下探和 2010 年第一季度反弹后，从 2010 年第二季度开始就一路下挫，2015 年降到了 7%，2019 年降到了 6%，2020 年受新冠肺炎疫情冲击降到了 2.3%。

由于这种增速的阶梯式下挫，不属于偶然性因素所致，而属于阶段性和趋势性因素所致，所以未来也很难轻易改变，更大的概率是继续沿着既定轨道缓慢下行，中国人民大学团队对 2035 年的预测是未来 15 年年均增速为 4.73%。

在整个经济处在持续下行趋势背景中，河南经济要实现年均超出国家均值 1.6 个百分点的增幅，难度确实不能低估。

三是结构性因素拖累。由于资源禀赋和历史的因素，相对于沿海发达省份，进入新阶段后，河南经济结构转型的步伐明显滞后，以至于河南省资源型产业比重至今还有将近 40%。在能源资源消耗减排和环境压力下，这些产业的扩张空间不断被压缩，新经济形态又无法将失去的缺口填补上来，这必然会拖累经济增长。这已经在 2020 年和 2021 年河南经济的相对增速中显现出来。2020 年河南增速为 1.3%，比全国的增速 2.3%低了 1 个百分点，2021 年前三季度河南省增速继续低于全国平均值，而且排位靠后（倒数第三）。在这种情况下，GDP 增速要想在未来 15 年间持续大幅度超过全国均值，必须付出超常的努力。

进一步分析，河南经济增长还受到了全国区域增长格局中南北差距扩大的拖累。将南北两地各省份 GDP 分别加总，并按年度分别与全国相应年份的总量比较，得出了如下南北经济差距演化图（见图 1）。

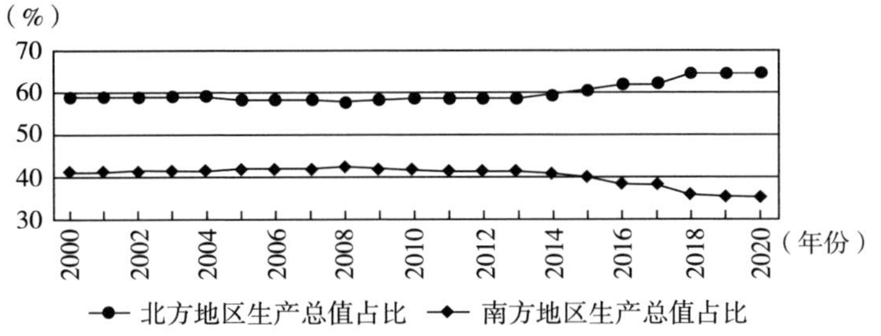

图 1　南北经济差异距演化图

从图 1 中可以看到，2009 年以后，南北差距开始扩大，2013 年以后急剧扩大，2010 年南北各自在国家经济总量中占比大致是 59∶41，到 2020 年这个比例变为 65∶35，十年间扩大了 6 个百分点。河南属于北方较大的省域经济体之一，在北方经济普遍走低的背景下，受到了较大连累，在中部地区 6 省中，相对于南部 4 省，2008~2020 年的增速是持续走低的（见表 1）。

表 1　四大区域经济增速

地区 年份	中部六省						东部					西部			东北	
	河南	湖北	湖南	安徽	山西	江西	河北	山东	江苏	浙江	广东	重庆	四川	贵州	辽宁	吉林
2008	12.1	13.4	13.9	12.7	8.5	13.2	10.1	12.0	12.7	10.1	10.4	14.5	11.0	11.3	13.4	16.0
2009	10.9	13.5	13.7	12.9	5.4	13.1	10.0	12.2	12.4	8.9	9.7	14.9	14.5	11.4	13.1	13.6
2010	12.5	14.8	14.6	14.6	13.9	14.0	12.2	12.3	12.7	11.9	12.4	17.1	15.1	12.8	14.2	13.8
2011	11.9	13.8	12.8	13.5	13.0	12.5	11.3	10.9	11.0	9.0	10.0	16.4	15.0	15.0	12.2	13.8
2012	10.1	11.3	11.3	12.1	10.1	11.0	9.6	9.8	10.1	8.0	8.2	13.6	12.6	13.6	9.5	12.0
2013	9.0	10.1	10.1	10.4	8.9	10.1	8.2	9.6	9.6	8.2	8.5	12.3	10.0	12.5	8.7	8.3
2014	8.9	9.7	9.5	9.2	4.9	9.7	6.5	8.7	8.7	7.6	7.8	10.9	8.5	10.8	5.8	6.5
2015	8.3	8.9	8.5	8.7	3.1	9.1	6.8	8.0	8.5	8.0	8.0	11.0	7.9	10.7	3.0	6.3
2016	8.1	8.1	7.9	8.7	4.5	9.0	6.8	7.6	7.8	7.5	7.5	10.7	7.7	10.5	-2.5	6.9
2017	7.8	7.8	8.0	8.5	8.9	7.0	6.7	7.4	7.2	7.8	7.5	9.3	8.1	10.2	4.2	5.3
2018	7.6	7.8	7.8	8.0	6.7	8.7	6.6	6.4	6.7	7.1	6.8	6.0	8.0	9.1	5.7	4.5
2019	6.8	7.5	7.6	7.5	6.2	8.0	6.8	5.5	6.1	6.8	6.2	6.3	7.5	8.3	5.5	3.0
2020	1.3	-5.0	3.8	3.9	3.6	3.8	3.9	3.6	3.7	3.6	2.3	3.9	3.8	4.5	0.6	2.4

这也导致河南在中部地区的 GDP 比重在 2008~2020 年降低了 4.38 个百分点

（见表2），在全国的比重也是下降的。这种局面进一步加大了赶超的难度系数。

表2 部分省份GDP占比的变化

单位：%

部分省份GDP占东部10省GDP总量情况			
省份	2008年	2020年	增幅
北京	5.91	6.87	0.96
天津	3.58	2.68	-0.90
河北	9.12	6.89	-2.23
上海	7.71	7.36	-0.35
江苏	17.07	19.54	2.47
浙江	12.10	12.29	0.19
福建	6.09	8.35	2.26
山东	17.50	13.91	-3.59
广东	20.10	21.07	0.97
海南	0.82	1.05	0.23
部分省份GDP占中部6省GDP总量情况			
省份	2008年	2020年	增幅
山西	10.98	7.94	-3.04
安徽	14.04	17.40	3.36
江西	10.26	11.56	1.30
河南	29.13	24.75	-4.38
湖北	17.93	19.55	1.62
湖南	17.66	18.80	1.14

四是中等收入陷阱的威胁。从全球发展经验来看，确实存在中等收入陷阱。因为“二战”后真正进入发达经济体的国家和地区较少。拉美化被认为是中等收入陷阱存在的典型案例。拉美诸国工业化起步很早，但始终未能进入发达经济体行列。有些曾经是富国，如阿根廷，后来又滑下来了。存在中等收入陷阱的原因很复杂，但有一点似乎是可以确定的，就是社会成员收入差距过大既是中等收入陷阱的表现，也是其原因。因为收入差距大一定意味着低收入人群大，意味着消费需求不足，从而在由投资驱动转向消费驱动的增长模式过程中，会弱化经济增长动力。中国无疑会跨越中等收入陷阱，但也不能完全排除由此带来的风险。

二、提升创新能力是实现“两个确保”的根本抓手

面对国内外诸多不利因素的压力和挑战，要在省内相对薄弱的基础上，在未来15年甚至30年内保持经济中高速增长，实现“两个确保”的发展目标，唯一可行的路径是创新。可以说，提升创新能力是实现“两个确保”的根本抓手。

河南省委、省政府扭住创新这个“牛鼻子”不放，连续推出了加大创新投入；重新规划中原科技城，提升内涵，拓展空间；挂牌运行嵩山实验室、神农种子实验室和黄河实验室；打造郑州大学和河南大学高校“双航母”；引进中国科学院、哈尔滨工业大学等高端研究机构和高水平大学建立分支机构；引进X86高端产品生产线等一系列举措。方向明确而坚定，且狠抓落实，措施非常得力，效果十分明显，迅速奠定了创新引领高质量发展的基础。省委、省政府把创新作为“十大战略”之首，放在河南省第十一次党代会报告的突出位置，不仅锁定了推动河南发展的战略核心和战略方向，也表明了全省上下走创新发展之路的决心和信心。笔者就河南如何走创新引领高质量发展之路，提出如下三个方面的建议：

一是将区域核心城市郑州建成能够与国内同类城市比肩的创新型城市。综观国内外创新引领发展的经验，我们发现，几乎所有的案例，都是创新要素先在一个特定空间点上聚集，形成创新能力超强的“核”，然后再向周边辐射，将更大区域引入创新发展的轨道。国外有“硅谷”之称的美国旧金山湾区，国内有深圳这样的世界级创新城市，还有杭州与合肥之类的创新新星。广东省经济长盛不衰，深圳创新龙头带动效应贡献巨大；浙江新经济支撑起高质量发展一片天，有赖于杭州创新能力的支撑；安徽经济异军突起，也是由于合肥创新能力的迅速提升。河南经济要真正走上创新引领高质量发展的轨道，将郑州打造成创新型城市，大幅度提升郑州的创新能力是必然选择，也是当务之急。

如何把郑州建设成为能够与同类城市比肩的创新型城市？学习和参照别的城市“创新核”形成并持兴旺发达的经验无疑是捷径。近年来，大家都在问“为什么是硅谷？”“为什么是深圳？”综合各方面分析，我梳理出创新型城市必备的六个方面，即技术、人才、资本、时间、空间、制度。硅谷的技术源自半导体元老和他带领的学生创业团队，源源不断的人才来自著名的斯坦福大学；大量的资

本来自于高密度聚集的风险投资基金；在时间上，硅谷开始于20世纪50年代信息革命刚刚开始时，深圳开始于80年代初改革开放时；在空间硅谷上，在于其太平洋西岸适宜的气候，深圳在于毗邻香港这个国际自由贸易港，高度市场化的制度背景，对于深圳创新型城市的形成具有特别重要的意义。

从上述六个要素来看郑州，时间上和国家创新引领高质量发展的开端相吻合，空间上位于承东启西、连南接北的内陆枢纽位置，虽比不上深圳毗邻香港国际交通枢纽、贸易中心和金融中心的优势，但在整个中国已经深度融入国际经济体系的今天，坐拥郑州也能建立与世界的广泛联系。所以，时间和空间不是问题，问题在于技术、人才、资本和制度四个因素，这也是郑州创新型城市打造需要着力的方向。瞄准新一代信息技术、生物技术和新材料技术前沿，通过加大高水平大学和高端研究机构建设、引进力度，大规模聚集创新型人才，通过建立和引进各类创投基金大规模聚集风险资本，通过深化改革和制度性开放推进市场体制成熟完善，应该是郑州创新型城市建设的主要发力点。

二是建立中原科技城多地共享机制，辐射带动引领全省高质量创新发展。按照中原科技城的最新规划思路，它定位于郑州国家创新中心的重要载体、创新平台和创新要素的高密度聚集地、基础创新策源地、创新成果输出地和高新技术企业培育孵化中心。空间区域达360平方千米，涵盖郑东新区和金水科教园区，理应肩负起辐射带动引领河南省高质量创新发展的责任。要发挥中原科技城的引领带动作用，除了正常的创新能量输出方式之外，建议在中原科技城建立全省主要中心城市共享机制，也就是为其他17个省辖中心城市辟出特定空间，由这些中心城市主导，在中原科技城建立科创中心或科创园，以便借助中原科技城这个优质空间，结合自身产业发展需要，有针对性地打造各个中心城市的异地创新平台。

三是营造良好的创新氛围和创新生态。首先，通过深化教育科技体制改革，将大量体制内储备的科技创新人才和创新能量释放出来；其次，倡导在全社会形成尊重人才、尊重知识的氛围，激发科技人才的创新热情。

河南建设国家创新高地研究

赵 然*

2021 年 9 月，河南省人民政府宣布成立河南省科技创新委员会，并由河南省委书记和省长双挂帅。由此，河南省明确了打造一流创新高地的发展方向。一个地区的发展取决于其创新能力，而创新能力不仅取决于创新活动和创新体系本身，更取决于是否拥有良好的创新高地，良好的创新高地是现代化创新治理体系的重要支撑。从经济发展的历史来看，新一轮科技革命和产业变革方兴未艾，全球产业链正加速调整，创新高地体系逐渐成为发展中最为重要的动力，直接影响一个地区的核心竞争力。

一、创新高地的阐释

科技创新是经济社会发展的内生动力，创新高地是促进科技创新的源泉。经济社会发展到现在，生产力的更替和进步依靠科技的领先，科技领先是农业、工业和服务业的发展基础。从国际上看，科技创新越发成为重塑全球经济，乃至政治格局的决定性力量。2008 年次贷危机后，新一轮科技和产业变革已进入快速发展和应用期，以智能、绿色低碳为主要特征的新兴科技领域的创新正在不断深化，通信技术、人工智能、物联网、新能源汽车、新能源等快速发展，正在对未来全球竞争力产生巨大的重塑效应。同时，逆全球化趋势明显，中美关系开始从

* 赵然，河南省社会科学院经济研究所副研究员。

“合作为主、竞争为辅”转变为“竞争为主、合作为辅”的格局，中美竞争正从贸易战开始向科技战、人才战等领域蔓延。从国内来看，我国面临跨越中等收入陷阱的现实需求，进一步凸显出对科技创新引领的依赖性。数据显示（凤凰网，2021），2020年中国人均GDP约为10504美元，处在中等偏上收入国家的水平。但由于传统竞争优势正在殆尽，创新驱动发展的重要性日益凸显。随着我国劳动力价格上涨、环境成本接近居民承受极限、自然资源消耗过度，低成本的优势逐渐丧失。转变发展方式，提高科技创新能力成为保持国家经济活力的必然选择。

创新高地的形成需要一定数量的创新平台、丰富的原创性成果、坚实的基础技术和基础工艺能力；同时，具备科技成果转化孵化的能力、高质量科技领军人才和具备创新能力的团队。一流创新高地的目标就是在一定的区域内通过整合市场要素资源配置，协同相关产业，包含能够有效地向社会提供一流的成果转化的现代化产业体系，高标准营造创新高地氛围，扶持一流产业，打造专精特新企业。

二、河南建设创新高地的基础和差距

建设创新高地是河南发展的必要条件之一，而要打造一流创新高地先要厘清创新高地在河南的发展现状，在此基础上找差距、找问题、找不足，才能更好地建设一流创新高地。

（一）河南发展创新高地的现状

河南省科技创新工作具备持续进步态势。近年来、河南省对创新和产业升级越来越支持，在引进相关企业和人才上给予大力支持，加强科技创新体系（平台）建设，推动与科技金融、院所产业、国家地方的融合协同创新，实施创新驱动提速增效工程等。河南省试验发展经费占比持续增加，每亿元研发经费的发明专利授权数、企业的技术交易额相关指标均翻番，企业发明专利申请、孵化器创业导师数也增长明显。

河南省具有一定的科研研发资源。从“双一流”高校分布来看，郑州大学、河南大学等国家重点高校坐落于河南。从技术领域来看，产业结构性优化升级比较显著。其中，三个突出领域，即先进制造、新材料和电子信息约占全省的2/3；从企业规模来看，营业收入亿元以上的高企共有943家，占全部高企的28.4%，其中，10亿元以上151家，50亿元以上31家，100亿元以上12家。“十三五”时期，科技部在河南省共批准设立了6家专业化众创空间，在全国获批的总量中，河南居全国第3位。河南省有机会利用优势，发挥科技型引领企业的作用。

（二）科技创新存在的问题与不足

河南省在创新科技等方面取得了一定的成效，也取得了一定的成绩。但河南省在科技创新上存在的问题与不足也非常明显，主要包括创新高地氛围不足、创新发展不平衡、高端研发资源不足和金融支持不匹配等。

一是创新高地氛围不足。创新氛围相对薄弱，科技项目、经费管理、科技评价和奖励导向不够合理，科技人员的积极性、创造性没有得到充分发挥等。地方政府对科技发展的重视程度不足。研发投资欠缺，区域重点项目难以得到地方的配套支持，科技孵化的落后在一定程度上抑制了科技合作的开展。国家和省级层面激励科技人才的政策存在落实不到位的现象，需要营造有利于培养、吸引、留住人才，支持创新人才脱颖而出的社会氛围。

二是创新发展不平衡。河南区域创新能力居全国中等行列，但各市科技创新发展不平衡的现象较突出。郑州、洛阳、新乡三市主要创新指标约占全省60%，其他市创新能力较弱，这种明显的区域发展不平衡，也为全面达成创新高地造成了一定的困难。

三是高端研发资源不足。重大科创平台严重短缺，21个国家自主创新示范区，河南省仅仅拥有1席。同时，3大国家科创中心、4个综合性国家科学中心、8个全面创新改革试验区，河南均缺失。令人惋惜的是，作为人口大省和高考大省的河南省优质教育资源存在不足。

四是金融支持不匹配。“十三五”末期，河南科研投入年强度为1.46%，与全国平均水平2.23%有差距。2019年河南省经济规模排名全国第5位，创新能力排名全国第15位，创新能力与经济实力不相符。同时，技术创新引导专项资金较少，金融支持单一，未实现协同发展。

三、河南打造一流创新高地的战略部署

在清晰认识到河南创新高地的发展现状和创新高地对河南发展的重要性后，河南省科技创新委员会官方发布，河南打造一流创新高地要在发展思路上坚持一头承上，即对接国家战略科技力量的部署，努力成为国家战略科技力量的一部分；一头启下，即落地产业的技术创新，用好科技支撑，激发企业活力，齐头并进构建一流创新高地。河南省在战略目标上提出了“五个突破”，同时实现创新主体高效联动和创新资源高效配置的“两个高效”。具体落实在抓创新平台，着力凸显战略性、引领性；抓创新主体，着力扩总量强覆盖；抓创新项目，彰显“项目为王”理念；抓创新载体，突出功能性服务性；抓创新人才，突出高校、企业和平台需求；抓体制机制，突出系统性和协同性；抓创新布局，着力提升集中度显示度七个抓手上。

对应高端研发资源不足的问题，河南省将倾力培育重要科技力量，加强实验室体系，振兴河南省科学院、河南省农科院。为解决高等教育资源不足的问题，河南省政府强力支持争创和建设“双一流”高校，并选取河南理工大学等 7 所高校的 11 个学科争创国家一流学科。河南省政府集中发布了一系列针对人才、创新的政策措施，为支持打造河南创新高地提供良好的政策支持。

在组织保障上，成立了河南省科技创新委员会，河南省科技厅落实科技转化为产业发展的具体工作。同时，加大人才改革力度、提高服务水平，另设聘任制的公务员、引入科技或项目专员，为科技创新主体提供更好服务。

四、河南打造一流创新高地的对策建议

毋庸置疑，打造一流创新高地是河南省整个经济社会腾飞的必要基石，针对打造一流创新高地尚存的问题，在河南省委、省政府作出一系列打基础、管长远的决策部署下，笔者提出以下建议：

一是以区域创新集群建设为抓手，推动科技体制机制改革。抓住促进中部地区崛起、黄河流域生态保护和高质量发展重大战略机遇，紧密结合“十四五”国家科技创新布局，打好创新驱动发展牌，聚焦制造业高质量发展这一主攻方向，更好地统筹科技创新和产业优化升级，在高新技术产业发展、创新主体培育、人才团队引进、体制机制改革等方面下更大功夫，积极研究制定关于促进郑洛新国家自主创新示范区（以下简称自创区）高质量发展的若干政策措施，力争出台更多真招实招。同时，持续实施自创区好产业集群专项，加快培育一批具有核心竞争力的创新型产业集群，围绕河南省智能传感器、智能装备、生物医药等优势产业建设一批共性关键技术创新与转化平台。

二是聚焦科技促进发展，打造“产业聚集创新高地”。聚焦核心技术攻关，打造重点创新区域，深入实施“十百千”转型升级创新专项，需要我们围绕产业链部署创新链，抢占未来发展制高点，促进优势特色产业做强做优、战略性新兴产业培育壮大，推动全省产业提质增效。

三是聚焦重大突破性技术创新，推动国家级创新资源储备基地。打造高能级创新平台，参考科技创新的先进省份，河南省应推动省属实验室、省属技术创新中心的“一室一中心”建设。围绕国家战略布局和河南省创新需求，对标国家实验室和国家技术创新中心，通过建设黄河实验室等培育国家实验室“预备队”，在地下工程装备等优势领域争创国家技术创新中心。同时，加快国家超级计算郑州中心、国家农机装备创新中心建设步伐，加快引进布局一批新型研发机构。

四是深化“放管服”改革，构建区域新生态环境。进一步深化“放管服”改革，提升营商环境，用一流的营商环境去匹配一流的创新高地。在河南省各级政府的努力下，河南省的整体营商环境持续改善，但总体水平尚有提高空间。落实国家的各项优惠政策，降低企业经营费用，为稀缺产业提供一揽子金融和财政服务，帮助企业成长。

五是增强创新驱动引领，提升产业竞争力。河南省是传统的农业大省，虽然其国内生产总值在国内位居前茅，但仅是经济大省而不是经济强省，其关键在于产业竞争力弱、新产业占比不够、产业链的位置不高等，归根结底是现代化水平较低，没有完成一流创新高地的构建。适宜的创新高地可以产生创新资源、催化科研成果落地，创新是工业革命之后促进生产力的最佳捷径。创新能力的强弱直接决定产业竞争力的强弱，只有形成创新的良好生态，才能拥有强有力的竞争力。河南省应该谋划建设以国家工程中心，省级工程中心为引领的一流创新平台，发挥市场力量，形成以企业研发和市场化为创新主体的多维支撑体系。

参考文献

［1］杜德斌，张仁开，祝影，包慧．上海创建国际产业研发中心的战略研究［J］．科学学与科学技术管理，2005（4）：23-29.

［2］凤凰网．2020 年统计公报出炉：我国人均 GDP 连续两年超 1 万美元［EB/OL］．（2021-02-28）．https：//i. ifeng. com/c/84Ep8ETOL3U.

［3］郭勇．实现“六新”突破关键在于打造一流创新高地［J］．前进，2020（7）：10-13.

［4］贺志强．建设全球领先的科技创新高地［J］．北京观察，2018（7）：30-31.

［5］黄鲁成，李阳．针对国际 R&D 中心的中国城市定位研究［J］．市场经济研究，2004（6）：40-42.

［6］任志宽．重视基础、区域协同打造一流创新生态体系［N］．科技日报，2020-06-23（005）.

［7］上海形成国际技术创新中心城市的战略研究课题组．上海形成国际技术创新中心城市的战略研究［R/OL］．（2010-03-21）．http：//ishare. iask. sina. com. cn/f/7134771. html.

河南实施换道领跑战略的思考与建议

王　芳*

2021年，河南省委工作会议明确了“两个确保”奋斗目标，提出全面实施“十大战略”，换道领跑战略是其中重要一环。面对新形势、新任务，河南必须以前瞻30年的眼光想问题、作决策，抢抓机遇、敢为人先，善于优中培新、有中育新、无中生有，积极抢占未来发展制高点，以换道领跑赋能发展加速度，奋力实现跨越式高质量发展。

一、河南实施换道领跑战略的重要性

（一）是顺应新一轮科技革命和产业变革的必然选择

历史发展经验证明，每一次的科技革命和产业变革都会引发全球创新版图的变化以及各国经济地位和主导权的更迭，是处于后发追赶地位的国家实行换道超车、跨越发展的重大机遇。一般而言，已经相对成熟的技术和市场由于打破壁垒的成本较高，使得赶超的机会窗口较小，跨越发展难度较大。而对于新兴技术和新兴产业来说，由于正处于萌芽期或发展初期，技术壁垒和产业竞争格局尚未形成，需求变化和商业模式存在较大不确定性，从而能够为所有参与竞争者提供同等的机会。当前，以人工智能、量子信息、物联网、大数据、区块链为代表的新

* 王芳，河南省社会科学院经济研究所副研究员。

一代信息技术蓬勃发展并与制造业深度融合，正在加速引发系统性、革命性、群体性的技术突破和产业变革，正是河南利用新技术“变轨”实现跨越和利用全球价值链“重构”实现跃迁的重大机遇。

（二）是应对国内外发展环境变化的关键举措

当前，河南发展面临的国内外环境复杂多变，不稳定、不确定性因素增多，世界正经历百年未有之大变局。经济下行压力不断增大，国际单边主义、保护主义、民粹主义明显抬头，全球贸易投资持续低迷，世界经济复苏乏力。从国内看，我国经济正由高速增长阶段转向高质量发展阶段，长期积累的矛盾与新问题、新挑战交织，使得经济增速明显放缓。外部发展环境趋紧，叠加河南经济转型升级中结构性体制性矛盾日益显现，使得全省经济下行压力加大。因此，河南必须实施换道领跑战略，挖掘发展潜力，全面提升发展的质量和效率，以应对发展环境变化，牢牢掌握发展的主动权。

（三）是在区域竞争中争先进位的迫切要求

近年来，全国区域竞争日益激烈，竞争格局不断洗牌，而新一轮区域竞争越来越多地体现在高科技产业的竞争上。在科技创新及产业落地发展的过程中，各地政府争抢科技资源、创新产业与高素质人口，而有些区域则重塑优势或是后来居上，这都得益于科技创新水平的提升和高科技产业的换道领跑。比如，安徽以“芯屏器合”战略性新兴产业为主导推动制造业高质量发展，以集成电路、新型显示、人工智能等为代表的“芯屏器合”产业体系已成为安徽的新名片；贵州积极发展大数据产业，以大数据赋能传统产业促进跨越传统工业化阶段，都取得明显成效。因此，我们必须顺应趋势、抢抓发展机遇，敢为人先、超前谋划，奋力抢占未来产业发展制高点。

（四）是推动实现高质量发展的必由之路

经过改革开放 40 多年的发展，河南省已由高速增长阶段转向高质量发展阶段。为应对高质量发展阶段所面对的发展环境及发展条件的深刻变化，不断提升经济发展质量，全国各地都在积极探索创新。沿海经济发达省份在发展实践中通过创新发展、结构升级、方式转变，已经逐步走上了新的发展道路，并在新的赛道上开始呈现出加速的态势，新的发展优势日趋稳定和凸显。当前，河南正处于转变发展方式、优化经济结构、转换增长动力的关键期，如果继续固守老路，单靠传统单一动能不仅不能缩小与先进地区的发展差距，高质量发展目标也难以真正实现。因此，必须树立新发展理念，全方位提高创新能力和水平，积极培育经济发展新的动力源，并在新赛道上尽快形成核心竞争力和核心优势，通过换道领跑推动实现高质量发展。

二、河南实施换道领跑战略的可行性

（一）矿产资源丰富，工业体系较为完备

河南自然资源和能源比较丰富，石油、天然气、煤、有色金属的储量丰裕，是全国矿产资源大省之一。依托丰富的矿产资源，经过70多年的发展建设，建立起以装备制造、食品制造、新型材料制造、电子制造、汽车制造等产业为主导，具有一定技术水平和竞争力的工业体系，装备制造业产业规模居全国第五位，能源、原材料、装备制造、轻纺等工业产品占据全国比较重要的地位，手机、盾构机等产品产量也跻身世界前列，培育了中铁装备、中国一拖、中信重工、宇通集团等一批在全球具有较强市场竞争力和知名度的企业。2020年第二产业占全省GDP比重为41.6%，是名副其实的工业大省。目前，河南工业结构门类日趋齐全，工业体系日益完备，是很多产业循环的发起点、支撑点和结合点。良好的产业基础优势为推动产业基础高级化、提升产业链现代化水平，推动实现换道领跑奠定了扎实基础。

（二）区位优势明显，交通体系便捷高效

河南地处中原腹地，自古就有“九省通衢”之说，区位优势无可比拟。近年来，河南加快建设现代化交通体系，交通区位优势日益强化。2020年，全省高速铁路通车里程达到1980千米，“米”字形高速铁路网经济圈覆盖了近7.9亿人口以及方圆1000千米城市，还直接贯通华东、长三角至华北、西北，以及环渤海、西南地区甚至东南亚、孟加拉湾等地区。中欧班列（郑州）沿途多点集疏格局已经形成，实现了每周“去程16班、回程18班”高频开行，其市场化运

营程度、信息化程度和班列开行质量都稳居全国中欧班列先进水平。目前，以郑州为中心的 4 小时高铁圈、1.5 小时航空圈能够覆盖全国主要经济区域，多式联运、高效集疏的现代物流体系加快形成，为河南优化营商环境，增强承接新兴产业布局和转移的吸引力，推动实现换道领跑提供了有力支撑。

（三）劳动力资源丰富，劳动者素质不断提高

河南是人口大省，第七次全国人口普查数据显示，河南常住人口约为 9937 万，居全国第 3 位，占全国人口的比重为 7.04%，一直保持着平稳的增长态势，劳动年龄人口约 6500 万人，可以说拥有十分丰富的劳动力资源，仍然处于人口红利期。同时，受经济发展水平的影响，与经济较发达地区相比，河南整体工资水平相对较低，劳动力价格水平相对低廉，这在参与市场竞争、吸引承接新兴产业转移方面具有比较优势。随着近年来人才培养能力的提升，河南劳动者素质也得到显著提高，第七次全国人口普查数据表明，2020 年河南每 10 万人中拥有大学文化程度的为 11744 人，比 2010 年增加了 5346 人，拥有大学（指大专及以上）文化程度的人口占全省常住人口总数的比重为 11.74%，每年全省各类职业院校毕业生 80 多万人、技能培训约 300 万人次，劳动者职业素养的不断提高为换道领跑战略的实施提供了充分的智力支持。

（四）实体经济基础扎实，市场潜力巨大

河南作为经济大省，2020 年生产总值为 54997.07 亿元，比 2019 年增长了 1.3%，居全国第 5 位，稳居中部第 1 位。经过多年的发展，全省市场主体规模不断提升，抗风险能力及发展韧性也持续增强，截至 2020 年底，全省市场主体总数为 781.2 万户，同比增长 11.9%，居全国第 5 位、中部六省第 1 位，市场主体结构也不断优化，市场主体中企业约为 212 万户，规模以上工业企业约 2 万户，均位于中部首位，具有较强的满足不同层次差异化需求的供给能力。同时，河南作为人口大省，拥有 2200 多万中等收入群体并且规模还在持续扩大，2021 年全省社会消费品零售总额为 24381.70 亿元，比上年增长 8.3%，其中乡村消费品零售额增速与城镇消费品零售额增速分别为 8.0%和 8.4%，消费升级趋势也日益凸显，强大的市场供给能力和庞大的市场需求是吸引高端要素会聚的关键依托，能够为河南换道领跑战略的顺利推进提供强大支撑。

三、河南实施换道领跑战略的路径选择

（一）着力在未来产业上前瞻布局

所谓未来产业是基于重大科技创新推动而形成的产业，对经济社会具有引领带动作用。2020 年，《中华人民共和国国民经济和社会发展第十四个五年规划和二〇三五年远景目标纲要》首次提出了“未来产业”这一概念，并明确要在类脑智能、量子信息、基因技术、未来网络、深海空天开发、氢能与储能等前沿科技和产业变革领域组织实施未来产业孵化与加速计划。未来产业迎来快速发展的机遇期和窗口期，提前落子才能抢占发展先机，事实上，北京、深圳、上海、广东、浙江、江苏等省份和地区都已提前布局展开竞逐。河南推动实现换道领跑战略，必须把前瞻布局未来产业放在突出位置，为参与未来竞争夯实基础。要加强顶层设计谋划，制定未来产业中长期发展规划，开展未来产业全图谱式分析研究，立足河南产业基础和现实条件，科学选取重点突破方向，并在前沿科技成果转化、多元化投入等方面出台配套的产业支持政策体系。要加强对颠覆性新技术的科研攻关，建立变革性和颠覆性技术科学基础的培育机制，激发省内高校、科研院所、重点实验室等科研主力军作用，加强前沿技术多路径探索、交叉融合和颠覆性技术供给，加快打造关键核心技术体系。要超前规划、布局一批未来产业重点项目和重大工程，以高水平项目建设引领全省未来产业发展，培育竞争新优势。

（二）着力在新兴产业上抢滩占先

新兴产业，特别是战略性新兴产业是以重大技术突破和发展需求为基础、成长潜力巨大的产业，对于培育发展新动能、增强产业竞争优势、引领高质量发展具有十分重要的作用。推动实现换道领跑战略，必须加速做大做强全省战略性新兴产业，在新兴产业上抢滩占先。要深入研究新兴产业发展的规律，对市场前景和市场定位进行深入研判，围绕行业制高点、市场需求以及国家战略需要谋划新兴产业发展，加强顶层设计和政策引导，为新兴产业发展保驾护航。要研究编制

重点新兴产业供应链全景图，深入梳理各产业国内外领军企业、代表产品、核心技术、重点团队等，加大培育引进力度，抢先、抢“新”布局一批战略性、前沿性、引领性的项目。要积极融入国家战略性新兴产业集群发展工程，立足河南产业基础，做大做强下一代信息网络、信息技术服务、新型功能材料、新能源客车、盾构装备等新兴产业集群，发展壮大千亿级新兴产业集群，增强产业链供应链稳定性和竞争力。要打造新兴产业发展合力，形成产业、资金、市场、人才、平台、技术等多要素协同发展模式，加快构建具有战略性、全局性和河南特色的新兴产业生态体系，厚植新兴产业发展的沃土。

（三）着力在传统产业上高位嫁接

传统产业不等同于落后产业和夕阳产业，其通过转型升级，注入新动能，就能重新焕发出强大的生机和活力。2020 年，河南传统产业占规模以上工业增加值的比重为 46.2%，仍然是稳定经济增长和吸纳就业的重要力量。为此，推动实现换道领跑战略，必须在传统产业上高位嫁接，推进优化升级，为全省经济跨越式高质量发展提供有力的支撑。要顺应科技革命和产业变革演进趋势，运用新一代信息技术对传统产业进行全要素、全流程、全产业链改造，推进传统产业向高端化、智能化、绿色化、服务化转型升级，并加强前沿技术、跨界创新、颠覆模式对接链接，持续提升全产业链现代化水平。要增强企业设备更新和技术改造力度，加速新技术、新工艺、新材料、新设备、新业态、新模式在传统产业的融合应用，不断增强企业的创新能力，支持工业新产品、新技术开发，提升产品核心竞争力，以高附加值抢占高端市场。要瞄准高端高新，对标最高最好最优，深入实施“品牌强基”工程，打造一批知名品牌和地理标志产品，使“河南制造”和“河南智造”成为高质量、高品质、高信誉的代名词，持续推进传统产业向产业链、创新链、价值链高端迈进。

（四）着力在生态圈层上培土奠基

水美则鱼肥，土沃则稻香。良好的产业生态圈层是产业发展的沃土。当前，河南实施换道领跑战略，必须用系统的思维着力构建独具特色的产业生态圈层，才能培育和维护好产业幼苗、产业大树和产业森林，进而推动实现全省经济的持续健康较快增长。要营造活力迸发的创新生态，加快建设创新平台、优化创新服务、会聚创新人才，围绕人才服务、知识产权保护、科技成果转化、科技金融对接等方面重点突破，尽可能多地孵化企业、培育企业。要营造风清气正的政治生态，不断强化政策支持，进一步降低企业用工、用能、物流、融资等各类成本，持续推动企业降本减负；持续优化营商环境，主动作为、精准服务，“一企一策”帮助企业纾困解难，努力为市场主体提供最优服务，促进企业做大做强。要营造美丽和谐的自然生态，链接规划、建设、管理三大环节，合理布局生产、生活、生态三大空间，全面提升城镇品质和对产业的吸引力；加大生态系统保护力度，筑牢绿色屏障，持续发力推进污染防治，把自然生态优势转化为发展优势，切实增强产业综合竞争力。

参考文献

［1］河南省市场监管局．2020年河南省市场主体发展总体情况分析报告［EB/OL］．（2021-02-02）．http：//scjg. henan. gov. cn/2021/02-02/2090191. html.

［2］河南省统计局．2020年河南省国民经济和社会发展统计公报［EB/OL］．（2021-03-08）．https：//www. henan. gov. cn/2021/03-08/2104927. html.

［3］河南省统计局．河南省第七次全国人口普查公报（第一号）——全省常住人口情况［EB/OL］．（2021-05-14）．http：//www. henan. gov. cn/2021/05-14/2145307. html.

［4］刘友金，周健．“换道超车”：新时代经济高质量发展路径创新［J］．湖南科技大学学报（社会科学版），2018，21（1）：49-57.

河南前瞻布局未来产业的实践策略研究

崔理想*

河南省第十一次党代会报告提出，实施换道领跑战略，在未来产业上前瞻布局。当前，越来越多的国家和地区开始谋划布局未来产业，并把未来产业作为其抢占先机的关键抓手。同时，未来产业培育与布局还呈现出显著的区域联动或区域抱团式发展特征。未来产业已成为区域竞争与合作的主战场，且态势日益激烈。研究分析未来产业的科学内涵与基本特征，厘清河南前瞻布局未来产业的发展基础、思路及举措，对新阶段河南顺应未来产业竞合新态势，在抢占未来产业发展新赛道中奋勇争先、赢得未来、更加出彩等具有重要意义。

一、未来产业的科学内涵与属性特征

目前，国内外学术界对未来产业的概念、内涵及特征的探讨尚处于起步期，对未来产业的界定标准尚未达成共识。但是在较具代表性的研究成果中，可以获得一些启发，对河南前瞻布局未来产业具有重要参考价值。

（一）科学内涵

余东华（2020）认为，未来产业是重大科技创新产业化后形成的、代表未来科技和产业发展新方向、对经济社会具有支撑带动和引领作用的前瞻性新兴产

* 崔理想，河南省社会科学院经济研究所助理研究员。

业。李晓华和王怡帆（2021）认为，未来产业是指由处于探索期的前沿技术所推动的、以满足经济社会不断升级的需求为目标、代表科技和产业长期发展方向，会在未来发展成熟和实现产业转化并形成对国民经济具有重要支撑和巨大带动，但当前尚处于孕育孵化阶段的新兴产业。沈华等（2021）认为，未来产业是以满足未来人类和社会发展新需求为目标，以新兴技术创新为驱动力，旨在扩展人类认识空间、提升人类自身能力、推动社会可持续发展的产业。周波等（2021）认为，未来产业是面向未来社会需求的、由当下尚未成熟的技术突破所驱动的、将会发展成战略性新兴产业的产业。在上述观点中，尚未成熟、满足未来需求、科技（技术）创新、支撑带动等核心关键词，是未来产业内涵的共性。同时，上述观点也表明，未来产业并非广义上的未来全部产业，而是狭义上的未来主导型或支柱型产业。因此，未来产业是有效满足未来人类和社会发展新需求、未来可以通过科技创新实现引领力转变、有力支撑带动未来经济社会发展的产业。其中，有效满足未来人类和社会发展新需求是未来产业的根本目标，未来可以通过科技创新实现引领力转变是动力所在，有力支撑带动未来经济社会发展是核心要求。

（二）属性特征

余东华（2020）认为，未来产业一般具有 6 个基本特征：产业属性、科技属性、需求属性、市场属性、政策属性、要素属性。赵剑波（2021）从历史的角度分析，认为，未来产业一般具有前瞻性、幼稚性、跳跃性 3 个主要特征。沈华和王晓明（2021）认为，未来产业发展呈现“四新”的特征，即依托新科技、满足新需求、发展新业态、孕育新组织。周波等（2021）认为，未来产业具有 3 个特征：①具备科技和产业的双重属性，未来产业是科技突破衍生的，又是未来的支柱产业；②处于技术和产业发展的早期，处于技术和市场都不成熟的阶段；③将在未来社会中对产业、经济、科技和生活等方面产生重大变革。首先，未来产业本质上是产业，产业属性是其第一特征。未来产业是面向未来的产业，其必然具有未来属性或时空特征。其次，未来产业是科技创新或技术突破衍生的新业态，其也必将具有显著的科技属性。再次，未来产业不是面向未来的一般产业，而是能够支撑未来、引领未来的主导型产业，那么未来产业必然具有主导属性。最后，未来发展充满不确定性，不确定性也是未来产业的鲜明属性特征之一。总之，未来产业是具有产业、时空、科技、主导、不确定性等鲜明属性特征的产业。

二、河南前瞻布局未来产业的基础条件

（一）有利条件

有一定的发展条件。党的十八大以来，河南大力实施创新驱动战略，郑洛新国家自主创新示范区试验田效应日益凸显，以嵩山实验室、神农种业实验室、黄河实验室为代表的省实验室体系加快构建，“万人助万企”活动常态化开展，孕育形成了一批高新技术企业，都为未来产业发展奠定了良好条件。

有一定的发展基础。较好的产业基础，河南是新兴工业大省，工业门类齐全、体系完备，具有良好的工业综合协调能力，装备制造、食品制造、电子制造、新型材料制造和汽车制造等主导产业已经形成。加之，河南拥有1亿人口，蕴含着巨大内需拉动力、产业向心力。

有一定的突破能力。当前，河南已涌现出一批科研力量足、技术水平高、攻关能力强的尖兵企业，如宇通汽车、中铁装备等。同时，龙头企业能够更好发挥带动效应，推动产业上下游、大中小企业联动，共建产业研究院、创新联盟、创新联合体等，助力降低突破成本及难度，抱团打造多赢的未来产业群。

（二）不利因素

未来产业所需创新驱动力不足。河南虽已涌现出一批创新龙头企业、高新技术企业，但与经济大省的地位还不相称，与发达地区相比，河南在数量、规模、带动效应等上的差距均较显著。“双一流”高校少，学科专业结构不够优化，与未来产业结合不紧密。河南国家重点实验室占全国总数的比重不足3%，研发体系、转化体系和服务体系还处于建设期，助力未来产业孵化转化的作用还较小。

未来产业所需人才支撑力不足。河南是人口大省，具有显著的劳动力供给优势，但高技能人才只占从业人员数的4.6%，每万名就业人员中研发人员为29.2人年，仅相当于全国平均水平的47%。所需人才培育能力不足，2020年河南高等教育毛入学率51.86%、低于全国平均水平2.54个百分点；博士学位授权高校仅有9所，博士研究生招生数仅占全国的0.93%。

未来产业所需趋势反应力不足。无论是世界主要经济体相继发布主导未来产业行动计划，还是国内各地纷纷提前落子、抢占未来产业新赛道，都无疑对后入者产生一定的挤出效应，加大抢占难度和竞争激烈程度。近年来，河南虽已明确提出布局未来产业，但尚未形成明确的未来产业布局方向和思路。这无疑增加了河南通过前瞻布局未来产业实现优势重塑、换道领跑的难度和压力。

三、河南前瞻布局未来产业的基本思路

唯有先人一步的眼光、快人一拍的行动、胜人一筹的招数，方能后来居上。应顺应未来产业竞合大势，坚持升级存量和优化增量相结合，善于优中培新、优中育新、无中生有，高质高效推动现有产业未来化和未来技术产业化。

（一）优中培新

全面梳理河南最具比较优势的产业、技术，尤其是装备制造、食品制造、电子制造、新型材料制造和汽车制造等现有主导产业，瞄准智能、低碳、健康等方向，推动“优势产业→未来产业”“优势技术→转化孵化→未来产业”高质高效转变，实现转型发展直道冲刺。依托具有比较优势的孵化条件，吸引未来产业相关要素高质高效集聚河南，为未来产业培土奠基、施肥助长、授粉成果。

（二）有中育新

全面梳理和深度挖掘河南具有潜力的产业、技术，推动“潜力产业→优势产业→未来产业”“潜力技术→优势技术→转化孵化→未来产业”高质高效转变，为转型发展直道冲刺增添不懈动力。推进产学研深度联动，促使现有传统产业甄选出相匹配的转型技术路线，自发向未来产业转变。推动现有传统产业主动与前沿技术、跨界创新、颠覆模式对接链接，实现借力向未来产业转变。

（三）无中生有

统筹用好“筑巢引凤”和“借鸡下蛋”策略，助力未来产业入豫、在豫高质量发展。“筑巢引凤”，就是通过优化营商环境，持续打造一流的创新生态、

应用场景，吸进未来产业业态要素入豫布局发展，助力打造未来产业群。“借鸡下蛋”，就是通过设立“科创飞地”，利用省外的未来产业创新平台、孵化平台等，助力河南培育自己的未来产业，形成“省外研发孵化—省内产业化”发展格局。

四、河南前瞻布局未来产业的关键举措

紧扣未来产业布局目标与方向，统筹实施重点专项行动，持续打造一流未来产业创新发展生态，不断强化未来产业发展支撑体系。

（一）创新能力提升专项行动

围绕未来产业重点领域的关键重大创新需求，统筹提升创新供给力、服务力和驱动力。一是主动对接和深度嵌入国家战略科技力量体系，充分建设好和运用好在豫国家重点实验室、省级实验室的服务能力。二是依托郑州大学、河南大学等深化未来产业前沿基础理论研究，重塑研发体系、转化体系和服务体系，提升创新源头供给能力。三是着力提升规模以上企业创新能力，鼓励和支持规模以上企业特别是龙头企业以产业未来化为主题开展研发活动，示范带动产业链上下游、大中小企业协同创新，共建未来产业创新联盟、创新联合体，助力打造未来产业集群。

（二）人才队伍建设专项行动

围绕未来产业重点领域发展需求，坚持引育结合、以用为本，持续强化未来产业发展的人才队伍支撑体系。一是高质量引进人才。实施未来产业人才入豫行动，建立未来产业全球引人体系，开展靶向引才、精准引才。二是高质量培育人才。实施未来产业专业技术人才培育计划，依托高校和科研院所，联合培养满足未来产业不同层次发展需求的专业技术人才，实现人才订单式培养与输送。三是高质量使用人才。尊重人才成长规律，宽容“失败”，使人才厚积薄发、人尽其才，最大限度地发挥人才在服务未来产业发展中的支撑作用。

（三）金融资本扶持专项行动

坚持政府、市场、金融机构三方联动，持续强化未来产业发展的金融资本支撑体系。一是盘活和充分利用河南现有各类产业发展基金，探索建立未来产业投资专项基金，合力强化未来产业基金支持。二是实施未来产业企业上市融资帮扶行动，持续推动符合遴选条件的未来产业类企业在主板、创业板、三板、科创板上市融资。三是引导金融机构与企业深度合作，鼓励银行、保险、基金等金融机构，发起或参与设立未来产业投资基金，创新发展科技保险、专利保险等金融产品和服务，为未来产业类企业提供股权、债权等多种融资方式，持续支持未来产业发展。

（四）未来产业孵化专项行动

组织实施未来产业孵化与加速计划，坚持当地孵化与异地孵化相结合，塑造“未来产业孵化”河南样板、河南模式。一是升级或新建一批以未来产业为特色的创业苗圃、孵化器、加速器等众创空间，形成“创业苗圃+孵化器+加速器”的未来产业全产业链培育模式。二是搭建一批未来产业综合服务载体平台，完善未来产业孵化服务体系，加快推动未来产业创新成果产业化。三是建设好和运用好未来产业展演展示平台，及时宣传发展成果，提升未来产业影响力、带动力。

（五）龙头企业引育专项行动

科学制定龙头企业引育标准、工作方案及政策举措，培育形成一批具有竞争力、影响力、带动力的未来产业龙头企业，树立未来产业河南品牌。一是科学制定未来产业重点引进企业目录，大力度、高质量开展未来产业“筑巢引凤”工作，努力引进一批龙头企业。二是完善“微成长、小升高、高变强”梯次培育机制，高质量推动龙头企业规模提升、创新发展、转型升级、跨界融合、链式发展等重点工作，着力培育一批龙头企业。三是更好发挥龙头企业示范带动效应，促使产业链上下游、大中小企业联动发展，共建未来产业链、产业群。

（六）区域深度协作专项行动

围绕未来产业重点领域发展需求，坚持国际、国内和省内三个层面并进，努力在“走出去”和“引进来”双轮驱动中实现河南未来产业高质量发展。一是实施高水平国际合作工程。充分发挥河南“四条丝路”功能，加强与“一带一路”国家和地区的合作，加强与未来产业发展先行国家和地区的合作。二是实施高水平省际合作工程。加强与长三角地区、粤港澳大湾区、京津冀地区等创新协同区合作，加强与广东、浙江、上海等国内未来产业先行省区市合作。三是实施高水平省内合作工程。推动河南省各辖市联动抱团发展，塑造出彩的河南未来产业群形象。

参考文献

［1］李晓华，王怡帆．未来产业的演化机制与产业政策选择［J］．改革，2021（2）：54-68.

［2］沈华，王晓明．构建“四位一体”格局　促进未来产业大步向前［N］．科技日报，2021-03-25.

［3］沈华，王晓明，潘教峰．我国发展未来产业的机遇、挑战与对策建议［J］．中国科学院院刊，2021，36（5）：565-572.

［4］余东华．“十四五”期间我国未来产业的培育与发展研究［J］．天津社会科学，2020（3）：12-22.

［5］赵剑波．“三大效应”加速未来产业涌现［J］．清华管理评论，2021（Z1）：73-81.

［6］周波，冷伏海，李宏，陈晓怡，等．世界主要国家未来产业发展部署与启示［J］．中国科学院院刊，2021，36（11）：1337-1347.

河南实施制度型开放战略的分析与思考

汪萌萌*

一、河南实施制度型开放战略的重大意义

（一）加速融入新发展格局的必然要求

“双循环”新发展格局是强国战略，是更高层次开放的必然路径。构建和融入新发展格局，客观上要求河南通过制度型开放对冲新发展阶段的负面影响。一方面，现阶段国外投资者和高端人才更加看重投资地的市场空间和营商环境。在加速融入新发展格局的进程中，河南省原有的优势和条件已经逐渐减弱甚至消失，同时市场化程度较低以及企业和个人业务存在诸多隐形壁垒的短板约束越来越明显。面对新的变局和机遇，河南迫切需要在营商环境、行政管理、通关检验、金融开放、事中事后监管等重点领域强化制度创新以形成新的竞争优势，在学习国内先进开放经验和对接高标准国际经贸规则的同时，消除影响高端要素流动的阻碍并建立促进优化配置的体制机制，形成和释放制度开放新红利。另一方面，制度型开放是河南升级供给结构、提升国内大循环层级的重要抓手。随着河南对外合作的深度和广度不断加深和拓展，这就要求河南进行对外开放应从根本理念上开始转变，打破国内循环体系和国际循环体系之间在行业管理、市场体

* 汪萌萌，河南省社会科学院经济研究所研究实习员。

系、商事制度、金融体系等领域所存在的各种不合理的、人为设置的藩篱和壁垒，促进国际循环中的优质要素以河南为节点顺利进入国内大循环，最终促进国内大循环向更高层次跃升。

（二）贯彻落实国家战略和平台的现实需要

党的十八大以来，推动中部地区崛起、黄河流域生态保护和高质量发展以及形成以国内大循环为主体、国内国际双循环相互促进的新发展格局重大国家战略相继出台，这三大国家战略为河南省经济高质量发展、全面建设社会主义现代化河南提供了强劲动力，提供了根本遵循。近年来，河南省获批的国家粮食生产核心区、中原经济区、郑州航空港经济综合实验区，中国（郑州）跨境电子商务综合试验区、郑洛新国家自主创新示范区、中国（河南）自由贸易试验区，河南开放发展的空间拓展得越来越宽，在全国发展大局中扮演的角色也越来越重。“十三五”时期，河南放大产业基础、区位交通、开放通道平台等自身优势，着力打造内陆开放高地，口岸平台联通世界，开放发展空间越来越大。同时也应看到，与服务构建新发展格局、贯彻落实黄河流域生态保护和高质量发展、助力中部地区崛起国家战略的现实要求相比，与持续推进“五区联动”“四路协同”高质量发展的战略需要相比，全省制度型开放步伐相对缓慢。在对外贸易特别是服务贸易、外商直接投资、开放载体平台建设、开放体制机制等重点领域，制约河南发挥国家等一系列战略优势的短板比较突出。比如，资源约束日趋收紧，产业发展规模和产业链国际化水平不协调，开放载体平台区域辐射带动能力不强，开放体制机制不活、营商环境亟待优化等已成为河南开放发展的重大制约。

新时代面临新形势，河南持续推进国家战略规划和战略平台建设，就必须全面实施制度型开放战略，以自贸区建设引领开放体制机制创新、深化“放管服效改革”、夯实“硬措施”，提升开放载体平台的质效和能级，创新开放招商方式，推动局部优势向综合优势转变，提升对国家战略规划和平台建设的支撑能力。

（三）加快建设开放强省的战略举措

党的十八大以来，河南坚持开放带动，实行积极主动的开放战略，在内陆开放高地建设上取得重大突破。今天的河南，正处在战略叠加、蓄势跃升、调整转型、风险挑战的关键时期，来到了由大到强、实现更大发展的重要关口，新时代新机遇对全省全面实施制度型开放、建设开放强省提出了新的要求。

从国际视角来看，制度型开放是河南参与构建国际高标准经贸规则、适应以服务业开放为主新特点的战略选择。随着全球贸易和产业分工的不断深化，区域开放体制机制成为影响商品和要素优化配置的重要因素。同时，在以服务业为主的战场的开放新阶段，迫切要求河南加快构建系统性、更高水平的开放型经济新体制，推动新一轮高水平开放。因此，通过强化自由贸易试验区等国家平台制度型开放体制机制规则创新，构建最大化具体开放政策外溢效应的开放型经济制度体系，是河南积极有效参与国际经贸规则制定，打造国际一流规则环境的重要前提。从河南发展现状来看，产业、市场、政策、法治环境日趋完善，具备全方位高水平开放的基础，但是国际贸易机制不活、开放载体平台不强、开放范围不广、开放产业支撑薄弱的问题仍然存在。因此，通过全面实施制度型开放战略，加速规则、规制、管理、标准等制度型开放，稳妥推进首创性探索、集成性创新，扩大河南自身区位、资源、政策和产业比较优势，在加速开放载体平台制度创新示范、开放带动、产业升级，形成全省开放型经济增长极的同时，可以有效拓展全省与中部地区以及京沪苏浙、粤港澳等地的战略合作空间，为建设开放强省奠定坚实的基础。

（四）实现“两个确保”的关键一招

建设更高水平的开放型经济新体制是河南实现“两个确保”的重要支撑。改革开放 40 多年来，河南省牢牢围绕引资引技、融入并提升全球产业链价值链等目标，设计并出台了一系列开放领域的基础政策，为经济社会持续健康发展提供了一定的开放制度保障。今天的河南，站在全新的历史起点上，要确保实现到 2035 年全省综合实力、创新能力进入全国前列，治理体系和治理能力现代化等目标，就要求河南加快实现更具突破性的开放，提升在全国、全球价值链中的地位。可见，全省必须持续推进规则等制度型开放，以更高水平、更大范围、更深层次的开放倒逼现行的金融、商事、投资、市场、国有企业管理制度等体制机制深化改革，形成以开放改革、改革促进开放的良性互动，加速河南高质量现代化建设的进程。

因此，从服务河南“两个确保”的最终目标出发，将实现开放制度改革创新任务与加快建设更具竞争力的开放强省有机统一，是未来河南实现更高水平的对外开放的关键。

二、河南实施制度型开放战略的基本思路

（一）指导思想

以习近平新时代中国特色社会主义思想为指导，全面贯彻落实习近平总书记视察指导河南时的重要讲话精神和指示批示精神，充分发挥“一带一路”建设统领作用，紧扣加快建设更具竞争力的开放强省的目标，发挥好市场在资源配置中的决定性作用，更好发挥政府作用，以对内加快建设更具竞争力的开放强省、推动高质量发展和服务“两个确保”，以及对外对接、构建符合经济全球化深入发展方向的高标准国际经贸规则、持续提高共建“一带一路”的参与度、链接度和影响力为两大发展目标，在积极对接发达国家合理高标准国际经贸规则的同时，以开放载体平台引领全省开放规则机制创新、营造一流营商环境、拓展开放合作空间、与时俱进创新开放招商，并逐步形成适应新时代制度型开放要求的安全维护机制，为河南畅通国内国际双循环、加快建设更具竞争力的开放强省、服务“两个确保”提供有力支撑。

（二）基本原则

解放思想和严守底线并重。制度型开放是更加深入、全面、系统和公平的开放，要求河南解放思想、敢于创新，调整多领域的现行法律、法规乃至行业管理的相关规定，确保以更符合新时期河南发展要求，更有利于河南优化要素、优化配置，以更符合国际惯例的新体制机制规则代替旧体制机制。与此同时，河南在设计新规则时必须坚持正确的方向引领、原则要求和底线要求，防止制度盲目创新、制度跑偏。

借鉴学习和积极创新并重。交流借鉴和自我创新是实施制度型开放的两种途径。在积极学习发达经济体、沿海开放先进省份的开放规则体系构建经验的同时，河南更要在跨境电商、数字贸易等优势领域强化创新，构建出更务实、更科学、更有效、更公平的新型规则体系。

全面推进和重点突破并重。高水平的系统性方案设计是实施制度型开放战

略的重要前提。实施制度型开放既要求将经济社会的各个重点领域的体制机制创新改革有机结合，统筹协调地向前推进；也要求在重点难点领域、战略性支撑产业以及关键环节针对“卡脖子”问题进行精准施策，量身定制个性化、差异化的政策制度。

促进发展和维护安全并重。国家安全是经济高质量发展的保障，在推进制度型开放的同时，应在促进各类商品要素自由流动的大前提下，系统梳理可能的风险，构建以维护国家安全为主，并对商品要素自由流动影响最小的机制。

对外开放和对内改革并重。在借鉴学习国际通行市场经济运行规则的同时，结合河南自身发展实际，在持续推动直接影响商品要素跨境流动的规则体系等方面创新的同时，更要在间接影响商品要素流动的规则方面强化改革，大幅提升河南在国内国际市场优化配置、优质要素资源的能力。

（三）发展目标

开放规则机制创新进一步加强。与高标准国际经贸规则对接成效显著，开放规则与国际通行规则基本一致或相容度大幅提升，部分规则成为全国乃至发达国家的学习“样板”。围绕高水平建设自贸试验区 2.0 版，首创性、集成性、差异化改革创新显著增强，新技术、新产业、新场景等领域规则制度安排成效显著。

营商环境进一步优化。聚焦市场化、法治化、国际化要求，围绕企业生命周期持续深化“放管服效”改革，政府服务效能全面提升，市场便利化水平、宜居创业基础能力和法制服务保障水平明显提高，“硬措施”托底“软实力”能力得到全面升级。

开放合作空间进一步拓展。“空中丝绸之路”引领深化“四路协同”能力不断提高，全省开放载体平台的质效和能级显著增强，共建“一带一路”中的参与度、链接度和影响力显著提高，与京沪苏浙、粤港澳等地区战略合作进一步增强，形成与其他主要增长极互动、借势发展的良好局面。

开放招商方式创新进一步强化。通过进一步完善重点产业链图谱和招商路线图，市场化、专业化、精细化招商新模式、新机制大量涌现，招大引强、招新引精成果显著，驻外办事机构招商桥梁作用进一步增强。

三、深入推进制度型开放的政策建议

（一）强化开放体制机制创新

一是在数字贸易、电子商务、国有企业、产业竞争政策等新规则、新议题方面，积极对标国际经贸新规则，积极参与引领全球规则制定和治理体系建设。二是强化自贸试验区制度创新功能，加大在信息通信、科研和技术服务、教育配套、医药卫生等领域的开放力度，放宽注册资本、投资方式等限制，建立准入后的行业引导、培育和管理制度；创新海关监管制度，简化通关手续，强化进出口商品风险预警，构建快速反应机制。三是实现国际贸易“单一窗口”功能全覆盖。在健康医疗、跨境旅游、金融咨询、法律服务、工程设计等领域，逐步取消或放宽相关的限制措施。四是增强开放载体平台效能，加快海关特殊监管区域建设，支持在海关特殊监管区域设立大宗商品期货保税交割仓库。

（二）营造一流营商环境

一是全面推进“放管服”改革，促进政务服务便利化。规范部门审批，提高审批效率，加快解决“玻璃门”问题，为企业“松绑”、为群众“解忧”；加快实现监管方式合理化、个性化，对新业态实施包容审慎，对环保、医疗、金融、教育以及特殊材料等重点行业强化监管力度。二是以数字技术赋能政务服务，重构整合各部门、各层级、各区域的行政办理流程，最大化政府部门整体服务效能。三是优化营商环境指标体系和评价方式，组织好营商环境评价活动，强化评价结果运用，系统梳理提炼各地先进经验，及时总结固化、复制推广。四是推进商事制度集成化改革，加快企业从注册到注销的全链条、集成化、系统化改革，全面实施准入前国民待遇加负面清单管理制度。

（三）持续拓展开放合作空间

一是强化“空中丝绸之路”对“四路协同”的引领带动作用，坚持货运优先，不断拓展郑州机场大型、特型、特殊商品的国际货运市场空间。加快推进

“中欧班列（郑州）+”建设工程，在适当加密往返班次的同时，积极拓展新线路，分步设立一批海外分拨集疏中心和货物物流分拨调度基地。以淮河、沙颍河等内河水网为重要节点，加速实现河南内河网络与沿海港口无缝衔接，全面对接“海上丝绸之路”。推动跨境电商创新发展，营造绿色宽松的跨境电商发展生态，加快建设贸易核心功能集聚区。二是以智能化思维推进大通关体制改革。协同推进通关与物流仓储的智能化改造，简化河南与“一带一路”沿线国家和地区的实际通关流程，最大程度压缩办理时限。三是加快各类开放口岸建设，完善功能性口岸体系，扩大进口水果、粮食、肉类、药品、汽车、国际邮件等口岸业务规模。四是加快河南与京沪苏浙、粤港澳等地建立联合招商。以政策为引领推动河南都市圈内新区、园区等各类平台抱团联动发展。支持中原城市群依托京广、陇海兰新、陆海新通道等线路强化区域间开放联动，加速东部及沿海城市群成熟产业向中原城市群转移，实现区域间产业链、供应链与价值链的共建共享。

（四）创新开放招商方式

一是灵活运用多种新型的招商方式，引导境外、省外资金更多投向高新技术产业，推动在豫投资进一步扩大投资规模和投资领域。二是突出靶向招商，突出日本、韩国、欧洲等重点国家和地区，港澳台、京津冀、长三角、珠三角等重点地区，开展登门招商。三是围绕重点产业、重点企业进行产业链细分，坚持“建链”“补链”“强链”，紧盯龙头企业、扩大总部经济、集聚相关配套，形成配套完善、链条健全的产业集群；瞄准“新业态”、着力推进万物互联、先进装备、高端材料、仓储物流等领域招商引资，缩短科技成果转化周期，推动新兴产业发展。四是加强招商人才队伍的培养，扩大懂经济、会谈判、善攻关的能人规模，不断提高整体素质和活力。充分调动政府、企业、社会各个方面的积极性和能动性，推进招商引资网络化，形成全面统筹、分工合作、联动互动的招商格局。五是加快推进驻外办事机构改革，实现其由经济联系向综合联系等职能的转变，加强其与驻地周边优质企业、科研机构、高等院校等沟通合作，发挥好为河南吸才、招商、引智的桥梁作用。

参考文献

［1］戴翔．制度型开放：中国新一轮高水平开放的理论逻辑和实现路径

［J］．中国经贸，2019（3）：4-12.

［2］李大伟．新发展格局下如何推进制度型开放［J］．开放导报，2020（6）：31-38.

［3］楼阳生．确保高质量建设现代化河南　确保高水平实现现代化河南　全面实施“十大战略”在新征程上奋勇争先更加出彩［N］．河南日报，2021-09-08（01）.

［4］王晓红．以高水平对外开放促进开放型经济高质量发展——“十四五”时期推动高水平对外开放的主要思路［J］．全球化，2020（4）：24-49+133-134.

［5］叶辅靖，李大伟，杨长涌．推进经济高质量发展的高水平对外开放战略研究［J］．开放导报，2019（2）：7-14.

河南实施优势再造战略的思考及建议

王摇橹*

河南凭借着独特的枢纽优势、巨大的消费需求和市场空间、丰厚的要素资源、完备的产业体系，在交通区位、产业基础、内需规模等方面形成了比较优势。但在新发展阶段，这些赖以立身的传统优势将面临重新洗牌，可能弱化甚至消失。当前，在构建新发展格局和实施中部崛起战略的机遇下，河南应锚定优势再造战略，推动优势再造提升，重塑竞争新优势。

一、充分认识河南实施优势再造战略的重大意义

（一）服务构建双循环新发展格局的内在要求

加快构建双循环新发展格局，是应对世界百年未有之大变局的战略举措，既要求发挥我国超大规模市场优势，畅通国内大循环，又要充分利用两个市场、两种资源，参与国际循环。实践表明，只有主动服务和融入国家大战略，才能实现经济社会发展的大跃升。河南长期发展积累的优势和条件，完全有条件、有能力在加快构建新发展格局、服务全国大局中展现更大作为。随着新发展格局的加快构建，供需跃向更高水平动态平衡，产业链、供应链大规模深层次重构，先进生产要素加速流动、高效集聚，一些传统优势可能弱化甚至消失，实施优势再造，

* 王摇橹，河南省社会科学院经济研究所研究实习员。

将区位交通、产业基础和市场空间优势加速转化为创新能力、人才集聚、产业发展优势，将为河南全面融入双循环新发展格局提供重要支撑。

（二）在中部地区崛起中奋勇争先的关键举措

新时代推动中部地区高质量发展为河南争先崛起提供了重大发展机遇。立足优势、放大优势是中部地区各省高质量发展的共同点，例如，安徽提出充分发挥科技创新优势，湖北提出发挥科教资源、产业基础等优势，发力重点各有侧重。面对区域竞相发展的新形势，把握机遇、发挥优势是河南乘势而上、争先崛起的必然要求。河南应发挥好在区位交通、产业基础、市场规模、文化底蕴和内陆开放等领域已形成的“比较优势”，在巩固既有优势基础上塑造新优势，才能在服务中部地区高质量发展中培育新优势、增添新动能、展现更大作为。

（三）是河南省实现“两个确保”的重要抓手

2021 年 9 月河南省委工作会议提出了“两个确保”奋斗目标，即确保高质量建设现代化河南，确保高水平实现现代化河南。“十三五”时期，河南省的综合实力实现了跨越提升，但目前河南仍处于工业化、城镇化快速推进阶段，多重国家战略叠加，近 1 亿人口大市场蕴含着巨大内需拉动，为实现“两个确保”提供了坚实支撑。虽然河南已经积累了一定程度的基础优势，但整体水平不高，“优势再造”战略的适时提出，正是为了适应建设现代化河南的需要。站在新的历史起点，河南要充分发挥和重塑既有优势，把人才、技术、资金和实体产业留在河南，实现“流量”变“留量”，推动产业向高端、高附加值发展，在枢纽经济、高端制造业等方面形成新的比较优势，为河南扎实推动现代化建设开好局、起好步。

二、深刻理解河南实施优势再造战略的核心要义

（一）推动交通区位优势向枢纽经济优势转变

河南处于“中国之中”，承东启西、连南贯北，全国“十纵十横”综合运输

大通道中有五条经过河南，枢纽优势得天独厚。目前，河南省现代立体综合交通枢纽体系日益完善，枢纽经济能级和开放通道优势持续提升，在激活国内大循环、畅通国内流通体系和链接国际经济循环中发挥了重要的作用。枢纽经济是利用交通枢纽的集聚扩散功能，变“交通走廊”为“要素走廊”，吸引资金、人才、技术和信息，促进本地区产业发展，并在此基础上形成多种经济辐射的经济模式。推动交通区位优势向枢纽经济优势转变，要以国际格局、世界眼光审视、定位河南，牢牢抓住重大交通枢纽这个“牛鼻子”，不断提升“通”“融”“聚”功能，推动枢纽优势向物流优势、贸易优势、产业优势转化，加快交通体系、物流枢纽与区域、城市、产业的互动融合，将交通区位优势转化为经济发展优势、区域竞争优势。

（二）推动产业基础优势向产业链、供应链优势转变

河南是我国很多产业循环的发起点和联结点，制造优势是河南的传统优势，对河南来说，制造业是根基也是未来。随着全球科技创新进入高度密集活跃期，双循环新发展格局的加快构建，产业链、供应链可能出现剧烈重构，因此，能否持续提升产业链、供应链现代化水平，向全球价值链中高端攀升，是决定我们入局或出局的关键。由于河南传统产业占比大，多数处于产业链前端、价值链低端，与发达省份相比，龙头企业数量偏少，在企业规模、创新能力、品牌影响力等方面还存在一定差距，河南制造优势面临着新的考验。推动产业基础优势向产业链、供应链优势转变，不仅要对传统产业改造升级，使传统产业逐步向产业链的中高端和关键环节迈进，还要加快推进产业链现代化，提升大型企业、龙头企业的整体创新力和核心竞争力，使河南制造业不断做大做强，在新一轮产业变革中走在前列。

（三）推动内需规模优势向供需协同优势转变

河南是典型的内需主导型经济省份，消费市场空间大、有效投资需求大、新型城镇化潜力大，这为吸引高端要素集聚和推动产业发展提供了重要依托。但随着居民消费需求正向个性化、智能化和高端化转变，河南已进入消费升级重要阶段，受供给产品创新不足、科技含量不高、质量欠佳等因素的影响，河南仍存在供应链不完备、产业结构失衡、有效供给能力不足等问题，无法满足消费结构升级和消费模式转变的需要，进一步释放内需潜力、发挥内需规模优势，需要供需

两端协同发力。推动内需规模优势向供需协同优势转变，就是依托河南的内需规模优势，扭住供给侧结构性改革这条主线，打通产业链和供应链堵点，补齐短板，减少无效供给、扩大有效供给和中高端供给，提高供给质量，从而提高对需求结构的适应性，形成需求牵引供给、供给创造需求的更高水平动态平衡，进而实现供需协同。

三、河南省加快实施优势再造战略的对策建议

（一）夯实基础支撑，提升交通枢纽能级

发展枢纽经济，建设枢纽是基础，提升功能是关键。一是守牢基本盘，持续完善立体综合交通枢纽体系。把交通重大项目建设作为巩固交通区位优势的重中之重，重点建设航空、铁路和公路基础设施及网络，完善节点性运输、物流设施，搭建便捷的互联互通平台，不断提升对外通达能力。二是巩固好四条“丝绸之路”既有优势，加快推进“四路协同”，以高水平“互联互通”和高质量多式联运发展为核心，全面提升河南枢纽经济能级和开放通道优势。三是以先进信息技术深度赋能交通基础设施，推动交通基础设施数字转型、智能升级，打造智慧公路、智能铁路等融合高效的智慧交通基础设施。四是加强枢纽经济服务平台建设。强化“枢纽+平台”，依托重要交通枢纽，培育构建物流、商贸、信息、结算等要素聚集平台，优化提升平台影响力，以平台经济来推进枢纽经济。

（二）强化集聚带动，发展现代枢纽产业

发展枢纽经济，要素集聚是核心，辐射带动是根本，要围绕大交通构建大枢纽，围绕大枢纽布局大物流，围绕大物流发展大产业。一是强化“物流+制造”，把现代物流业作为发展枢纽经济的重点，提升物流企业专业化服务能力和水平，有效适应河南制造业的发展需求，统筹布局物流枢纽、物流园区与产业园区，通过试点示范的方式，鼓励龙头、骨干企业先行先试，推动物流与制造业的深度融合，以物流业的高质量发展来提升制造业产业链的现代化水平。二是培育枢纽偏好产业。围绕“枢纽+产业”的思路，吸引国际物流、电子信息、生物医药等领

域龙头企业入驻河南，加快产业链条化和集聚化发展，打造具有强大辐射带动能力的产业集群，构建枢纽偏好型产业体系。三是制定差异化产业发展政策。各城市应结合自身实际和目标导向，因城施策，加强与毗邻城市联动互补，实现错位发展。

（三）加快转型升级，构建现代产业体系

河南要把制造业高质量发展作为主攻方向，实施产业基础再造工程，巩固传统产业优势，抓紧布局战略性新兴产业、未来产业，构建以先进制造业为支撑的现代产业体系。一是改造升级传统产业。在提升技术水准、产业链水平上再造传统产业优势，强化智能制造、工业互联网等新技术赋能传统制造业，促使传统产业脱胎换骨、迭代升级。二是重点培育新兴产业。聚焦特色细分领域，整合创新资源，引进培育具有较强影响力的专精特新和单项冠军企业，以新兴产业培育强化制造业发展新动能。三是前瞻布局未来产业。在全球竞争格局加速洗牌和区域优势重塑的大背景下，发展未来产业是衡量一个地区产业竞争力的重要标志，也是实现弯道超车的必然选择。河南应聚焦氢能储能、量子通信等若干前沿领域，精细研究、长远布局，加快推进现有产业未来化和未来技术产业化。

（四）延链补链强链，推动五链深度耦合

围绕关键产业链，实施产业链提升工程，提升产业链、供应链现代化水平，全面推进产业链、供应链、创新链、要素链、制度链五链耦合。一是推进产业链现代化。以实施产业链链长和产业联盟会长“双长制”为抓手，“一链一策”，找到延链补链强链着力点，实现流程再造、优势再造，有效提升河南产业基础高级化、产业链现代化水平。二是完善供应链、补齐产业链。系统梳理省内产业链“链主”企业产品、原材料、零部件等供需情况，通过帮扶纾困，全力引导领军企业和“链主”企业就近配套，促进产业链、供应链上下游、大中小企业协同发展，推动全产业链配套集聚发展。三是高度重视创新、着力推进创新。激活创新发展动力源，主动对接国家战略科技力量体系，建设一流创新平台，打造一流创新生态，形成产业创新系统和合力，有力支撑创新链、产业链，以创新链打通堵点、连接断点。

（五）做强项目支撑，培育壮大龙头企业

抓项目就是抓发展，河南要以重点优势项目为支撑，充分发挥优势龙头企业

的带动作用。一是坚持项目为王，充分发挥河南市场规模优势，以市场换产业、换投资、换技术，吸引更多好项目、大项目，滚动推进“三个一批”，以重点突破带动全局整体跃升。二是创新招商方式，突出“借脑连智”，深化与长三角、粤港澳等发达地区的合作，实现“沿海研发—河南产业化”发展格局，大力引进一批体量大、牵引强的高质量项目，带动河南产业优化升级。三是培育一批“专精特新”、小巨人、单项冠军企业，在制造业细分领域补短板、填空白、锻长板，使之成为细分市场的龙头企业，强化科技创新和产业链、供应链韧性。四是扎实开展“万人助万企”活动，推动政策落地，解决发展难题，增强企业家信心，同时，持续优化营商环境，不断提升服务能力，支持来河南企业的投资发展。

参考文献

[1] 丁新科．读懂重塑优势这一关键词——在拉高标杆中争先进位（上）[N]．河南日报，2021-09-15（03）．

[2] 高保中．全面融入新发展格局　塑造河南发展新优势 [N]．河南日报，2021-02-28（04）．

[3] 仝新顺．加快发展枢纽经济　促进新旧动能转换 [N]．河南日报，2019-04-04（09）．

[4] 完世伟．迈好融入新发展格局的第一步 [N]．河南日报，2021-03-17（09）．

[5] 赵建军．提升交通枢纽功能　促进枢纽经济高质量发展 [J]．群众，2019（11）：11-12.

加快推动河南现代服务业优化提升研究

林风霞*

在新发展格局下，现代服务业逐步成为我国经济增长的主动力、产业升级的主方向、新旧动能转换的主引擎、就业创业的主渠道。加快推动现代服务业优化提升，提高河南服务业在全球及全国服务网络中的位势和能级，对全省优化经济结构、促进就业、提高群众生活质量等具有重要意义。

一、河南现代服务业发展存在的突出问题

近年来，随着服务业载体平台不断完善，新业态、新模式加速涌现，河南以信息传输、软件和信息技术服务业、科学研究和技术服务业等为代表的现代新兴服务业步入发展快车道，推动服务业贡献度持续提升。然而，与发达国家及我国先进省份相比，河南现代服务业仍然存在内部结构创新度不够、产业能级高度不够、数字赋能广度不够、业态融合深度不够、对外开放力度不够、生态圈层厚度不够等突出问题，亟须加快优化升级步伐。

（一）内部结构创新度不够

目前，河南现代服务业在整个服务业中占比不高，尤其是科学研究和技术服务业发展相对滞后。2020 年，河南省技术合同成交额只有 384.50 亿元，占全国

* 林风霞，河南省社会科学院工业经济研究所副研究员。

合同成交总额的比重不到1.4%，仅相当于北京的6.1%、广东的11.1%、江苏的16.5%。服务业新业态、新模式原创匮乏、亮点缺乏，而浙江在新制造、湖南在新消费、四川在新经济、陕西在硬科技等领域活力尽显。医疗、家政、健康养老、教育等生活性服务业领域群众不满意的地方多，缺少高品质供给，与人民群众日益增长的服务需求不匹配。

（二）产业能级高度不够

服务业载体平台的发展能级有待进一步提升，缺少在全国有重要影响力的服务业产业集群，缺少叫得响的“河南服务”品牌，现代服务业发展活力、发展后劲明显不足。全省服务业企业“小、散、弱”现象突出，缺少影响力大的平台型总部企业，缺少市场占有率高、业态先进、带动力强的领军企业，缺少代表新经济未来发展力量的独角兽企业。2021年，河南只有9家企业入选中国服务业企业500强，1家企业入选中国新经济准独角兽200强，河南入选各榜单的服务业企业数量与北京、上海、广东等服务业发达省份相比有较大差距。

（三）数字赋能广度不够

目前，大数据、人工智能、区块链等新一代信息技术正在为服务业全方位赋能，推动服务业态和模式革命性重塑，为全球服务业的创新发展注入新动能。但是，河南电子商务发展与经济大省、现代服务业大省、人口大省的地位不匹配，2020年全省网络零售额占全国网络零售额的比重仅为1.91%，在中部地区排在第2位，远低于数字经济发达的广东（24.33%）、浙江（16.68%）。全省网络零售商铺数在全国占比为5%，排全国第5位，远低于广东（18.3%）、浙江（10.8%）。[①] 具有数字化赋能优势的数字经济龙头企业少，全省无一家企业进入中国数字经济最具价值百强名单。

（四）业态融合深度不够

随着服务业分工深化与服务创新，全球产业跨界融合发展趋势日渐明显，服务业已经成为区域打造产业链竞争优势的重要一环。目前，河南现代服务业与先进制造业、现代农业融合发展明显存在融合范围不够广、程度不够深、水平不够

① 数据来源：商务部电子商务和信息化司发布的《中国电子商务报告2020》。

高等问题。河南开展服务型制造的企业比例仅为25.1%，低于全国平均水平3.5个百分点，多数企业服务收入占营业收入总额的比例不高，而美国制造与服务融合性企业占制造企业的比重已经达到58%，GE（通用电气）服务收入占企业收入的2/3以上。现代服务业与现代农业融合发展面临体制、政策、金融、人才等的制约，提供农业服务的大型企业少，服务内容多集中在生产作业服务，农户需要的产前信息、金融支持等服务供给不足。文旅、文创等服务业内部各产业融合发展深度不够、水平不高，有影响力的文旅融合品牌少，对区域文化资源挖掘明显不足。

（五）对外开放力度不够

服务贸易体量较小，2019年全省服务贸易进出口总额仅为86亿元，与上海、广东的万亿规模差距大。外资进入领域比较窄，2020年全省服务业领域实际吸收外资95.9亿美元，主要分布在房地产、电力热力、租赁和商业服务等领域，而在我国新一轮开放过程中，金融、电信、医疗、养老、教育等领域加大了对外开放力度，北京、上海、广州、海南等城市均明确提出要加快服务业对外开放的领域和层次。

（六）生态圈层厚度不够

服务业体制机制有待进一步完善，行业、部门条块分割和多头管理现象依然存在。市场化改革有待进一步推进，部分行业依然存在限制进入和垄断问题。河南集聚高层次服务人才的能力有待进一步提升，互联网、大数据、创意设计、商务咨询等人才严重短缺，容易让企业错失拓展新赛道的机遇。

二、加快推动河南现代服务业优化提升的路径

聚焦河南现代服务业发展存在的突出问题，有针对性地推动河南现代服务业优化提升，打造“河南服务”的新体系、新优势、新形象等，是河南建设现代产业体系、打造现代服务业强省的现实选择，是新发展格局下河南培育新优势、打造新增长点的有效路径。

（一）聚焦提升内部结构创新度，培育打造现代服务业体系

一是加快传统服务业优化升级，注重应用现代服务理念、现代管理技术、新一代信息技术等推动传统服务业向专业化和高端化转型，实现服务产品高品质、服务网络高效能。二是加快新业态、新模式的培育，要立足消费升级、融合发展等，鼓励服务企业加快“新业态培育”“新模式应用”“新场景拓展”，进一步推动新兴服务业发展提速。

（二）聚焦提升产业能级高度，培育壮大现代服务业主体

一是加快实施服务业产业集群培育行动，围绕文化旅游、现代物流、现代商贸、信息服务、健康养生等重点产业打造一批具有全国影响力的现代服务业基地。二是加快实施“河南服务”品牌培育工程，培育形成一批影响力强的企业、行业和区域服务品牌。三是加快实施千亿级服务企业培育行动，大力引进全球服务业跨国公司，吸引世界500强企业、行业领军企业来豫设立区域总部和功能性总部；将符合条件的服务业龙头企业纳入省头雁企业培育库，推动其规模化、高端化、国际化发展。四是加快实施专精特新服务业企业培育行动，培育一批专注于细分市场、具有一定创新能力的“专精特新”服务业企业。

（三）聚焦提升数字赋能广度，加快推进现代服务业数智化转型

数智化转型为现代服务业发展带来新机遇。要把握数字新基建发展机遇，高水平建设工业互联网、大数据、5G等数字基础设施，为服务业的创新发展和虚拟集聚创造更大发展空间。要加大对服务业企业“上云用数赋智”的支持力度，推动服务产品、业态和模式的数智化创新。要加快数字经济向服务业全产业链渗透，通过数据的打通实现产业资源要素配置效率的整体提升。

（四）聚焦提升业态融合深度，打造现代服务业特色优势

一是加快实施服务型制造发展专项行动，推进制造业企业向附加值高的服务环节延伸，提升“两业”融合的广度、深度和水平，助力制造业转型升级。二是加快实施“服务业+农业”行动，加快科技、金融、信息等要素向现代农业的渗透，支持农业产业化联合体、休闲康养等新主体、新业态发展，进一步增强现代服务业对农业全产业链发展的支撑作用。三是积极实施文旅文创融合发展战

略，让丰厚的历史人文资源支撑河南服务更有地域特色、更有文化底蕴。

（五）聚焦提升对外开放力度，积极拓展现代服务业发展空间

大力发展服务贸易，巩固扩大旅游、运输、建筑等传统服务出口，加快发展飞机融资租赁、维护维修、知识产权等服务贸易。培育一批省级特色服务出口基地，争创国家服务贸易国际合作示范区、国家数字贸易基地，助力全省服务贸易跨越式发展。借鉴北京、上海、海南、天津、重庆等地区服务业开放政策及自贸区建设经验，探索推广更高水平的贸易投资自由化、便利化政策。

（六）聚焦提升生态圈层厚度，积极推动现代服务业生态再造

一是构建公平有序的市场环境，进一步放宽市场准入，营造更加平等、更加开放的投资贸易环境。二是建立调解、仲裁、诉讼等有机衔接、相互协调的多元化商事纠纷解决机制，建立健全服务业企业投诉机制，保护企业合法权益。三是加快建设一批高能级服务业发展载体平台，加快培育一批“特色鲜明、业态高端、能级突出”的现代服务业创新发展区。

参考文献

［1］洪群联．中国先进制造业和现代服务业融合发展现状与“十四五”战略重点［J］．当代经济管理，2021，43（10）：74-81.

［2］王磊，李金磊．区域一体化、地方政府行为与服务业结构升级——基于长三角城市经济协调会的准自然实验［J］．华东经济管理，2021，35（7）：17-27.

［3］向晓梅，杨娟．粤港澳大湾区产业协同发展的机制和模式［J］．华南师范大学学报（社会科学版），2018（2）：17-20.

［4］张青，茹少峰．新型数字基础设施促进现代服务业虚拟集聚的路径研究［J］．经济问题探索，2021（7）：123-135.

［5］赵英霞，陈佳馨．现代服务业与现代农业耦合发展路径研究［J］．经济问题，2018（5）：75-81.

［6］周蕾，孙波．数字经济下广东服务业发展新趋势［J］．科技创新发展战略研究，2021，5（4）：31-38.

培育壮大河南省战略性新兴产业的路径与对策

宋　歌*

近年来，面对新一轮科技革命和产业变革，战略性新兴产业成为培育发展新动能、赢得未来竞争新优势的关键，国际上主要发达国家和地区纷纷把战略性新兴产业作为塑造国家和区域竞争力的重要领域，加快了战略性新兴产业培育发展步伐。河南省第十一次党代会提出要“实施换道领跑战略”“在新兴产业上抢滩占先”，建设经济强省要“加快建设现代产业体系”“培育壮大新兴产业”，把新兴产业发展放在建设现代化河南的突出位置。

一、河南省战略性新兴产业发展态势

“十三五”以来，河南省深入实施创新驱动战略，推动战略性新兴产业持续快速增长，产业发展的新动能作用不断增强。但整体上，河南省战略性新兴产业仍处于探索起步阶段，在多个方面与国内外发达地区相比存在一定差距，产业规模、发展质量均与引领河南换道领跑的重任无法匹配。

（一）产业增速较快，但产业规模偏低

“十三五”时期，河南省战略性新兴产业增加值年均增速为10.4%，高于同

* 宋歌，河南省社会科学院工业经济研究所副研究员。

期规模以上工业增加值年均增速 4.2 个百分点；占规模以上工业增加值比重达到了 22.4%，较 2015 年提高 10.6 个百分点。尤其是 2020 年，河南省规模以上战略性新兴产业增加值增速仅为 2.6%，但仍高于全省以及传统产业规模以上工业增加值增速。“十四五”以来，我国战略性新兴产业发展继续保持高速扩张态势，河南省 2021 年规模以上战略性新兴产业增加值增速再创新高，达到了 14.2%。虽然河南省战略性新兴产业保持持续增长，但与其他产业及地区相比，产业规模仍偏低。2020 年，河南省规模以上战略性新兴产业增加值占比尽管攀升至 22.4%，但仍远远低于规模以上传统产业（46.2%）以及高耗能行业（35.8%）的占比，与规模以上传统产业占比相差 1 倍多。2019 年，江苏省、浙江省规模以上战略性新兴产业增加值占规模以上工业增加值的比重分别达到了 32.8%、31.1%，2020 年江苏省这一占比提升至 37.8%。

（二）新增长点不断涌现，但自主创新能力仍不强

近年来，河南省通过加强重大创新平台引建，加大创新平台建设力度，有力推进了战略性新兴产业的创新发展。目前，河南省农机装备、航空轴承、诊断试剂、血液制品、智能传感器等研发和产业化处于全国上游水平，盾构、新能源客车、光通信芯片、超硬材料、流感疫苗等产品技术水平处于全国领先、市场占有率居全国首位，一批重大创新成果和装备在蛟龙号、港珠澳大桥等重大工程上获得应用。但受制于科技基础薄弱、体制机制束缚等因素，全省新兴产业链、创新链对接仍不紧，产学研协同创新步伐缓慢，技术的集群式整体突破难以实现。尽管一些新兴行业在河南已初具规模，但技术水平相对滞后，关键核心技术缺乏，高端产品供给能力不足，产业停留在价值链中低端，严重掣肘战略性新兴产业的发展壮大。

（三）产业链式集聚发展，但龙头企业数量少

为加快新兴产业发展，河南积极推进新兴产业链式集聚发展，有力促进了优质资源集中，提升了产业竞争力。目前，全省在重点新兴产业领域，相继形成了智能终端产业链、智能传感器产业链、新能源汽车产业链、合金材料产业链等；郑州航空港区初步建成全球重要的智能终端制造基地，鹤壁初步形成光通信器件产业集群，郑州、新乡建成一批特色医药产业集群等。但整体上看，当前全省多个新兴产业领域企业大多实力不强，中小企业居多，产业发展明显缺少特色鲜明、优势明显、国际竞争力和辐射带动能力强的龙头企业，现有企业对产业集群

及区域经济的拉动作用有限。2021 年 9 月，中国企业联合会、中国企业家协会发布 2021 中国战略性新兴产业领军企业 100 强名单，河南省只有郑州宇通企业集团一家企业上榜。

（四）政府高位谋划推动，但产业生态仍不优

随着国内外对战略性新兴产业资源争夺的愈加激烈，良好的产业环境成为战略性新兴产业发展的关键。2019 年初，在充分论证的基础上，河南省确定了 10 个新兴产业为重点培育对象；2020 年 11 月，建立了新兴产业链工作推进机制，确定产业链发展方向和目标任务，并由省级领导兼任 10 个新兴产业链的链长。进入“十四五”时期，河南加大对新兴产业的扶持力度，2021 年 7 月，河南印发《新兴产业投资引导基金实施方案》《创业投资引导基金实施方案》《新兴产业投资引导基金和创业投资引导基金考核评价办法（试行）》等。但从近年来河南省战略性新兴产业发展的现状来看，不仅科技创新体系不健全，人才、资金以及产业配套、营商环境等方面的支撑和保障也难以满足战略性新兴产业发展的需求，亟须加快构建完善的新兴产业生态体系。

二、培育壮大河南省战略性新兴产业的路径

随着新兴技术突破的加速，“十四五”时期将是战略性新兴产业发展的关键时期。按照河南省第十一次党代会的要求，河南省应立足战略性新兴产业发展实际，通过“优中培新、有中育新、无中生有”等方式，做大增量，做优存量，加快培育壮大战略性新兴产业，在构建现代产业体系中抢抓先机。

（一）立足优中培新，加快扩大产业规模

河南省传统优势产业众多，培育壮大战略性新兴产业要充分利用原有的资源基础和产业体系，引导传统产业以市场需求为导向，以应用场景为牵引，通过高新技术改造、延伸产业链条以及产业融合等方式，在采用新技术、开发新产品、升级新业态、开辟新模式方面不断创新升级，实现向战略性新兴产业的升级。其一，鼓励装备制造、有色、化工等传统优势行业或通过增加创新要素投入实现自

我创新，大力开发新技术、新工艺、新产品等；引进新兴高端技术，并通过消化吸收实现再创新的方式，缩短技术差距提升技术水平；加强与科研院所的联合创新，通过组建创新联合体、新型研发机构等，提升创新效率。其二，推进装备制造、汽车及零部件制造、有色金属、化工、电子信息等行业延伸产业链条，通过向下游高附加值环节延伸从而进入新兴产业领域。其三，推动装备制造、电子信息、能源原材料等传统产业加快与其他产业、其他领域新兴技术的融合创新，大力培育智能化产品及以个性化定制、网络化协同、共享化生产、服务化延伸、数字化管理等为特征的新产品、新模式、新业态。

（二）坚持有中育新，着力提升产业层次

河南省战略性新兴产业大多处于产业链中下游，价值链中低端，产业层次不高，提升战略性新兴产业要顺应技术更新迭代趋势，强化新兴技术的渗透应用、产业化以及数字科技技术的融合赋能，推动技术逐步向前沿领域演进，培育形成具有更强创新力、更高附加值的新产品、新业态、新模式，实现向产业链高端的逐步攀升。其一，推动新兴产业加快与新一代信息技术的深度融合，提升在智能机器人、智能传感器、智能仪器仪表、智能机床等领域的研发与生产制造能力，强化智能设备、智能化生产线的应用，借助“数据+算力+算法”推进企业的智能化决策、智能化生产和智能化运行，在开发更加智能化产品的同时实现更高水平的智能应用。其二，鼓励新兴产业积极运用网络及数字技术将用户需求接入制造全流程，联合用户、配套企业、科研机构等进行协同创新，根据需求数据变化驱动制造流程智能化排产、柔性化生产，衍生开展远程维护、故障预测、性能优化等一系列专业性服务，加速网络化协同、个性化产品设计、规模化定制、服务型制造等新模式应用。其三，随着越来越多新兴技术的日益成熟，生物、材料、新能源、高端装备等产业发展的技术路线日益清晰，要鼓励这些行业以市场需求为导向，加速向前沿技术领域演进，提升产业竞争力。

（三）围绕无中生有，构筑产业竞争新优势

河南省在新兴产业重点领域及未来产业发展方面存在很多空白，亟须借助新兴技术产业化或引入新兴产业项目等方式，通过“未来技术产业化”，无中生有谋划布局一批重大新兴产业、未来先导产业，提升新兴产业发展能级。其一，以我国“十四五”规划为引领，加快选取具有一定基础、能够抢抓机遇率先布局

的量子信息、氢能与储能、类脑智能、未来网络、生命健康科学、新材料等前沿科技，紧跟世界科技前沿，重点攻关，推出一批原创性、颠覆性成果；加快新兴技术产业化进程，孵化一批初步具备国际引领作用的龙头企业和创新平台。其二，着力优化营商环境，瞄准新兴产业缺失环节、核心技术、龙头企业以及前沿科技等领域，立足河南资源与配套优势面向国内外进行靶向发力、精准招商，建设一批具有前瞻性、带动性的重大项目和工程，填补新兴产业发展空白，前瞻布局未来产业，集全球智慧推进战略性新兴产业跨越发展。

三、培育壮大河南省战略性新兴产业的对策建议

"十四五"时期，越来越多的新兴技术将步入大规模产业化、商业化应用进程，河南要把握未来产业变革趋势，抢抓战略性新兴产业发展新机遇，遵循产业发展规律，充分调动政府、企业、行业协会等各方力量，协同推进战略性新兴产业培育壮大。

（一）坚持市场主导，强化政府引导与扶持

新形势下，培育发展战略性新兴产业必须避免重蹈传统产业发展政府主导、规模扩张的模式，应按照坚持市场主导、政府扶持的原则，推进新兴产业提质增量。当前，全省战略性新兴产业发展重点、路线日渐清晰，各级政府要对所确定的产业发展重点领域给予精准支持，出台相应的支持政策并认真抓好落实，保证政策措施与市场调节作用紧密配合。要着力强化需求侧引导，探索开展重大应用示范工程，加大政府采购力度，推进新兴产业迅速成长和扩张。加快建立以创新政策为核心的政策体系，努力优化创新创业环境，推动各种要素的升级和优化配置。

（二）强化创新基础，完善新兴产业创新体系

围绕战略性新兴产业发展的根本创新性要求，加快建设多级科技创新平台，切实提高科技供给的质量和效率。要立足河南战略性新兴产业发展的现实需求，积极争取国家重大科技基础设施布局，争创国家重点实验室，夯实新兴产业技术创新的基础设施建设。要深化科技创新体制机制改革，统筹新兴产业各领域优势

资源，鼓励该领域内的创新型企业、高校、科研机构和社会团体采取多种方式开展产学研合作，组建分布式、网络化的新型科研机构，构建战略性新兴产业共性技术创新体系。要积极探索全产业链协同创新模式，通过对产业链进行全景梳理，明确产业链提升的薄弱环节，联合上下游企业进行协同攻关、创新。

（三）加强主体培育，支持骨干企业做大做强

企业是战略性新兴产业发展的主体，要把培育龙头型、骨干型企业作为发展壮大战略性新兴产业的有力抓手，全面提升战略性新兴产业发展的质量。围绕智能装备、新型显示和智能终端、汽车电子、智能传感器、新一代人工智能等重点领域，识别和培育一批具有影响力和创新力、产业链带动作用明显的链主企业，加大要素倾斜和支持力度，打造一批具有较强国际竞争力、能够带动中小企业创新发展的龙头企业。各级政府要做大产业基金、用好金融资源，积极为企业破解资金难题，助力企业做好科技创新、人才引进、挂牌上市等工作，建立挂钩帮扶和精准服务机制，加大战略性新兴产业优质企业培育力度。

（四）集聚高端要素，优化新兴产业发展生态

立足河南实际，加快构建新兴产业生态体系，以强大的要素支撑与良好的发展环境加快战略性新兴产业成长。在生产制造环节，积极引进和培育与新兴产业链相关的上下游关键设备与材料产业，完善链式集聚、良性互动的发展格局。在人才方面，实施“中原英才计划”等人才培育工程，完善引才引智机制、人才支持激励体系、人才服务体系等。在金融方面，鼓励各地和社会资本设立天使投资、创业投资和产业投资等各类基金为新兴产业发展提供中长期资本，鼓励金融机构创新开发适应战略性新兴产业特点的金融产品和服务。

参考文献

［1］宋大伟．新阶段我国战略性新兴产业发展思考［J］．中国科学院院刊，2021，36（3）：328-335.

［2］孙夕龙．在新一轮科技革命和产业变革中发展战略性新兴产业［N］．经济日报，2021-09-27（06）．

［3］王志军．发展战略性新兴产业［N］．经济日报，2020-12-10（011）．

推进制造业价值链升级　加快建设现代化河南的对策研究

杨梦洁*

受数字经济纵深发展等一系列因素的影响，当前国际国内经济社会面临重大变革，制造业发展呈现出新模式、新特征、新趋势，全球产业链、供应链正在经历大规模深层次重构。价值链是企业价值创造与实现活动的总和，代表企业的核心竞争力，价值链位置则是地区产业竞争力的集中体现。在此轮深层次重构中推进河南制造业发展跨台阶、上高度，提升河南制造业价值链地位，是高质量建设现代化河南，顺利实现现代化发展目标，助力河南成为国内大循环和国内国际双循环中的关键环节的重要保障。

一、新发展阶段制造业价值链变动趋势分析

当前数字经济蓬勃发展，引领新一代科技革命和产业变革深度席卷，为区域产业分工深化提供新土壤、注入新动力、酝酿新机遇，价值链作为分工的产物，从微观到宏观方面呈现新特征，不同地区价值链的定位也发生改变。

（一）数据信息转变为高价值资源要素

首先，数据作为重要资源直接参与产业链流转并创造价值。产业数字化或数

* 杨梦洁，河南省社会科学院工业经济研究所助理研究员。

字产业化的每一个环节均能够对数据信息进行收集、存储、处理、分析和反馈，从而产生新的价值应用。其次，数据作为资源要素改变了传统地区优势。地区要素竞争第一个阶段是基于土地、劳动力等资源产生的比较优势，“亚洲四小龙”初期崛起均与具有这类优势、走开放发展道路、大量承接国际产能转移有关。第二个阶段是基于创新生态、营商等软环境产生的比较优势，当前中国大多数地区进行招商引资时往往面临这类竞争。但在数字经济时代下，数据要素不同于传统要素，它的创造与地区人口规模、经济规模、历史文化等特定情况相关，更多的人口和更大的经济规模意味着更多的数据资源，且数据资源具有唯一性，这类地区将具有无可比拟的优势。

（二）价值链条式分工向价值网络形态分工转型

价值链形态、结构与产业链分工模式高度相关。工业经济时代市场部门根据既往经验和形势分析提前制订需求计划，交给研发部门设计；或将订单转给生产部门，经过流通、销售环节完成价值实现，价值流转实现的过程是线性的。在数字经济时代下，借助发达的互联网经济和日益普及的数字技术，在产品设计初期，消费者就能够参与其中，产品反馈提前传给供应商、厂商等各个主体。生产性服务供给更加便捷快速，电子商务运营商、网站设计供应商等能够与企业高效互动，原材料供应方可以和消费者直接对接，各个相关主体深刻嵌入跨行业、跨产业链共同组成的价值网络分工体系。

（三）全产业链各环节均蕴含较高附加值

“微笑曲线”认为，处在产业链两端的研发设计和销售、售后环节利润更高，加工制造环节利润较低，这一理论被认作中国制造业发展的短板和弊端。“武藏曲线”与“微笑曲线”相反，案例研究认为日本制造业中的组装、制造环节利润较高。这两个曲线并不冲突，数字技术的广泛应用为中国制造业冲破微笑曲线桎梏，实现“武藏曲线”的反转提供了机遇。现实中数字经济不同环节均能实现较高的附加值，不仅与科技和工艺水平有关，也与数据资源重要性和利用效率有关。制造环节利用数字化改造，能够最大限度地降本增效，提升中国制造业核心竞争力和价值含量；下游环节在场景应用创新上，数字经济能够激发无限可能，放大市场价值，中国这样的人口大国拥有巨大优势。

（四）融合创新创景催生更多价值应用

除数字产业化不断壮大外，产业数字化进程正在加速推动，数字经济产业链的内涵外延快速拓展演变。企业通过实施数字化、网络化、智能化改造，实现透明高效的供应链管理，减少了损耗并降低了信息传递成本，提高了组织运营管理效率，降低了制造全流程成本，加速实现了产品价值，大幅度提高了企业利润。对于处在发展转型期面对资源成本上升的广大实体经济企业来说，数字经济提供了价值链升级的可能，对于传统工业占比较重的地区和具备特定资源的落后地区，数字经济也提供了可以弯道超车的机遇。随着对数字技术的深入挖掘，产业链不同环节将进一步融合，产生新的融合创新场景应用，挖掘更多隐藏价值。

二、加快推进河南制造业价值链升级的路径分析

国际国内产业链重构新趋势和数字经济发展新动态为河南现代化建设带来新机遇，也使之面临新挑战。河南要实现经济强省建设目标，必须进一步发挥制造业脊梁作用，加快推进制造业价值链升级，切实提升河南制造业价值链在全球价值链和国家价值链中的地位。

（一）深化数字赋能锻造先进制造生产力

制造业价值链升级的基础环节即全制造环节，数字技术的应用能够重塑生产制造全流程，通过敏捷的操作系统、高效的资源配置、智慧的协同制造达到降本增效的目的，从而提高生产制造环节附加值，这是河南制造业价值链升级的第一种模式。主要做法：一是加快发展数字核心产业共建数字生态。培优做强河南智能终端、计算终端、智能传感器、机器人、信息安全等优势数字产业，加强对智慧芯片、核心算法等核心技术的攻关，夯实河南建设数字经济新高地的产业基础。二是率先推动重点产业集群数字化转型。谋定河南装备制造、食品、新材料等优势主导产业，研究制定各个重点行业数字化转型和赋能方案，采取龙头企业“一企一策”，中小企业“一行一策”，重点产业园区和产业集聚区“一园一策”的思路，分类实施数字化转型策略，打造集群转型标杆典范。三是“大手拉小

手”协同推进产业链数字化进程。从垂直行业维度入手，制定“一链一策”，支持龙头企业整合产业链上下游资源，与智能制造解决方案供应商、产业园区等多方力量合作，形成转型合力，搭建行业级工业互联网平台，开放数字接口，吸纳服务中小企业协同参与数字化转型。

（二）聚焦细分新品类凝聚产品竞争力

制造业价值链升级的核心环节在于高质量产品，通过改进产品本身质量，在不同领域拥有较强的产品研发能力和品牌塑造能力，能够推动河南的交通区位优势向枢纽经济优势转变，改善河南枢纽经济的结构性问题，显著提高价值链增值能力，这是河南制造业价值链升级的第二种模式。主要做法：一是把握新消费时代重塑新品类。河南食品、生物医药等产业规模位居全国前列，在新消费时代，这类消费行业蕴含的巨大市场价值有待进一步挖掘提升。河南作为中华文明发源地和历史核心区，白酒、饮料、方便食品等品类均能通过融入中国产品想象力进行传承创新，在大品类之下诞生更多细分小品类，通过小品类撬动大市场，通过场景创新提升销售效率，打造附加值更高、更具地方特色的河南品牌。二是专注社群划分打开新赛道。基于数字时代新的商业模式、消费观念驱动，新的消费关系正在快速形成。过去大品类才能产生大品牌，如今消费者在任何时间、任何地点都能够进行消费行为，满足消费欲望，大多品类均需通过创新和聚焦进行重塑，以更好地适应这一趋势。厂商需要深耕“80后”“90后”消费主力军的消费需求，例如，零食保健化、美容零食化等，从微小的概念和单一的认知入手，基于用户精细化需求进行产品研发，顺势进行矩阵式多渠道营销，精准识别不同用户的个性化需求，以一种产品快速投射定位一类社群，契合消费者本体“直觉”，打造适应新消费时代的品牌IP。

（三）打造一流创新主体增强价值链掌控力

制造业价值链升级的关键之处在于强化河南创新主体地位，以一流的创新主体掌控产业链关键环节的核心技术，围绕产业链部署创新链、提升价值链，这是河南制造业价值链升级的第三种模式。主要做法：一是提升企业主体科技创新能力。推动河南规模以上创新型企业研发机构全覆盖和大中型工业企业省级以上研发平台全覆盖。实施创新型企业树标引领行动，培育遴选主导产业中综合实力强、质量效益高、行业地位领先的创新龙头企业，新建一批省级以上高能级新型研发机构和研发平台。二是强化中小企业科技创新水平。支持中小企业深耕自身优势，走专业化、精细化、特色化、新颖化发展道路，严格落实、补充完善河南省“专精特新”“小巨人”、单项冠军企业配套扶持政策，对入库企业开展精准服务，补充科技创新后备力量，构建“微成长、小升高、高变强”的创新型企业“雁阵”培育机制。三是加速构建融通创新机制。以创新龙头企业为抓手，广泛利用两个市场、两种资源，牵头成立具有一定影响力的产业技术创新联盟、产业技术创新研究院等各类协同创新平台，整合产业链上下游相关中小企业、产业集群配套企业等参与共性技术、关键技术的协同创新工作，协调资金、人才、技术等各类高端要素，为实现价值链攀升集聚优势资源，带动科技创新能力实现整体跃升。

（四）谋划全链条培育提升价值链治理力

全链条培育是针对产业链整体进行整合，从关键环节入手，从核心要素入手，形成更加完整、灵活、协调的全产业链发展模式，从而拥有更高的价值链治理水平，这是河南制造业价值链升级的第四种模式。主要做法：一是合理优化产业链分工布局。充分发挥行业领军企业拥有的高端要素、技术创新、规模实力等优势，围绕主营业务不断聚焦提升，打造产业链绝对优势环节。同时以优势提引力，构建新型互惠共享的行业协同平台，形成领军企业带动、中小企业协作的组织模式，吸引产业链上下游中小企业结合自身条件进行互补式发展，帮助中小企业提高产品或服务的配套质量和配套稳定性，在特种材料、零部件、后端服务等多种环节形成独特优势，走专业化发展道路，持续扩大市场占有规模。二是精准招商培植产业链优势。积极发挥产业链链长和产业联盟会长“双长制”的作用，围绕前瞻布局未来产业、抢滩占先新兴产业、高位嫁接传统产业的目标，及时构建重点产业地图，针对产业链缺失和薄弱环节，以强链补链固链为导向，以抢占产业价值链中高端为目标，瞄准行业龙头开展以商招商和产业链招商，着力引进一批带动力强的行业龙头企业及专精尖配套项目落地生根，培育关键环节，引领制造业价值链迈向中高端。

参考文献

［1］郭周明，裘莹．数字经济时代全球价值链的重构：典型事实、理论机制

与中国策略［J］．改革，2020（10）：73-85.

［2］黎峰．双重价值链嵌入下的中国省级区域角色——一个综合理论分析框架［J］．中国工业经济，2020（1）：136-154.

［3］刘志彪，姚志勇，吴乐珍．巩固中国在全球产业链重组过程中的分工地位研究［J］．经济学家，2020（11）：51-57.

［4］孙志燕，郑江淮．积极应对全球价值链数字化转型的挑战［N］．经济日报，2021-01-08（009）.

“清廉河南”战略的提出背景与实施路径

刘　刚*

河南省第十一次党代会报告旗帜鲜明地提出要“推进清廉河南建设，让坚守正道、积极向上、担当作为、求实奋进的良好风尚浸润中原、助力出彩”。推进清廉河南建设，是巩固拓展河南省反腐败斗争压倒性胜利、推动全面从严治党向纵深发展的有力举措，更是为现代化河南建设营造风清气正政治生态和良好发展环境的客观需要，正当其时、十分必要、意义重大。实现“两个确保”宏伟目标，奋进现代化河南建设新征程，必须大力推进清廉河南建设，坚定不移推进全面从严治党向纵深发展，把严的主基调长期坚持下去，从而为谱写新时代中原更加出彩的绚丽篇章提供坚强保障。

一、推进清廉河南建设的现实背景

（一）对标中央决策部署、从政治上领会和落实中央全面从严治党新要求的必然要求

党的十八大报告提出“建设廉洁政治”，要求做到干部清正、政府清廉、政治清明。这“三清”对党风廉政建设和反腐败斗争提出了更高的要求。党的十

* 刘刚，河南省社会科学院政治与党建研究所副研究员、河南省廉政理论研究中心特约研究员。

九大报告重申和强调建设法治中国，还提出要“强化不敢腐的震慑，扎牢不能腐的笼子，增强不想腐的自觉，通过不懈努力换来海晏河清、朗朗乾坤”。中国共产党第十九届中央纪律检查委员会第五次全会提出：“深入实践探索服务保障现代化建设的有效举措，大力推进清廉建设，营造风清气正的政治生态和良好发展环境。”随着反腐败斗争取得压倒性胜利，特别是深化标本兼治、一体推进“三不腐”的深入推进，为清廉河南建设指明了前进方向、提供了根本遵循。

（二）借鉴各省份经验、推进清廉建设落实落地的客观需要

党的十九大以来，浙江、内蒙古、湖北、湖南等省份在贯彻中央精神、结合地方实际的基础上，通过召开省委或省纪委全会、出台文件等形式，提出了推进清廉建设的总体目标和具体行动方案。2018 年 7 月，浙江省率先出台了《中共浙江省关于推进清廉浙江建设的决定》，并提出了目标清晰、步骤明确的具体落实方案。作为展示中国特色社会主义制度优越性的重要窗口，“清廉浙江”的探索实践对全国党风廉政建设具有一定的示范和引领作用。2019 年 6 月，内蒙古自治区党委作出《内蒙古自治区党委关于建设清廉内蒙古的意见》，提出要着力建设政治清明、政府清廉、干部清正、政商亲情、社会清朗的清廉内蒙古，推动全面从严治党向纵深发展。2021 年 7 月，湖南省委发布了《中共湖南省委关于推进清廉湖南建设的意见》，旗帜鲜明地提出建设“清廉湖南”，让各类歪风邪气在湖南这片红色热土上无处遁形，努力营造山清水秀的政治生态，让清廉成为湖南的风尚和名片。同年 8 月，湖北省委召开清廉湖北建设工作推进会，明确提出要加强“清廉湖北”建设，打造“政治生态好、用人导向正、干部作风实、发展环境优”的省份，为加快“建成支点、走在前列、谱写新篇”提供坚强纪律作风保障。各省份陆续提出推进清廉建设的目标任务，体现了较高的政治站位和超前的谋划水平，为“清廉河南”建设提供了借鉴参考。

（三）深化标本兼治、纵深推进河南省党风廉政建设和反腐败斗争的现实要求

党的十八大以来，在以习近平同志为核心的党中央坚强领导下，河南省委坚决扛牢管党治党政治责任，坚持以党建高质量推动发展高质量，持续营造学的氛围、严的氛围、干的氛围，深入推进全面从严治党在河南落地生根，推动管党治党取得明显成效，为中原更加出彩事业提供了坚强保障。当前，河南省反腐败斗

争压倒性态势已经形成，以案促改制度化常态化深入推进，作风建设成效不断巩固，标本兼治综合效应不断彰显，推进清廉河南建设已经具备了现实的基础。但也要清醒认识到，河南省反腐败斗争形势依然严峻复杂，构建山清水秀政治生态依然任重道远，全面从严治党永远在路上。随着反腐以治标为主向治本为主的转变，特别是一体推进“三不腐”上升为反腐败斗争的基本方针和全面从严治党的重要方略，必须以更宽广的视野、更长远的眼光、更系统的思维，把建设清廉河南作为基础性、引领性、突破性的目标要求，以此来统领新时代河南党风廉政建设和反腐败斗争的全局，从而充分发挥全面从严治党引领保障作用，为现代化河南建设保驾护航。

二、明确清廉河南建设的主要内容

提出建设清廉河南，绝不意味着党风廉政建设和反腐败斗争只注重廉政文化教育而不再查案和惩治，更不是说笼统地提个口号或者新的表述，而是有着明确的内涵指向和目标要求。

（一）厘清清廉河南建设的具体内涵

清廉河南是一个系统性概念，是一个综合性的目标任务，内涵丰富、领域宽广，呈现协同化、全域化、贯通化、一体化的时代特征。广义来讲，清廉河南就是要通过将清廉建设纳入现代化河南建设的整体布局，推动实现干部清正、政府清廉、政治清明、政商亲清、社会清朗、民风清淳的总体目标，为现代化河南建设持续营造风清气正的政治生态和干事创业的发展环境。具体来讲，清廉河南主要包含六个方面的内容：一是干部清正。树立干事创业的选人用人正确导向，干部做到信念坚定、为民服务、勤政务实、敢于担当、清正廉洁。二是政府清廉。建设服务政府、责任政府、法治政府、廉洁政府，形成公开透明、廉洁高效的权力运行秩序。三是政治清明。坚定不移推进党风廉政建设和反腐败斗争，营造良好的从政环境和山清水秀的政治生态。四是政商亲清。构建亲而有度、清而有为的新型政商关系，促进政商关系“亲”“清”互动。五是社会清朗。以社区、乡村、企业、医院、学校等各领域清廉单元建设为抓手，推动清廉建设不断向各个领域和层面渗透，在全社会形成以清为美、以廉为荣的价值取向，推动新风正气不断充盈、社会风气持续上扬。六是民风清淳。推动社会公德、职业道德、家庭美德、个人品德建设，弘扬优良家风家训，形成崇廉倡廉浓厚氛围，清廉文化深入人心。

（二）明确清廉河南建设的原则要求

清廉河南建设是具有强大生命力的治理方略、具有长远指导性的发展总纲，应坚持以下六个原则：一是坚持以习近平新时代中国特色社会主义思想为指导。增强“四个意识”，坚定“四个自信”，做到“两个维护”，确保清廉河南建设始终沿着正确方向前进。二是坚持党的全面领导。充分发挥党委总揽全局、协调各方的领导核心作用，坚决维护党中央权威和集中统一领导，自觉在思想上政治上行动上同以习近平同志为核心的党中央保持高度一致，将清廉河南建设融入经济社会发展各方面、全过程。三是坚持全面从严治党。扛稳扛牢管党治党政治责任，不断深化党的纪律建设和作风建设，以良好的党风政风浸润社风民风，充分发挥全面从严治党的引领保障作用。四是坚持以人民为中心。始终把人民群众对美好生活的向往作为基本工作导向，以恒久之力守好人民的心，厚植党执政的政治基础。五是坚持问题导向。聚焦清廉河南建设的重点难点问题，紧盯腐败易发多发的重点领域和关键环节，认真分析查找尚未解决的问题、有待攻克的顽症痼疾，准确把脉、精准施策，推动各项决策部署落地见效。六是坚持共创共建。充分调动全省各级党委、人大、政府、政协、监察机关、审判机关、检察机关、民主党派、人民团体、企事业单位、社会组织的积极性，广大党员干部群众一起行动，全社会共同参与，把清正廉洁的理念和措施覆盖到各行各业，形成齐抓共促的良好氛围。

（三）设定清廉河南建设的战略目标

遵循党的十九大提出的新时代中国特色社会主义发展的战略安排，结合河南省“十四五”规划纲要明确的任务步骤，按照前瞻 30 年、谋划 15 年、做实近 5 年的原则，从近期、中期和远期三个阶段设置清廉河南建设的战略目标。一是近期目标。到 2025 年，清廉河南积厚成势，反腐败斗争压倒性胜利态势全面巩固，一体推进“三不腐”体制机制更加完善，党员干部廉洁自觉性明显提高，对公权力的监督制约明显强化，顽瘴痼疾明显遏制，腐败存量明显减少，腐败增量明显下降，群众满意度持续上升，整体清廉程度持续提升。二是中期目标。到2035年，各级党组织管党治党责任机制更加健全，权力运行更加公开规范高效，政务服务高效便捷，政治生态更加优化，社会正气更加充盈，崇廉倡廉氛围更加浓厚，清廉文化深入人心，清廉成为出彩中原的显著标识。三是远期目标。到2050年，清廉河南化风成俗，党风廉政建设的各项制度机制成熟定型，干部清正、政府清廉、政治清明、政商亲清、社会清朗、民风清淳的目标基本实现，新风正气成为河南的风尚，清廉河南全面建成。

（四）聚焦清廉河南建设的重点任务

清廉河南建设要立足全局思考、整体谋划，精准落实、闭环管理，确定以下六个方面重点任务：一是着力强化政治监督，切实做到“两个维护”。树牢“四个意识”，坚定“四个自信”，把学懂弄通做实习近平新时代中国特色社会主义思想作为首要政治任务，把坚决做到“两个维护”作为最高政治原则和根本政治规矩，严明党的政治纪律和政治规矩，推动全省各级党组织不断提高政治判断力、政治领悟力、政治执行力，自觉同党中央精神对标对表，推动习近平总书记视察河南重要讲话及重要指示精神和党中央各项决策部署在河南省条条落实、件件落地、事事见效。二是着力深化标本兼治，一体推进不敢腐、不能腐、不想腐。深刻把握反腐败斗争新态势新特点，推动“三不腐”协调联动、贯通融合，以惩强化不敢，以治强化不能，以防强化不想，持续深化标本兼治，把“三不腐”一体推进的落脚点放在政治生态建设上，放在全社会清廉建设上，放在党员干部队伍清廉素质提升上。三是着力深化改革，促进公权力廉洁规范运行。持续推进“放管服”改革，推进政务服务便利化，完善权责清单制度，深化党务政务公开，加强公共资金资源资产管理，构建亲清新型政商关系。四是着力正风肃纪，切实维护人民群众切身利益。坚决整治损害群众利益的腐败和不正之风问题，充分发挥人民群众监督主体作用，让人民群众在正风肃纪反腐中感受到公平正义。五是着力选贤任能，匡正选人用人风气。坚持正确选人用人导向，完善干部考核评价机制，坚持“硬考核”“真督查”，严格干部教育管理监督，坚决防范和纠正选人用人上的不正之风；坚持全方位培养用好人才，深化人才发展体制机制改革，加强“墩苗育苗”，激励引导干部担当作为。六是着力联动协同，提升监督治理效能。坚持领导带头、以上率下，抓好“关键少数”、管住绝大多数，加强“一把手”和领导班子监督，带动整个监督体系更加严密有效运转；

推动党内监督与其他监督相互贯通，推进巡视巡察上下联动，整合基层纪检监察力量，精准有效运用监督执纪"四种形态"。

三、找准清廉河南建设的实施路径

清廉河南建设是一项关系全局、影响深远的系统工程，不能单靠纪检监察机关一家唱"独角戏"，要在党委的统一领导下，贯通"两个责任"、健全制度机制、完善载体平台、营造文化氛围、明确评价标准，着力推动清廉建设落地落细，确保清廉河南建设常态长效。

（一）以压实主体责任为牵引

推进清廉河南建设，党委担负主体责任，党委书记承担第一责任人职责，班子成员"一岗双责"，各部门分工负责，纪检监察机关协助推进。要落实党委主体责任和纪委监督责任，推动"四责"贯通协同，强化清廉河南建设的组织保障。在压实部门责任方面，坚持清廉载体建设与业务工作有机结合、同步推进，形成有目标、有举措、有考核、有反馈的工作闭环。要将清廉河南建设纳入各级党委日常监督检查和巡视巡察范围，纳入党风廉政建设责任制考核，确保落到实处、取得实效。

（二）以构建长效机制为支撑

根据《中共河南省委关于推进清廉河南建设的实施意见》的要求，召开清廉河南建设工作推进会，省委直属机关工委、省国资委、省高校工委等部门牵头制定所属领域的具体实施方案，形成"1+N"工作布局，进一步明确目标、细化任务、落实举措，形成推进清廉河南建设的"路线表"和"施工图"。

（三）以建设清廉单元为载体

清廉河南建设贯通上下、联通左右，体现的是全方位、全领域的清风正气。要以各领域清廉单元建设为抓手，坚持以点带面、抓纲带目，围绕权力监督与制约这个关键环节，从建设清廉机关、清廉企业、清廉学校、清廉医院、清廉村居、清廉家庭等多个方面做出系统部署，培育更多可复制可推广的清廉建设实践范例，引导全社会崇廉尚廉促廉，示范带动清廉河南建设全域推进、全面共进，着力形成共建共创清廉河南的良好态势。

（四）以涵养清廉文化为依托

深入开展廉洁教育、道德教育、警示教育和法纪教育，培育和践行社会主义核心价值观，深入实施社会信用体系建设工程，努力在全社会形成以清为美、以廉为荣的价值取向。挖掘利用河南省丰富的廉洁文化资源，大力弘扬焦裕禄精神、红旗渠精神、愚公移山精神、大别山精神，打造一批体现清廉主题的优秀文艺作品。改造提升现有各级廉政教育基地、主题公园等廉洁文化建设阵地，形成富有河南特色的清廉文化品牌。重视家庭、家教、家风建设，大力开展清廉文化进机关、进企业、进社区、进农村、进校园等群众性宣传教育活动，发挥广播、电视、报刊、新媒体的作用，营造清廉河南建设的良好舆论氛围。

（五）以提升群众满意度为标准

建设清廉河南，要充分发挥人民群众的主体作用，拓宽人民群众参与清廉河南建设的渠道，着力纠正和解决发生在群众身边的不正之风和腐败问题，不断增强人民群众的获得感、幸福感、安全感。在清廉河南建设效果评价方面，要敢于先行先试，坚持主观评价和客观指标相结合，构建涵盖党委政府、专业机构、社会公众等多个主体，包括腐败状况、治理绩效、廉政风险、营商环境等多个维度，涉及区域、部门、行业、系统等多个领域的评价指标体系，形成操作性强的评价标准，提升清廉河南建设的科学化、规范化水平。

乡村振兴视域下河南省加强农村基层党建工作探索

郭嘉儒*

民族要复兴，乡村必振兴。乡村振兴是实现中华民族伟大复兴的必然选择，是解决关系国计民生的“三农”问题的总抓手，是推动农民实现共同富裕目标的必由之路，必须毫不动摇地坚持好、落实好。农村基层党组织是党在农村全部战斗力的基础，是乡村振兴战略的主要领导者和推动者，必须不断加强农村基层党组织建设。河南省高度重视乡村振兴战略的实施和农村基层党建工作的开展，不断创新工作方法，积极提升农村基层党组织的组织力和凝聚力，充分激发农村党员干部干事创业的积极性和主动性，以农村基层党建工作的高质量发展引领乡村全面振兴，推动乡村振兴进入新的阶段。新阶段乡村振兴要实现更高的目标，必须进一步加强党建工作。

一、乡村振兴背景下河南省加强农村基层党建工作探索

河南省高度重视乡村振兴战略的实施和农村基层党建工作的开展，进行了党组织书记选派、党员队伍建设等多方面的积极探索，积累了丰富经验。

---

* 郭嘉儒，河南省社会科学院政治与党建研究所助理研究员。

（一）建立全方位的农村基层党建工作格局

首先，各级党委切实承担起农村基层党建工作的责任。推进农村基层党建工作必须明确责任归属，才能取得良好效果。《中国共产党农村工作条例》要求，坚持五级书记抓乡村振兴，其中首要任务是抓农村基层党建工作。党的十八大以来，河南省高度重视推进全面从严治党，积极谋划部署农村基层党建工作，各级党委切实担负起各自在农村基层党建工作中的主体责任，农村基层党建工作取得了明显成效。

其次，多方合力共同推进农村基层党建工作。机关、企事业单位和高等院校在党建工作中具备较强的优势，利用其优势定点帮扶农村党支部建设，据此实行农村基层党建联系点制度。2020 年《中共河南省委关于加强和改进全省机关党的建设的若干意见》发布，要求探索机关党组织与其他领域党组织结对共建方式，开展机关党支部与农村基层党支部“手拉手”活动。主要省直单位迅速响应联系 27 个县的多个农村党支部，并带动了市、县两级全方位落实党建联系点制度。通过有针对性地指导解决了农村基层党建工作中的诸多难题，使农村党组织充分发挥领导核心作用，农村党建工作取得了长足进步。

最后，持续为农村选派大量优秀的驻村第一书记。驻村第一书记制度是推动乡村振兴的重要举措。河南省作为最早一批实施驻村第一书记制度的省份，在派驻驻村第一书记工作上具备较为丰富的经验，也收获了较多成果。驻村第一书记都是从机关企事业单位中选派的理想信念坚定、党性观念强、勇于担当奉献、具备较强工作能力、善于做群众工作的先进党员，通过他们的认真工作，众多的村落都发生了翻天覆地的变化，成为今天的模范村、富裕村。

（二）强化农村基层党组织建设

首先，农村党的组织覆盖和工作覆盖面不断扩大。扩大党的组织覆盖和工作覆盖是农村基层党建工作的重要任务。河南省住房城乡建设厅相关负责人表示，截至 2022 年底河南省现有行政村 4.6 万个，已经全部建立党组织，实现了党组织全覆盖。随着农村新经济组织和新社会组织快速发展，“两新组织”中党的组织覆盖和工作覆盖成为需要重点攻克的难关。为此，《河南省乡村振兴战略规划（2018—2022 年）》强调要创新党组织的设置方式，注重在农业企业、农民合作社等组织中建立党组织，加强对这些党组织的领导和管理。在坚持有利于党员管理和党组织功能发挥等原则的前提下，“两新组织”不断创新党组织设置方式，建立联合党支部或者挂靠组建党支部、成立临时党支部等，因地制宜、不断创新，有力地提升了“两新组织”的组织覆盖和工作覆盖水平。

其次，农村党支部标准化、规范化建设水平不断提升。党支部标准化、规范化建设是加强党组织建设和提高党建工作质量的重要抓手。为提升农村基层党组织的标准化、规范化水平，2017 年河南省委组织部在全省范围内开展“驻村观摩、整乡推进”活动，主要针对覆盖不全面和重点轻面的问题，市县乡党委统筹推进，采取评比带动和观摩加压的形式，不断激发农村党组织因地制宜、大胆创新，推动党建先进村发挥带动示范效应，党建提升村提高规范水平，党建后进村积极整改提升，农村党组织的党建工作质量大大提升。

最后，着力整顿软弱涣散党组织。河南省高度重视软弱涣散党组织的整顿，通过严格的督查和整顿，2018 年内为 217 个村配备了党支部书记，将 3655 个软弱涣散村整顿到位。通过推广兰考县首创的“六步工作法”，全面筛查全省农村基层党建方面的九个问题，以实现“好班长—好班子—好思路—好机制”为目标，努力夯实农村基层党组织的政治和服务功能；坚持应整尽整，精准筛选出软弱涣散党组织，按照组建专门整治队伍、摸透村情、制定整治方案、集中整顿和严格验收问责五个环节，进行严格整顿，并制定省、市、县、乡多级检查验收办法，确保整顿到位。

（三）选配优秀的农村基层党组织书记

一是严格选任。各级党委承担选优配强农村基层党组织书记的第一责任，建立联系点制度，在人选推荐、把关和选举的全流程中充分体现领导责任。在农村因地制宜推行农村党组织书记“一肩挑”制度，在“一肩挑”的书记选任过程中，坚持正确的政治方向和用人导向，制定适宜的用人标准，对候选人的政治素养、治理能力和廉洁自律水平进行严格把关，努力选拔出政治素质高、治理水平高、带头致富能力强、清正廉洁的农村党组织书记，并着力打造工作能力强、团结协作、一心为民、群众满意的“两委”班子。

二是加强培训。坚持实施村干部素质提升工程，实行省市两级示范培训和县级普遍培训的培训模式，持续加强对村“两委”干部的培训。河南省委组织部每年针对不同的主体和类别开展主题培训，各市、县、乡党委也采用多样化的方式和途径对村党组织书记加强培训，并取得良好效果。

二、乡村振兴战略背景下河南省加强农村基层党建工作的对策建议

乡村振兴背景下加强农村基层党组织建设意义重大、任务艰巨，要多措并举、综合施策，形成推动乡村振兴的强大合力。

（一）持续优化村党支部书记队伍

村党支部书记是农村党支部的核心，是广大群众的“主心骨”，是带领农村发展的“领头羊”，对于实现乡村振兴的意义重大。但是目前河南省村党支部书记总体上年龄较大且文化水平不高，成为村党支部书记发挥应有作用的一大制约因素。因此，迫切需要改善村党支部书记的年龄和知识水平状况。

首先，树立村党支部书记选拔年轻化导向。随着经济社会发展速度不断加快，网络化、信息化水平不断提高，新事物、新问题不断涌现，部分年龄较大的村党组织书记的信息化水平、思维模式和应变能力无法满足发展需要，也无法应付推进乡村振兴中层出不穷的新挑战，因此需要选拔年轻的村党支部书记，充分利用他们头脑灵活、精力充沛、创新意识较强、信息化水平较高、对新事物接受能力较强的优势，切实承担起推动农业现代化和乡村建设现代化的艰巨任务。

其次，开拓村党支部书记培训新思路、新方法。乡村振兴战略对村党支部书记带领农村发展的能力提出了更高要求，村党支部书记必须不断更新知识结构、提升治理水平，因此对村党支部书记的培训提出了更高的要求，培训方法必须与时俱进，采用高效的信息化手段，提升培训效率和便捷度。

最后，加强对村党支部书记的关心爱护。“上面千条线，下面一根针”“上面千把锤，下面一根钉”是基层工作的真实写照，村党支部书记工作任务重、压力大。因此党组织要对村党支部书记加强关心爱护，在待遇上适当提高工资和保障水平，在思想上多关心他们的所思所想，帮助他们解决难题，切实提升村党支部书记的组织荣誉感和归属感。

（二）积极做好农村党员吸纳和培养工作

党员是党的组织体系的基石，对于党的发展至关重要，因此要高度重视并做好党员的吸纳和培养工作，不断为党组织输入新鲜血液。

首先，要明确农村党员发展责任。发展农村党员是一项严肃的政治任务，要明确各级党委在发展农村党员中肩负的责任，村党支部书记是党员发展工作的直接责任人。党员发展既要严把入口，又要严格遵循发展程序，确保纳入党组织的都是优秀人才。

其次，要积极吸纳各领域优秀人才。要不断开拓视野，在新的领域及时发现优秀人才并积极吸纳，如大学生村干部和回乡创业青年及“两新”组织中的优秀人才，主动关心他们的思想动态，向他们宣传党的先进性和优势，向他们伸出橄榄枝，吸引他们入党，积极为党组织注入新生力量。

最后，激发党员发挥先锋模范作用。每名党员都要时刻铭记入党誓词，不忘初心、牢记使命，在岗位上以身作则，全心全意为人民服务，充分发挥党员的示范带动作用，影响和吸引身边优秀人才加入党组织，不断扩大党的影响力。

（三）努力提升党的组织覆盖和工作覆盖水平

农村属于“熟人社会”的社会形态，人们主要依靠家庭和宗亲关系建立起各种连接，这种群体之间的缝隙在一定程度上影响着农村的稳定和党的集中统一领导。同时，农村“两新”组织不断发展，人口流动急剧加快，因此扩大党在农村的组织覆盖和工作覆盖需要持续推进。

首先，做好打持久战的准备。扩大党在农村的组织覆盖和工作覆盖具有长期性，需要跟随经济社会的发展和“两新”组织的发展不断扩大，这不是一蹴而就的，不能有松懈心理。要不断拓展党的“双覆盖”的空间和领域，不断扩大党的影响力，实现“有党员的地方，就有党的组织”的目标，实现“有群众的地方，就有党的工作”的承诺，不断巩固党的组织基础，增强实现乡村振兴的组织力量。

其次，不断扩展“双覆盖”的广度和深度。要紧盯农村经济社会发展的新形势和“两新”组织发展的新特点，积极更新工作方法，及时查找党的组织覆盖和工作覆盖上存在的问题，采取更加有效的方法推进“双覆盖”工作向更广的领域、更深的方向发展。要不断提升“双覆盖”工作质量，不仅做到“覆盖”，而且要规范党党员管理、“三会一课”等制度的执行，使党的工作深入人心。

最后，积极推进“两新”组织的发展。“两新”组织中的党组织，不仅要发挥团结新群体的作用，更要关心和帮助它们发展，为它们的发展提供政策支持和组织依靠，辅助它们由弱到强的成长，积极为它们排忧解难，使党组织真正成为“两新”组织发展的有力支撑。

（四）着力增强农村基层党组织发展集体经济的能力和基础

乡村要振兴，产业作支撑。发展农村集体经济是乡村振兴的基础，是农村基层党组织不断增强组织力的保障，是农民走上共同富裕道路的必然选择。因此农村基层党组织要不断提升发展集体经济的能力，这有赖于党和政府加大政策支持力度。

首先，着力提升农村基层党组织提升发展集体经济的能力。作为农业大省，河南省农村仍然以农户分散耕种为主，农村集体经济较为落后，农村基层党组织领导班子带领村民发展集体经济的经验和能力也比较匮乏。因此，一方面要选配有技术、懂经营、敢担当的村党支部书记和班子成员，特别是吸纳乡镇企业家、乡贤、转业军人等到党组织中来，赋予他们发展村集体经济的条件和资源，助力农村集体经济的发展；另一方面要加强对村党组织领导班子成员发展乡村经济能力的教育培训，针对各村发展经营需要的知识和技术进行有针对性的系统讲授，提高班子成员的理论和技术水平，更好地指导实践。

其次，加大政策和资金扶持。在乡村振兴战略背景下，各级党委和政府部门应加大对农村集体经济发展的支持力度，制定扶持政策，加大对村集体经济财政转移支付力度，缓解乡村建设等各项公共支出不断增加的压力。对村集体经济实施税收优惠政策，减轻村集体经济在起步阶段的资金压力，腾出更多精力谋划村集体经济发展的方向。另外，要加大对“三农”的支持力度，争取做到城乡公共服务均等化。

地方党内政治生态分析研判机制构建研究：基本要素、指标设置

李中阳*

政治生态是现代政治文明发展的重要构成要素。对标党的十九大提出的新要求，河南一些地方或单位的政治生态净化、修复、重建还存在差距。构建地方党内政治生态分析研判机制，通过对关键要素的分析研判，不仅能够逐步实现对党内政治生态的科学量化与评价，还能够形成正确导向、优化制度环境、回应群众需求，构建和维护政治上的“绿水青山”。

一、党内政治生态的基本构成要素

作为党内政治生态行为主体的党员，其政治活动不是孤立发生的，其行为发生通常是党内特定组织、制度、价值观念等各种要素综合影响下的结果，这些要素也是维持影响党内政治生态系统运行和发展的基础内容。

（一）行为主体要素

党内政治生态的行为主体要素是指党内政治活动的主要行动者和参与者，除党员领导干部和普通党员的个体政治行为外，党组织政治行为与发展活动有时也以集体行动的形式出现，应将其与个体政治行为加以区分，因此，行为主体要素可分为组织行为主体与个人行为主体两方面。组织行为主体主要包括《中国共产

* 李中阳，河南省社会科学院政治与党建研究所助理研究员。

党章程》规定党的中央组织、党的地方组织和党的基层组织，即党的全国代表大会、中央委员会、中央政治局等及其办事机构和职能部门组成的党的中央组织；“党的省、自治区、直辖市，设区的市、自治州、县（旗）、自治县、不设区的市、市辖区”的代表大会和它们所产生的地方委员会组成的地方组织；党在“企业、农村、机关、学校、科研院所、街道社区、社会组织、人民解放军连队和其他基层单位”设立的基层组织。个人行为主体按照其权利和责任分配，又分为党的领导干部和普通党员，由于部门权利和责任的相对集中，党员干部是部门中的“关键少数”，对部门组织内形成政治生态具有重要影响作用，是党内政治生态形成的关键要素；普通党员是“党的肌体细胞”，是党内政治生活的主干力量和组织活动的主要实施者，是影响党内政治生态形成的基础要素。

（二）价值引领要素

价值偏好与思想认识是决定组织行为或个体行为发生背后的主要推动力，任何组织或个体的行为决定都受其思想认知、价值取向、行为习惯、利益选取等多种因素共同影响。符合社会公序良俗和发展规律的价值认知对组织或个人的行为具有正向促进作用，反之则会产生不良影响。同理，中国共产党作为政治组织，具有其确定的指导思想和宗旨目标，并在长期的发展历程中，在党内形成了独特的政治文化和价值取向，对党的宗旨目标与价值取向的长期坚持，是维护党内团结统一、构建党内优良政治生态的重要基础。作为一个具有 9000 多万名党员的大党，对党员的宗旨目标和价值取向的培养是一种“显性的”“宏观的”塑造，长期以来已经形成了一整套相对牢固的价值准则。但作为党员个体而言，其行为背后的价值引领，是党内宗旨价值准则和个人思想认知、地方传统价值观念影响下综合作用的结果，这种来自家庭、社会的认知、观念则更是一种更为“隐性的”塑造，同时对人的行为影响更为深刻。因此，价值引领要素应当包括两个方面：一是党的指导思想与宗旨目标等构成的“宏观引领”；二是基层文化环境与个人思想认知等动态因素综合作用构成的“微观引领”。

（三）制度习惯要素

制度是约束和规范组织行为和组织中个人行为的基本准则，包括具体的、带有强制性的行为准则、程序规则等，制度建设是党的建设的重要内容。按照性质和范围划分，制度可分为根本制度、基本制度和具体制度，根本制度即民主集中制，是中国共产党的根本组织原则；基本制度是指规范和约束党组织与党员行为的准则、程序，如党内选举制度、党的干部任用制度等；具体制度则是指党委会的议事规则和决策程序等。制度具有基础性、长期性、导向性等特征，实质上是“对党内政治关系的一种长期性安排”，也是保持优良党内政治生态的重要保障。习惯一般指组织或个人在地方传统观念、社会习俗等长期影响下形成的行为方式惯性。具体到党内政治关系中，就是党员个体在长期政治行为中受地方政治观念、社会文化习俗影响所形成的政治行为惯性，与价值引领要素不同，这种行为惯性不仅受地方文化习俗的影响，也受地方党内政治生态的影响，一个良好的地方文化环境对构建优良党内政治生态具有较大的积极作用，反之则会产生不良影响。

（四）权力监督要素

权力实质上是人民群众自愿把自己的权利由国家代为行使形成的一种让渡。权力的公共性、强制性、集中性等特征都使权力运行质量成为影响社会发展的重要因素。从党内政治关系角度出发，党内政治生态被破坏的主要原因是党内行为主体对权力的行使偏离了公共属性，从而破坏了党内政治生态的健康稳定。正因如此，党的历代领导集体都强调和坚持对权力的制约与监督。权力监督主要包括党内监督与党外监督两种形式：党内监督即党的自我监督，包括对各级党组织、党员以及国家机关及其工作人员的监督，《中国共产党党内监督条例》明确规定，党内监督的重点对象是党的领导机关和领导干部，特别是主要领导干部，党内监督的专门机关是党的各级纪律检查委员会；党外监督则主要包括群众监督、舆论监督、审计监督、司法监督等。必须把党内监督和党外监督有机整合，才能实现对党内政治生态中各行为主体权力行为的全覆盖，防止不受监督的权力出现，推进形成优良党内政治生态。

二、地方党内政治生态分析研判指标构成

对地方党内政治生态进行分析研判，应当坚持“内部评价”和“外部评价”相结合的原则，形成两个指标体系。地方党组织及各个部门的“内部评价”指标，以《中国共产党党员领导干部廉洁从政若干准则》《关于新形势下党内政治生活的若干准则》等党内规章制度要求为依据，重点分析研判各党政部门政治生

态建设举措及实际效果，并以纪委监委和组织部门为主要评价主体。“外部评价”的主体为第三方评价机构、媒体、社会公众等，评价内容包括地方政治生态建设效果、感受以及当前发展环境评价等。

（一）内部评价指标体系构建

1. 党员领导干部

党员干部作为党内行为主体的“关键少数”，其行为影响远高于普通党员，是党内政治生态营造的关键主体，因此应把对党员领导干部的考察放在政治生态分析研判机制的首位。对地方党员领导干部队伍建设质量进行研判，可从如下几个标准入手：一是党员领导干部政治建设情况，即是否始终遵循党章党规党纪、是否带头讲政治；二是党员领导班子集体决策情况，即是否始终坚持民主集中制，集体领导、科学决策，有无出现重大决策失误现象；三是部门党员领导班子的凝聚力情况，即是否存在内部摩擦、拉帮结派现象。

2. 制度建设

对制度要素进行分析研判，可坚持三个评价标准：一是党内规章制度的制定质量，是否形成系统完整、功能互补、切实有效的制度体系；二是党内规章制度的内容是否符合地方发展实际、是否体现问题导向，是否存在形式主义；三是党内规章制度的执行力度如何，能否对制度要求进行严格落实，执行过程中是否存在硬摊派、硬要求等形式主义、官僚主义现象等。由于选人用人制度的贯彻落实情况能够直接决定党员干部队伍的建设质量，是维护党内政治生态的组织基础，因而应将其作为制度建设考察中最重要的研判指标。

3. 政治文化

一个地方党内政治文化的实际表现与气象往往是党的价值宗旨与地方朴素价值认知在党员个体中糅杂融合且在党员群体中影响传播所形成的结果。对党内政治文化要素的分析研判可以如下两方面为标准：一是党员个体的政治认知，即是否具有强烈的政治认同感和政治归属感；二是集体作风，即党支部是否能够团结、集中、高效地完成工作。

4. 权力监督

清正廉洁是营造优良党内政治生态的必要条件。腐败问题是党内政治生态建设的最大污染源，腐败问题之所以发生，其关键原因在于权力监督的失位。因此，营造清正廉洁的政治生态，关键在于构建完善的权力监督体系（见表 1）。

表 1 党内政治生态内部评价指标体系

一级指标	二级指标	研判点	分值
党员领导干部（30 分）	政治建设情况（5 分）	领导干部带头讲政治情况	3 分
		党委（党组）书记履行“第一责任人”职责情况	2 分
		存在领导干部日常不遵守党章党规党纪行为	-5 分
	坚持民主集中制情况（10 分）	讨论重大决策的程序是否规范	5 分
		存在以集体名义违规决策行为	-3 分
		存在“一言堂”现象	-4 分
		普通党员表达渠道是否畅通	5 分
		存在“一把手”以集体决策逃避担责现象	-3 分
	领导干部作风情况（10 分）	工作安排存在“形式主义”现象	-3 分
		领导干部存在“官僚主义”行为	-3 分
		1 小时以上工作会议占比	-4 分
		领导干部作风整体情况	10 分
	领导班子团结合作情况（5 分）	班子成员存在“拉帮结派”“小圈子”行为	-5 分
		班子成员相互信任支持程度	5 分
党内制度建设（30 分）	党内组织生活（5 分）	“三会一课”等制度的落实情况	3 分
		领导干部带头开展批评与自我批评情况	2 分
	选人用人（15 分）	坚持好干部标准情况、选拔任用程序的规范程度	2 分
		干部能上能下制度落实情况	10 分
		选人用人过程中存在“跑官”“要官”等不正之风	-10 分
		部门普通党员对新提拔任用干部满意度	3 分
	党员权利义务保障（10 分）	存在压制、侵犯党员基本权利情况	-5 分
		党员意见表达渠道是否畅通	1 分
		领导干部与普通党员日常谈话沟通质量	1 分
		普通党员意见反馈情况	3 分
党内政治文化（15 分）	价值观认知（5 分）	存在“官本位”意识和特权现象	-3 分
		存在自由主义、好人主义现象	-2 分
		党内思想理论课程学习质量	5 分
	地方传统文化（5 分）	对本地区红色历史、优秀传统文化了解及弘扬情况	3 分
		地方传统习俗观念对党内政治文化可能存在的正、负面影响	2 分
	党员个体的权利义务意识（5 分）	普通党员对自身权利义务了解程度	2 分
		普通党员在日常工作、参与社会治理等中模范先锋作用发挥情况	3 分

续表

一级指标	二级指标	研判点	分值
权力监督（25分）	党委主体责任（10分）	落实主体责任（党风廉政建设、意识形态责任制等）情况	5分
		对苗头性、倾向性问题采取措施情况	5分
	纪委监督责任（10分）	地方腐败案件查处情况（科级以上官员占比、追回损失情况等）	5分
		监督执纪“四种形态”运用情况	5分
		地方腐败党员干部占比情况	−5分
	基层党组织日常监督（5分）	基层党组织日常监督执行程度	2分
		党务公开比例及信息质量	1分
		普通党员反映问题数量及解决质量	3分

（二）外部评价指标体系构建

1. 公平性

维护社会公平是社会主义政治的核心价值，一切政治活动对公众提供的政治服务都必须以能够促进社会公平为前提。作为社会公众而言，是地方政治活动的直接影响客体，对公平性的感受也最为直接。对公平性的分析研判应以机会公平和权利公平为主，在具体指标设定上应包括收入与就业公平、贫富差距、弱势群体的社会保障、司法程序公平等。

2. 民主性

民主政治是实现社会公平的有效形式。地方群众民主参与的深度和广度，能够直接反映出地方党委的治理能力与治理体系现代化建设质量，以及地方党委与政府是否具有正确的政绩观与发展观。可以群众参与度与群众满意度两方面情况作为地方党内政治生态民主性评价标准，从群众意见表达渠道、民主权利实现程度、群众社会治理参与程度等几个方面设置指标。

3. 服务性

全心全意为人民服务是中国共产党的根本宗旨。人民是政治活动的真正主体，所有政治活动的根本目的就是提供能够满足群众需求的政治服务和政治产品。对服务性研判指标的设置，可从服务态度、办事效率、为群众解决困难的及时程度、对待公众诉求的回应性等方面设置具体标准。

4. 有为性

有为性主要是指党委政府在推动地方社会经济发展过程中的重大政治活动所

产生的作用与效能。设置外部研判指标体系，要以地方党委政府的有为性作为重要研判指标，通过群众评议和第三方对地方政府的成本投入与效益回报进行综合评估，推动有效政治和有位政府的建设。

5. 廉洁性

这里的廉洁性主要指群众对地方党委政府中党员干部的作风、廉洁状况的实际感受。通过设置地方党员干部廉洁性指标，能够回应群众期盼，提升党员干部在群众中的形象，同时实现对党员干部权力监督的外部覆盖。在具体研判点的设置上，可从群众利益诉求表达渠道是否畅通、群众监督渠道是否畅通、推进地区建设中是否存在“硬权力”滥用、是否存在“吃拿卡要”、民生保障措施落实情况等方面设置指标（见表2）。

表2 党内政治生态外部评价指标体系

一级指标	二级指标	研判点	分值
公平性（25分）	收入与就业公平（5分）	当地企事业单位面向社会招聘是否存在不公开、不透明情况	-3分
		当地收入水平与邻近地区的差距	3分
		当地失业率和再就业率水平	2分
	弱势群体社会保障（5分）	社会保障与低保覆概率≥95%	2分
		对留守儿童、失独老人的社会关怀程度	3分
	司法公平公正（15分）	社会治安案件发生率	5分
		司法程序公正	5分
		司法案件执结率	5分
民主性（18分）	意见表达（3分）	群众意见表达渠道质量	3分
	民主参与（10分）	群众对参与选举基层干部的了解程度	5分
		是否存在贿选、指选等现象	-10分
		群众基层选举参与率	5分
	治理参与（5分）	群众参与社区治理程度	3分
		地区志愿服务队伍建设质量	2分
服务性（15分）	服务平台（3分）	办事渠道是否畅通	2分
		办事流程是否规范	1分
	服务效能（12分）	“最多跑一趟”服务改革质量	3分
		存在“隐形门”情况	-5分
		重点领域（环保、住房、教育）反映问题、解决问题的时效与质量	9分

续表

一级指标	二级指标	研判点	分值
有为性（20分）	节约性（10分）	人员经费、接待费、交通费等公用经费占比结构合理程度	3分
		公共经费支出、核准和审计制度执行质量	3分
		部门设置精简程度，部门普通工作人员与领导干部的比例情况	4分
	有效性（10分）	政府改革能力强，人均GDP增长率高	5分
		领导干部具备创新能力，地方发展规划延续性好并具备显著特色	2分
		重大工程投产比高	3分
		存在“面子工程”	-5分
廉洁性（22分）	反腐倡廉	群众对地方反腐工作满意程度	7分
		群众对地方主要领导干部权力监督力度满意程度	5分
	诉求表达	群众诉求表达渠道质量及回应质量	5分
		在拆迁、维稳工作中违规使用强制性措施等“硬权力”	-10分
	作风建设	群众对领导干部作风满意程度	5分

参考文献

［1］赵立永，张玉芳．中国共产党党内优良政治生态构建路径研究［M］．北京：中国社会科学出版社，2019.

［2］中国共产党章程［M］．北京：党建读物出版社，2019.

把握“选育管用”关键环节
推动“墩苗育苗”落地见效

王　沛*

实施“墩苗育苗”计划，是河南省委对习近平总书记关于人才工作重要论述的最新落实，是为谱写新时代中原更加出彩绚丽篇章、建设现代化河南，夯实人才基础、打造全省干部“一盘棋”的前瞻部署和重大谋划。为有效推动“墩苗育苗”计划实施、锻造中原崛起的中坚力量，需要做好对年轻干部的“选育管用”工作，真正用当其时、用当其位。

一、坚持政治过硬、素质过硬、作风过硬的“选苗”标尺

河南省委提出要“大力培养接班人，而不是‘同路人’，更不是掘墓人”。这就要求在“选苗”时，必须坚持新时代好干部标准，落实新时代党的组织路线，将全面从严的标尺贯穿始终，确保所选之“苗”政治过硬、素质过硬、作风过硬。

一是严把政治标准。旗帜鲜明讲政治，是马克思主义政党的鲜明特征，也是我们党一以贯之的政治优势。在“选苗”时，要将政治标尺放在首位，评选树牢“四个意识”、坚定“四个自信”、坚决做到“两个维护”，把政治忠诚落实到

---

* 王沛，河南省社会科学院政治与党建研究所研究实习员。

政治判断力、政治领悟力和政治执行力上，积极学习贯彻党的理论路线和方针政策，确保政治过硬、党性过硬。

二是严把素质标准。“选苗”不是选美，不是看花拳绣腿，而是在德才兼备的基础上，注重真才实学，做到唯才是举。“墩苗育苗”是一“上”一“下”、双向交流的双行道，其中，“选上来”的年轻干部，需要具备较高的政策理论水平、较强的组织协调能力和解决实际问题的能力；“派下去”的年轻干部，需要善于沟通协调、热爱基层工作，具备吃苦耐劳、为民奉献的精神和改革攻坚、应急处突、狠抓落实的能力。

三是严把作风标准。作风建设无小事，事关民心向背、关乎执政未来。要将讲原则、讲底线、讲规矩作为“选苗”的基本标准，注重评选做人踏实、做事干净、做官清廉和立志于在“小我”中成就“大我”的干部，坚决避免“蒙尘提拔”，杜绝“带病交流”。

二、坚持政治历练、实践锻炼、专业训练的“育苗”方法

“选好苗”只是起好步、开好局的第一步，“育好苗”才是关键一招。河南省委指出，“组织实施‘墩苗育苗’计划，就是要在大风大浪中锻炼、大风大浪中赛马、大风大浪中选拔，为现代化河南建设储备干部”。这在“育苗”中，要注重加强对年轻干部的政治历练、实践锻炼、专业训练。

一是加强政治历练。年轻干部要提高政治站位，坚定共产主义远大理想和中国特色社会主义共同理想，听党话、跟党走，始终拥护党的领导，学深悟透党的基本理论、基本路线和基本方略。要增强政治自觉，坚守共产党人的精神追求，筑牢拒腐防变的思想堤坝，分清是非问题、勇斗歪风邪气，始终做政治上的“老实人”和“明白人”。要履行政治责任，强化自我修炼，加强党性修养，谋事多想政治标准、办事多想政治要求、处事多想政治影响。

二是加强实践锻炼。年轻干部要想练就宽肩膀、学精真本领，必须树立想干、会干、能干的精神风貌，在基层锻炼中，善于谋划、勤于实干、敢于创新，不断提升政治领导、调查研究、科学决策、改革攻坚、应急处突、群众工作、狠

抓落实的"七种能力"。要善于分析研判处理风险，勇于担责、担难、担险，在攻坚克难、摸爬滚打中增进才干。要坚持以人民为中心，把群众的小事当作心中的大事，用心、用情、用力解决好群众"急难愁盼"的问题，坚持一切为了人民、一切依靠人民，不断增进人民的幸福指数。

三是加强专业训练。面对新形势、新任务，年轻干部必须要有本领恐慌和危机意识，要强化"破题"思维训练、提升专业素质、练就过硬本领。要充分利用线上线下思想理论教育平台体系，结合"互联网+党建""两微一端"等信息载体，利用好"三会一课"、主题学习教育的机会，确保学习教育常态化，实时"充电赋能"。在基层锻炼中，要科学选配岗位，让年轻干部投身到艰苦环境中、吃劲岗位上，多接几次"烫手山芋"，多做几回"热锅蚂蚁"，学会打硬仗、抗重活、克难关。要深入扎根群众，走好群众路线，理解群众思维方式，讲好群众话语，做到知民意、暖民心、解民忧、办民事，不断提高服务群众的专业能力。

三、坚持传思想、帮业务、带作风的"管苗"方式

实施"墩苗育苗"，要加强制度化建设，注重对年轻干部的"修枝"管理培养，将政治素养过硬、实操经验丰富的领导和老同志作为领路人，可以采取"一对一""一对多"的"以老带新"方式，做好传思想、帮业务、带作风的帮引工作，使年轻干部尽快适应新工作、新环境、新同事。

一是做好思想的传习。要定期与年轻干部交流沟通，安排学习培训，督促其加强政治理论学习，强化政治素养和党性修养，保证思想不跑偏。同时，可以采取领导点谈、个人访谈等形式和走访面谈、交心深谈等层面的谈心谈话，听取思想汇报，了解年轻干部的思想动向和想法期望，帮助他们解答思想认识上的疑惑、解决工作生活中的难题，及时纠正一些认识偏差和错误做法，引领年轻干部建立积极乐观的生活态度和认真负责的工作风貌。

二是注重业务的帮教。"授人以鱼，不如授人以渔。"要建立业务帮教的工作清单和责任清单，制订帮教计划，并逐项推进落实，确保有质量地开展业务帮教，避免走过场、形式化。在业务帮教中，可以通过分配任务、多提要求、施压担子，安排年轻干部走上田间地头、街头巷尾，倾听群众声音、了解基层情况，

不讲空话套话、多些地气土气，不断提升业务水平。要注重业务专题培训课的开展，突出务实管用的特色，邀请相关领导、专家讲授社会转型发展、乡村振兴、招商引资、产业赋能、创新创业、社会治理等专题课程，提升年轻干部的业务能力。要制定量化考核办法和奖励激励机制，组织月度考核、季度评审、年度评估，全面评价业务帮教成效和年轻干部的工作效能，对于苗头性问题，及时提醒警示，对于违规违纪问题，依法依规从严处理。

三是加强作风的带动。“德高为师，身正为范。”领导、老同志要充分认识加强作风建设的重要性，做到生活作风正派，工作作风严谨，持之以恒纠“四风”、树新风，真正做到以身作则、言传身教。同时，要教育引导带动年轻干部，加强道德修养，提升能力水平，将敢于吃苦、乐于奉献、爱岗敬业、服务人民的工作作风传导给年轻干部。

四、坚持不上保险、不贴标签、不设路线的“用苗”措施

河南省委强调，“此次‘墩苗育苗’是任职而不是挂职，是长期而不是短期，是‘炼钢’而不是‘镀金’，坚持不系保险带、不贴标签、不搞路线图”。这就是要在“沙场点兵”中，让年轻干部通过基层锻炼经历风雨、开阔视野，成为可堪大用、能担重任的栋梁之材。

一是坚持不上保险，实干才是保险。此次“墩苗育苗”计划挑选出来的年轻干部，是河南省委高标杆、严尺度挑选出来的优中之优的干将，通过在基层的广阔天地中磨炼翻滚，在烈火中炼出真金。但这并不意味着系好了“镀金”挂职的保险带，更不是干与不干一个样、干好干坏一个样。年轻干部要在火热实践中，担起新时代重任，学读“无字书”、能进“百家门”、敢行“万里路”，勇于担任不同形式、不同性质的工作，在急难险重的任务前线、吃劲岗位反复捶打磨炼，补齐经验不足、能力欠缺的短板，淬炼过硬过强的本领。务实的干劲、群众的口碑才是最牢的保险带。

二是坚持不贴标签，干事才是标签。选好了“苗子”，更重要的是“墩”和“育”，不是放在温室里养尊处优，更不能搞特殊化，而是要剪枝培根“压长

势”，让年轻干部的“根”在基层里扎深、在群众中扎牢，在基层滚出一身泥巴、与群众建立真感情。年轻干部要克服自满心态，甘当小学生，向群众求教问计，真正安下心、俯下身、融进去。要克服临时心态，避免三分钟热度，不能“身在曹营心在汉”，要耐得住寂寞、承得住磨炼、受得住批评，多打大算盘、算大账，少打小算盘、算小账，心无旁骛、淡泊名利，始终以赶考的政治清醒、“我将无我”的奋斗姿态，为群众多办实事、利事。

三是坚持不设路线图，实绩才是导向。此次“墩苗育苗”，不是“镀金”，也不是升迁路线的既定安排，而是在选派任职2~3年后，要注重评估年轻干部的实干成效，以结果论英雄、让实绩来定音，树立重实干、重实绩、重担当的鲜明导向。把考核结果作为评判优劣、奖惩升降的重要依据，健全完善能者上、优者奖、庸者下、劣者汰的激励保护机制，对于群众满意、表现优秀、实绩突出的，可在当地或交流中提拔任用，特别优秀的，可打破隐性台阶，提任到关键岗位，不断激励年轻干部在建设现代化河南新征程上更加出彩。

文化自信视角下中华传统法律文化的当代价值*

栗　阳**

法律文化是一个民族或国家长期以来形成并达成一致认同的法律制度、法律意识、法律习惯的总和，一是表现为物质层面的法律文化，如法袍、法冠、法庭的装饰等；二是表现为制度层面的法律文化，如存留养亲制度、死刑复核制度、调解制度等；三是表现为意识层面的法律文化，如以和为贵、隆礼重法等。中国传统法律文化有几千年的传承和发展，博大精深。中华法系曾世界领先、影响深远。当代中国法治建设需要重塑对中华传统法律文化的自信。通过学习古圣先贤的法律智慧，古为今用，赋予中华传统法律文明新的生机，真正做到以史为鉴。

一、文化自信与中华传统法律文化的回归

坚持文化自信是更基础、更广泛、更深厚的自信，是更基本、更深沉、更持久的力量。坚定中国特色社会主义道路自信、理论自信、制度自信，说到底是要坚定文化自信。几千年来，中国形成了理论精巧、体系完备的中华法系，积累了独具特色的法律文化、法律制度、法律品格。史书中记载，当时日本、东南亚各国纷纷派使臣来华学习中国的法律制度。然而，近代以来，建立在农耕文明之上

* 基金项目：本文是河南省社会科学院2021年度基本科研费课题“习近平法治思想引领河南法律文化建设研究”（项目编号：21E56）的阶段性成果。

** 栗阳，河南省社会科学院法学研究所助理研究员。

的中华法律文明，遭受了西方工业文明基础之上形成的现代法治的侵袭。受西方法律学说、概念、理论的冲击，一度使中国的法律文化遭受严重打击，话语权被剥夺殆尽。

这一时期，传统文化包括传统法律文化一度被否定和忽视，学习西方成为主流做法，甚至在某些领域出现了全盘西化。可以说，中国近代以来高校法律系基本就是完全引进了苏联和英美法学的体系和概念，包括民法、刑法、经济法等学科体系都是照搬过来，法律术语大多是直接抄过来的。照抄照搬的一个后果就是，有很多水土不服的情况发生。

中华人民共和国成立后，特别是改革开放以来，中国飞速发展、成就显著，给我们增加了文化自信的底气。在建设中国特色社会主义法治体系和法治国家中，对中华传统法律文化的重视提到了前所未有的高度。关于文化自信的问题，毛泽东在 20 世纪 40 年代就提出了解决办法。他认为要解决中国问题要“古为今用，洋为中用”。传统法律文化中有精华也有糟粕，不能割断历史文化的传承，也不能不加改造，需要进行创造性转化和创新性发展。

二、中华传统法律文化的特征

中华传统法律文化具有强大的生命力，凝聚了中华民族的法律智慧，构成了中华民族的法律意识、法律风格，是中国特色社会主义法治建设的宝贵资源和文化根基。一方面，传统的不一定是落后的、不好的；另一方面，由于时代变迁，传统法律文化不可能一成不变，不符合当今社会实际发展情况的地方需要我们去甄别。总体来说，中华传统法律文化特征如下：

（一）刑起于兵，刑事法律制度发达

夏是有文字记载以来的第一个王朝，中国古代文献记载最早的一条军法见于夏启讨伐有扈氏所发布的檄文《甘誓》。根据史书记载，刑事法律制度的起源是战争。军法的内容主要就是对战争中的行为加以规范，赏罚分明，在此基础上夏朝最终确定了奴隶制“五刑”：墨、劓、剕、宫和大辟。墨是一种羞辱刑，给罪犯脸上刺字；劓是割掉罪犯的鼻子；剕是斩断罪犯的脚；宫是阉割罪犯的生殖器；

大辟就是死刑。商朝有“汤刑”，经过对之前立法的多次修订和补充，商朝所确立的刑事法律制度为后世立法奠定了基础。周朝在“五刑”的基础上增加了四种刑罚——流（流放）、赎（用财物抵或免刑罚）、鞭（鞭打）、扑（杖责），构成“九刑”。在中华传统法律体系中，刑事法律规范从发端就一直占据主要地位，在立法上呈现法典的刑事化，在律学上呈现刑名化，在司法上呈现刑罚化。

（二）礼法结合，礼治和德治共同发挥作用

周公在中国历史上第一个提出一整套以“礼治”和“德治”为核心的治理学说。周公制礼的内容广泛，“五礼”即吉、凶、军、宾、嘉，其涵盖了从祭祀到丧葬再到军队、朝觐和婚庆的一系列规范。其中，结婚所遵循的一套礼制包括上门提亲、给彩礼等“六礼”沿用至今。礼法结合、德法共治是中华传统法律文化区别于其他法律文化的显著特征，西周时期就有“以德配天，明德慎罚”的思想。西周礼治是治国的基本纲领，后世逐渐增强了礼治的规范性和明确性，引礼入律，使礼成为贯穿法律体系的精神渊源。汉武帝时，礼法并用，德主刑辅成为指导思想。礼法结合表现在具体案件当中就是，中国古代判案讲求“情理法”的统一。《史书》记载，有个地方官员在审理“兄弟争田”案件时，最终的审理结果是让兄弟二人和好如初、互相谦让，而非根据法律和证据对田产进行分割。

（三）诸法合体，司法行政合一

行政官员兼任司法官员在中国古代是一个显著特点。上升到中央层面，皇帝是最大的行政长官，管理国家行政事务，同时也是最高一级的审判官。“秋审”就是由皇帝亲自参与并决断的死刑复核制度。

（四）官本位特权等级制度森严

早在夏朝就有赎刑，奴隶主贵族可以用铜来赎罪以减轻或免除处罚，因为他们有钱有势属于特权阶层。周公确立的“刑不上大夫，礼不下庶人”[①] 也在一定程度上体现出立法和司法指导思想中的特权等级思想。唐朝的“官当”“八议”

① “刑不上大夫，礼不下庶人”出自《礼记·曲礼》。学术界对这句话的理解有一些不同看法，通常认为这句话并不是说士大夫阶层完全不受刑罚约束，庶人阶层完全不遵照礼制。“刑不上大夫”是说刑罚的锋芒指向劳动人民，而不是指向奴隶主贵族；“礼不下庶人”是指“礼”主要用来调整奴隶主阶级内部关系，各级贵族按“礼”的规定来享受各种特权，奴隶和平民一律不得享受。

制度使特权向官僚阶层扩大。这种特权思想容易产生垂涎权力、滥用权力，凌驾于法律之上、为所欲为的不良后果。这些属于传统法律文化中的糟粕，延续至今对人们的行为方式也会产生不良影响。

三、澄清对中华传统法律文化的几个不当认识

学界以及民众过去经常有这样的说法，认为中国没有法制传统，法律不发达，中国人有厌讼心理，法律意识不强；中国公法发达，人们没有契约精神。这种结论和事实是否相符呢？根据对法制史的研究，我们发现这些说法并不正确。之所以存在这些认识上的偏差，是因为对法制史的研究和传播还不到位。通过分析中国法制史史料，我们可以得出以下几个不同于以往偏见的认识：

（一）中国具有深厚的法制传统，完备的法律体系曾走在世界前列

中国古代法制是相当发达的，走在世界前列。中华法系作为五大法系之一源远流长，辐射影响范围十分广泛。夏朝就确立了“五刑”，并且有最早的监狱。早在西周时期，起诉就要缴纳诉讼费，奴隶主贵族还可以委托代理人出庭，类似于我们现在说的律师制度。春秋时期的邓析是中国历史上最早的律师，史书记载邓析能够“操两可之说，设无穷之辞”。意思是邓析可以代理原被告双方，他都能找出道理。《唐律疏议》是中华法系的集大成之作，礼法合一、诸法合体、以刑为主、明德慎罚。这直接影响了宋元明清的封建法律制度。

（二）中国古代诉讼活动常见，诉讼制度完备

皋陶和尧、舜、禹被并称为上古四圣。传说皋陶用獬豸断案，獬豸是一种独角神兽，能分辨是非曲直。遇到疑难案件，皋陶就放出獬豸，对有罪的人，神兽就用独角顶之。獬豸断案虽然带有神话色彩，但獬豸作为公平正义的象征，为中国历朝历代尊崇，无论是官帽、官服还是衙门，都有用獬豸做装饰的传统。从中国的清官文化也可以看出，诉讼活动在古代很常见。明清时期的诉讼也很活跃，由于放告日提交衙门的状子太多，以至于官员看不过来，于是采用限制诉状字数的办法，要求控制在150~300字。由此可知，中国自古代起，人们的法律意识

就很强。

（三）中国古代私法也有长足的发展，契约一直存在

早在西周时期就将诉讼划分为民事诉讼和刑事诉讼。当时诉讼称为狱讼。狱，谓相告以罪名者；讼，谓以财货相告者。契约是调整民事行为的重要形式，《周礼》中就有关于契约的记载。傅别、质剂是主要的契约形式。契约一分为二，各执一半就是对合意的承诺。汉唐出现了支契和单契，两晋时期出现合同契。明清时期商品经济发展，遗存下来的契约文书以千万计，调整民商事法律关系的私法也有学者在研究。

四、中华传统法律文化的当代价值

中华传统法律文化的核心内容就是前人积累的法律智慧和治国经验。通过研究传统法律文化，则其善者而用之，可以充分发挥其史鉴价值，为今天的法治建设提供制度参考和文化自信。

（一）隆礼重法德法互补

中华传统法律文化始终倡导礼与法、德与法的合治，重视礼仪、道德、习俗的规范作用。法律并不是万能的，文化情感、社会风俗、人伦道德有时在调整社会秩序方面，甚至可以发挥超过国家法律的作用。这种传统法律文化在现代司法实践中突出地表现为，司法人员办理案件讲究“情理法的统一以及法律效果和社会效果的统一”。社会主义核心价值观融入法治，就是用德法互补创新社会治理体系。

（二）仁者爱人民本思想

在中华传统法律文化中，仁者爱人、以人为本、民为邦本、民贵君轻等思想占据重要地位。早在春秋战国时期，就提出“民惟邦本，本固邦宁”的理念，孟子说：“民为贵、社稷次之、君为轻。”唐太宗关于“水能载舟亦能覆舟”的观点也是民本思想的体现。现代社会“江山就是人民”“法治为民”等思想就来

源于此。中国古代“德主刑辅”“恤刑慎杀”思想，以及“存留养亲”“秋冬行刑”“秋审”等法律制度都是民本思想的体现。发展到现代有近亲属出庭作证豁免权；未成年人和老年人犯罪给予体恤和宽宥，从轻或减轻处罚；《中华人民共和国民法典》设置胎儿权益保护，等等。

（三）爱家睦邻以和为贵

中国古代家国相通、亲贵合一，以和为贵是中华传统文化的重要价值取向。《论语》学而篇说：“礼之用，和为贵。”孔子说：“君子和而不同，小人同而不和。”以和为贵在法律文化中强调冲突各方按照“礼”所确定的君臣之礼、亲亲尊尊、父慈子孝、兄友弟恭、邻里和睦等原则，互相包容、共处。不忠、不孝、不义、不睦等，在古代是扰乱社会秩序的严重违法行为。族长、行政长官对案件的处理本着以和为贵的价值追求，许多案件采用调解、和解结案，积累了丰富的调解经验，并形成了一整套行之有效的制度，延续至今。今天的“枫桥经验”就是继承和发展了这一法律文化传统，用温情、伦理化解矛盾，消除对抗，把纠纷化解在基层。

参考文献

［1］焦利．传统文化的现代光辉：中国民法典的法文化基因［J］．新视野，2020（6）：14-21.

［2］瞿同祖．中国法律与中国社会［M］．北京：中华书局，1981.

［3］杨一凡．质疑成说，重述法史——四种法史成说修正及法史理论创新之我见［J］．西北大学学报（哲学社会科学版），2019，49（6）：21-30.

［4］张晋藩．全面依法治国与中华法文化的创造性转化研究［M］．北京：中国政法大学出版社，2018.

国家治理现代化进程中社会组织的作用与发展路径研究

孙月月*

从党的十八届三中全会提出全面深化改革的总目标是“完善和发展中国特色社会主义制度，推进国家治理体系和治理能力现代化”，到党的十九届五中全会提出的到2035年“基本实现国家治理体系和治理能力现代化”的战略目标，我国国家治理观念不断更新，治国理政模式不断发生深刻变革。国家治理现代化意味着政府应改变传统的治理模式，向多元主体共同参与公共事务的现代治理模式转变。在这种治理模式中，更加重视社会组织和公民的积极参与。因此，在推进国家治理现代化的过程中，社会组织的作用及其发展状况应引起关注。本文试图对社会组织在国家治理中发挥的作用、发展状况及面临的问题等进行初步探究。

一、国家治理现代化与社会组织

（一）国家治理现代化

自从1989年世界银行在其报告中提出“治理危机”的概念后，“治理”一词便逐渐风靡全球。世界各国的政治形态整体上正经历现代化的嬗变，我国正处于现代化的快速发展阶段，这要求国家治理的方式要随之改进以适应现实情况的

* 孙月月，河南省社会科学院科研处研究实习员。

发展需要。让-皮埃尔·戈丹在《何谓治理》中指出，现代国家治理的核心特征在于治理主体的多元化。就我国而言，国家治理现代化则包含着国家治理体系的现代化即国家正常有序运行所需要的一系列政治、经济、文化、社会、生态等制度的完善和治理能力的现代化，也代表着国家一系列“制度的执行能力”。相对于传统的国家统治理念，国家治理现代化中的“治理”是从以政府为主体、以纵向命令控制为特征的传统层级治理模式到政府、社会、公民个人等多元主体共同参与的治理，是各参与主体从被动地接受政府发出的指令到相互沟通的协同治理。

在国家治理现代化的视野下，社会组织的作用不容忽视，需要创造条件以拓宽社会组织参与表达的途径，从而实现“良治”。

（二）社会组织在我国的发展现状分析

改革开放以前，受到社会历史环境的影响，现代公民意识相对薄弱。城市中的人们被统一组织到单位中去，所有的生活内容都与单位有着极为紧密的联系；农民则被组织到人民公社中。那时人们全部的生活内容都与集体挂钩，公民之间的生活同质性较强，社会组织基本处于停滞状态。随着改革开放的深化，经济不断发展，利益分化越来越明显，社会分工也不断深化、专业，人们的生活需求日益多样化和复杂化，牵涉不同社会利益的各种矛盾也越来越多，相应地，代表不同群体利益的社会组织数量也越来越多，表现在众多不同的领域如公益慈善、养老等，均呈现出蓬勃发展的态势，这已然成为不容忽视的一个整体。根据《中国民政统计年鉴（2021）》可以得知，截至 2020 年底，我国社会组织的数量为 894162 个，相当于 1988 年的 201 倍。

二、社会组织在推进国家治理现代化进程中的作用

（一）社会组织是现代社会治理的重要主体之一

社会组织的有序参与是国家治理现代化的重要标志之一，承担着社会治理责任，有利于打造“共建共治共享”的社会治理格局。一方面，国家治理体系的

建设，需要不同领域的社会组织参与协商，社会组织的意见表达具有针对性和专业性，可以为政府决策提供专业建议，有利于政府决策的科学性；另一方面，治理能力表现在多个不同的维度上。国家治理能力的现代化需要政府彰显其强大的执行能力和组织能力等，各类制度、法律、政策的实施和管理可通过社会组织来有效和有序进行，社会组织的有力配合有利于政府的决策惠及社会公众，有利于增强国家对社会的映射力。

（二）社会组织是整合社会力量与扩大公民政治参与的有效平台

不同的社会组织代表着不同的利益群体，自然就会反映不同的利益诉求。从社会管理的角度看，社会的开放度和宽容度越来越高，社会公民越来越重视权利的行使和利益的表达，社会组织能够为公民的意见表达搭建平台，整合汇总零散的社会意见，帮助政府进行决策和治理。从公民参与政治的角度看，社会组织是公民进行利益表达的重要途径。社会组织运用自身优势，广泛吸纳民意；通过协商民主的方式集合形成反映公众共同利益的意见，规范地参与社会治理，保障公民的基本权利，这有利于建立有组织的社会生活、增强公民自律和维持社会秩序。

（三）社会组织是维护社会稳定的中坚力量

稳定是发展的前提，实现现代化要求在保持社会稳定的前提下向前发展。如若缺乏稳定环境，其他将无从谈起。现代化进程中需要社会组织这个“解压阀”来帮助缓和社会矛盾、维护社会稳定。除了桥梁作用外，社会组织在科教文卫、公益慈善、养老等领域提供的公共服务能够满足公众的需求，为社会带来更多“正能量”。另外，社会组织本身可有效吸纳劳动力，促进就业，对社会稳定有利。截至 2020 年底，社会组织吸纳社会各类人员就业 1061.9 万人。根据清华大学 NGO 研究所提供的数据，我国的社会组织在未来至少能够提供 3000 万个就业岗位。

（四）社会组织是民主协商过程中重要的参与主体

如今，民主被世界上绝大多数的国家认同和接受，是各国政治建设所追求的价值之一，民主化也成为现代政治发展的基本取向。就国家治理现代化而言，民主是其核心要素。协商民主是我国社会主义民主政治的特有形式和独特优势，也是党的群众路线在政治领域的重要体现。社会组织是协商民主体系的有机组成部分，是协商民主广泛、多层、制度化发展的重要一环，其作用不可替代。一方面，社会组织协商为全社会找到意愿和要求的最大公约数提供重要渠道，其实效性能够切实增强人民群众的获得感、幸福感；另一方面，社会组织协商主要在基层协商中进行，这一机制能够不断改善基层治理、激发基层活力。

三、我国社会组织发展中面临的问题

（一）成长动力尚显不足

一方面，动力不足表现在其数量上。民政部数据显示，截至2020年底，我国社会组织数量已达到89.4万家。从表面上看，社会组织的绝对数量较大，整体发展状况良好。2010年，中国经济体制改革研究会的一项课题研究表明，我国每万人拥有社会组织不到10家，而法国为110家，阿根廷为25家，可见，社会组织数量相对来说尚显不足。另一方面，从整体上看，社会组织质量不高、参差不齐、规模不一。环境动力不足，政策帮扶、指引还需进一步加强，宣传力度明显不足；人才动力不足，志愿者相对较少，且社会组织工作人员待遇偏低，对人才的吸引力低；资金动力不足，社会组织普遍存在资金匮乏问题，活动经费主要来自社会捐赠和政府支持，无法满足运行所需。

（二）法律供应相对不足

在现代国家治理中，法治化是主要标志之一，当今世界上众多国家的治理成效如法律和制度“供应不足”导致国家无法满足经济发展需要而处于“病态”，这被美国学者弗朗西斯·福山称为国家构建（state-building）的失败。到目前为止，我国尚未颁布一部关于社会组织相关活动的比较全面的基本法，只有《社会团体登记管理条例》《民办非企业单位登记管理暂行条例》等法规条例，立法层次比较低。由于法规条例的使用范围有限，不具备调整社会组织在社会关系中与其他社会主体关系的普遍能力，也就无法满足国家治理现代化对社会组织的要求。

（三）发展活力难以迸发

社会组织是社会现代化的具体体现，但目前来看，我国社会组织独立性和自主性不强。一方面，社会组织“政社不分”现象长期存在，相当部分的社会组织依附于挂靠的政府部门，自主权较小，这制约了社会组织的自主发展能力，活力得不到激发，影响社会组织长远独立发展。登记注册门槛过高导致许多符合公众需求的“草根”社会组织游离于系统之外。另一方面，社会组织自身结构不完善，管理制度尚不成熟，组织内部管理缺乏规范性，组织能力尚显不足，组织运行机制不灵活。

（四）公信力危机较为严重

近年来，社会组织发展虽日趋规范，但个别负面新闻使社会组织尤其是慈善组织的形象大打折扣，严重影响了其在公众心中的形象，财务诚信度和公众认同度降低，组织受赠数额减缩，社会组织遭遇公信力危机。从社会组织自身来看，很多社会组织尚未确立财务公开的意识，财务人员配置不足；内部缺乏正式章程使得工作人员随意散漫，纪律性差；信息公开程度低、信息披露制度不健全。从外部环境来看，政府将注意力集中在事前登记注册上，监管工作还不到位；公民和社会舆论监督意识薄弱，使一些不法分子有了可乘之机。

四、充分发挥社会组织作用的具体路径

（一）按需增加数量，提高发展质量

在数量上，要根据需要在涉及社会生活更多更细的领域发展社会组织，推动社会治理精细化。同时，要更加注重提高质量。一是为社会组织成长提供有利环境，加大优惠政策支持力度，加大宣传，增强知名度和影响力。二是激发和传播志愿精神，通过创新和完善志愿者培训体系，提高志愿者的工作能力和服务观念。创造优越条件包括工作报酬、职业前景规划等吸纳更多优秀的专业人才，尝试引入竞争机制，完善奖惩制度，激发工作积极性。三是政府出台更为实际的政

策优惠，加大扶持力度，提供较为充足的发展资金。四是有条件的社会组织可利用自身专业优势，为社会提供不同公共服务，满足公众差异化的要求。五是加强财务规章制度的执行，严格使用经费流程，杜绝腐败现象发生。

（二）完善法律法规，加强规范力度

首先，要加强立法，完善法律体系，加快关于社会组织基本法立法进程，顺应时势，有序修改相关法律法规，废除不合时宜的法律法规，为社会组织发展提供坚强法律保障；其次，各地方政府要因地制宜，依据本地社会组织的发展状况制定相应的政策办法等，为社会组织的良性发展创造公平的法律环境。法律的不断完善也方便了其他社会主体包括政府对社会组织的监督，有效遏制权力寻租。

（三）加快“政社分开”，激发发展活力

第一，要加快“政社分开”的速度。政府公权力要尽量少干涉社会领域事务，“放开手”给社会组织提供锻炼机会，把社会组织可解决的问题交还给社会，释放空间让社会组织自行建设和发展，而政府更多扮演的是监督角色。第二，政府购买服务对建立互动合作的新型政社关系具有积极作用，能够实现政府与民间组织在“分离中合作，合作中共赢”的跨越式发展。第三，要提高社会组织自主权，促进其自主运行，在这一过程中需要加强党的领导。

（四）加强信息公开，自觉接受监督

第一，建立社会组织内部监督机制，严格实施和执行规则，加强规范管理，提高组织成员的自律能力，在公众和社会面前树立良好形象。第二，逐步建立完善的信息公开制度，加强信息披露，充分利用互联网等平台，自觉将社会组织运行状况特别是经费收支人事任免等置于公众和媒体的监督之下。第三，加强监管，简化登记注册手续，落实监管工作，平衡事前登记和事后监管二者的关系，进一步创新监管机制和内容。

（五）加快创新步伐，探索合作模式

要更新观念，勇于探索，加快创新步伐。进一步优化“政府购买公共服务”方式，不断创新政府与社会组织的合作模式。充分发挥市场作用机制，进一步培育和发展社会组织，引导社会组织不断提高能力，向专业化方向发展。进一步完

善评估和监管体系，注重评估的规范性和监管的客观性。坚持用好中央安排的专项资金，进一步健全支持机制。

参考文献

［1］陈思，凌新．社会治理精细化背景下社会组织效能提升研究［J］．理论月刊，2017（1）：147-150.

［2］弗朗西斯·福山．国家构建：21 世纪的国家治理与世界秩序［M］．北京：中国社会科学出版社，2007.

［3］郭道久．协作治理是适合中国现实需求的治理模式［J］．政治学研究，2016（1）：61-70+126-127.

［4］刘春湘，郭梓焱．当前我国社会组织公信力危机及重构［J］．湘潭大学学报（哲学社会科学版），2016，40（4）：43-46+139.

［5］彭建平．论国家治理现代化中社会组织治理能力建设［J］．改革与开放，2015（7）：8-9.

［6］让-皮埃尔·戈丹．何谓治理［M］．钟震宇，译．北京：社会科学文献出版社，2010.

［7］徐家良，赵挺．政府购买公共服务评估机制研究［J］．政治学研究，2013（5）：87-92.

［8］徐敏宁，李阳．提升公信力是我国非营利组织走出困境的有效路径［J］．唯实，2010（10）：45-48.

［9］薛澜，张帆，武沐瑶．国家治理体系与治理能力研究：回顾与前瞻［J］．公共管理学报，2015，12（3）：1-12+155.

［10］岳经纶，谢菲．政府向社会组织购买社会服务研究［J］．广东社会科学，2013（6）：182-189.

强化党建引领　助力基层治理创新

闫　慈*

办好中国的事情，关键在党，这是被中国近代以来的历史反复证明了的真理。中国共产党团结带领人民，完成和推进了新民主主义革命、社会主义革命、改革开放新的伟大革命三件大事，从根本上改变了中国人民和中华民族的前途命运。新时代，实现国家治理体系和治理能力现代化，特别是推进基层治理现代化，更离不开党的坚强领导。

一、深刻把握新时代我国政党、基层政府和社会的关系

在不同历史时期政党职能的变化不仅影响着执政党的执政方式，也影响着政党、政府和社会之间的关系。就我国而言，中国共产党先于政府、社会而存在，这一生长顺序决定了中国共产党在“政党—政府—社会”三元结构中的领导地位。从总体上看，中国共产党具有两大基本职能：领导职能和代表职能。中国共产党发挥着总揽全局、协调各方的领导作用，党是领导一切的；中国共产党始终代表着无产阶级和广大人民的根本利益。这也就决定了我国行政机关必须在党的统一领导下，行使管理公共事务和社会事务的行政权力。同时，社会被置于党的领导之下，显示出社会治理的强大优势。随着国家治理体系和治理能力现代化水

* 闫慈，河南省社会科学院社会发展研究所助理研究员。

平的提升，基层社会治理格局发生了相应的改变。要把我国的社会主义制度优势和党的领导转化为社会治理效能，完善党委领导、政府负责、社会协同、公众参与、法治保障的社会治理体制，打造共建共治共享的社会治理格局。在新时代，社会中的新情况、新问题不断出现，对“政党—政府—社会”三元结构关系提出了新要求。为了更好地建设社会主义现代化国家，必须理顺中国“政党—政府—社会”之间的关系。

要不断加强党的执政能力和提升党的执政水平。在实现中国现代化过程中，“政党—政府—社会”结构所经历的变迁为加强政党建设积累了弥足珍贵的经验。在引领基层社会治理创新的进程中，要以政治建设为龙头，引领、推动党的各方面的建设，包括组织建设、作风建设、思想建设、制度建设、反腐倡廉建设。建设社会主义现代化国家的道路并不是一帆风顺的，但前景是光明的。作为“政党—政府—社会”三元结构的中心，中国共产党应统筹国内国外双循环大局，提高执政能力和执政水平，完善党对社会、对政府的监督机制，发挥党的先进性，带领中国人民夺取新胜利。

要充分发挥基层各方面因素的主观能动性。创新基层社会治理不仅需要探索适合社会发展的新模式，更需要充分调动基层社会各方面的积极性，并运用现今社会蓬勃发展的信息技术，提供新的基层社会治理思路，打造多元主体参与新格局。当前，推进国家治理体系和治理能力现代化离不开基层社会治理的创新。这涉及为数众多的人民群众，治理对象较为复杂。因此，应充分调动基层社会各方面因素的能动性，凝心聚力推进社会治理新局面。

要立足新时代中国实际推进政府改革和创新。中华人民共和国成立以来，在党中央的坚强领导下，我国政府科学制定五年规划，实行改革开放，推进依法治国，全面深化改革。当前，中国已经开启“十四五”规划新征程，迈入新的发展阶段。这也对政府提出了新要求，政府改革和革新永远在路上。在建设社会主义现代化国家的进程中，政府应进一步改革政府体制机制，支持基层社会治理创新，推进国家治理体系和治理能力现代化。

要推进“政党—政府—社会”三元结构的法治化、理性化。政党是国家和社会的领导力量，是联系政府与公众的纽带，具有利益表达和协调功能。党具有动员群众、引领治理、重构社会的功能。中国共产党是中国的执政党，自成立之日便自觉承担起中华民族伟大复兴的历史使命，它代表中国最广大人民的根本利益。在引领基层社会治理创新的过程中，“政党—政府—社会”三元结构须朝着法治化、理性化方向前进，依法治国、理性治国，进一步理顺“政党—政府—社会”三者之间的关系，使得中国共产党能够更好地代表人民利益，中国政府能够更好地服务人民，最终实现社会又好又快发展，加快建设起社会主义现代化国家。

二、坚持党建引领实现基层治理现代化

基层社会治理一直是党和政府高度重视的工作，是我国治理体系和治理能力现代化的重要组成部分。实现国家治理体系和治理能力现代化，必须以实现基层社会治理的现代化为前提。改革开放40多年来，在党中央的统一领导下，我国在各方面都取得了卓越成就，国防力量、经济力量和综合实力都已达到世界领先水平，特色外交在国际上大显风范。虽然我国仍将处于并长期处于社会主义的初级阶段，但中国特色社会主义已进入了一个新的时代，站在了一个新的历史起点，党和国家也提出了基层社会治理的新要求。2020年10月召开的中国共产党第十九届中央委员会第五次全体会议提出了经济社会发展的主要目标，其中明确规定了“社会治理特别是基层治理水平明显提高”。从经济新常态宏观角度来看，经济的快速发展、基层社会事务的增多、人民需求的变化和有限的社会资源都对基层治理提出了新的更高要求。

以党建为引领，实现治理主体的多元发展。中共十九届四中全会指出，完善党委领导、政府负责、民主协商、社会协同、公众参与、法治保障、科技支撑的社会治理体系。打造一个各尽其职的社会治理共同体，使人民安居乐业、社会稳定有序，建设一个更高水平的平安中国。这一要求体现了中国共产党在多主体的共同参与和治理方面的理念，即以党的统一领导为中心，政府和社会共同合作，由单一主体改为多元主体并举，充分发挥公众的主观能动作用，积极参与基层社会治理，形成“自己服务自己，自我管理自己”局面，从而提高基层社会治理效率。只有让公众真正地参与基层事务治理，才能由他治向自治转变，建立共治、共享的社会治理格局，打造现代化基层社会治理格局，使公众享受更好的公共服务。

以党建为引领，实现治理方式的多向发展。近年来，随着中国信息技术的发

展，智慧城市、智能社区等新的理念层出不穷。大数据、人工智能等现代技术也在社会治理中得到了逐步应用，这不但为基层的社会治理提供了坚强的技术支持，而且破除了时间和空间上的限制，为广大人民提供了更全面、高效的服务。对于基层政府来说，治理方式的转型是非常必要的，从单一的行政方式到法律方式、德治方法和行政方式并举，满足了人民日益增长的对美好生活的需求。与以前相比，党和国家对法治、德治等问题更加重视。一方面建立了相关的法律规章，另一方面以党建工作作为切入点，从制约人们的行为转化为影响人们的意识观念，进而在源头上改善社会风气。

以党建为引领，实现治理逻辑的不断调整。以党建为引领的基层治理创新，是我国的一大特色和独特优势，有利于确保基层治理的正确方向、整体计划和统筹协调。我国的基层社会治理逻辑，正处于由“总体支配型”管控行动逻辑向“技术治理型”共享共治逻辑的转变过程中。基层治理始终坚持接受党和国家的统一组织领导，充分发挥了我们党在做好基层社会事务处理工作方面的统一指导协调作用。在党中央科学有效的顶层设计和制度安排下，基层政府在基层社会治理中一改过去自上而下的命令式单向传递，转为不断加强与基层群众协商的双向沟通合作，建立起合作共赢的关系，推动基层社会治理向善治的转变。总而言之，无论基层社会治理逻辑如何调整，都要坚持党建在基层组织中的引领作用不动摇。

加快文旅文创融合　助推文化强省建设

刘　畅*

在中国特色社会主义进入新时代的历史方位下，在开启全面建设社会主义现代化国家新征程中，作为文化大省的河南迎来了建设文化强省的重要战略机遇期。河南省第十一次党代会确立了“两个确保”奋斗目标和全面实施“十大战略”，其中，在河南融入构建新发展格局的战略机遇下，实施文旅文创融合战略，加快推进文化强省建设，对于实现高质量建设现代化河南，高水平实现现代化河南具有非同寻常的价值和意义。立足于河南文旅产业发展的现状，衔接文化发展规划，统筹多方举措，实现创意创新驱动、文创文旅融合发展，落实奋勇争先、更加出彩的河南建设。

一、塑造好全域旅游形象，培育文旅品牌

文化旅游已经深度融合于人们的日常生活中。全域旅游被写进政府工作报告以来，已成为当下文旅发展的主要方向。全域旅游指的是，文旅产业发展的新模式，也是区域发展走向成熟的标志。一方面是产业链条的全，从文旅产品的生产、营销到消费，构建覆盖整个文旅产业链条的各个环节；另一方面是文化内容的全，不仅注重对有形的物质文化的挖掘与开发，也注重对无形的非物质文化资源的挖掘。塑造河南省的全域旅游形象，以河南省丰富的文化旅游资源为支撑，

* 刘畅，河南省社会科学院社会发展研究所研究实习员。

从“小旅游”到“大旅游”格局转化，从单一的景区观光模式向综合型文旅目的地转化，从门票经济为核心的单一旅游产业业态转向以文旅为平台的综合性产业业态，从粗放式的第三产业市场消费向满足人民群众多样化的文化需求的精细化业态转变，从封闭式旅游景区“围墙式”的发展模式到开放式的“文化+”和“旅游+”的融合发展格局转变。“文旅搭台，高质量现代化发展唱戏”，以文创文旅的深度融合发展，实现河南高质量现代化。

文旅品牌的构建，以品牌的带动效应，推动文旅资源要素的挖掘与开发，辐射整个区域内的文化产业发展。一方面，构建区域整体的文化品牌“老家河南”。原故宫博物馆馆长单霁翔认为，功能城市已经转向文化城市发展。“老家河南”文化品牌不仅仅是涉及景区遗迹和民间习俗这些传统文化资源，更是对河南传统文化的凝练和概括。另一方面，如果说全域旅游发展文旅集群的磁场存在带动效应，打造文旅航母品牌则是以优秀品牌的带动辐射效应推动文旅文创融合和区域高质量发展。打造几个标志性的区域文旅龙头性企业，以区域内文化产业品牌的良性竞争促进文旅融合的优化升级。

二、打造黄河文化旅游带，挖掘文化资源

黄河是我们的母亲河，黄河文化更是中华民族文化的根。可以说，中华民族文化的认同感与归属感都是以黄河文化为根源与内核凝聚发展而来的。实现黄河流域生态保护和高质量发展，需要不断挖掘黄河文化资源，打造黄河文化旅游带，推动黄河文化在当下的高质量创新发展与传承。梳理黄河文化资源，展现黄河文化的时代价值和意义，不仅是创新黄河文化资源建设，助力河南文化高地建设，推动黄河文化在文旅文创融合发展中实现高质量发展；更是对坚定文化自信、会聚民族认同具有深远和深厚的文化意义。不断为黄河文化的高质量发展注入新的活力因子，打造当下融入人们日常生活的文化品牌和文化地标，激发出黄河文化在新时代的感召力和凝聚力，挖掘黄河文化资源，传播好黄河文化声音，增强人们的文化自信。

讲好黄河故事，保护黄河文化遗产，打造黄河文旅文创品牌，建好黄河国家文化公园，传承中华优秀传统文化基因，推进黄河流域生态保护和高质量发展，

加强对于黄河流域的文旅文创资源的开发挖掘，实现创新驱动和产业联动，展现黄河文化蕴含于当下的时代价值。同时，构建好黄河文化的文旅文创产业体系，凝聚黄河文化旅游带的市场竞争力，以更优质的黄河文化内容生产，以丰富多样的艺术表现形式，提供沉浸式体验式文旅文创产品，充分彰显黄河传统文化资源的核心价值与时代意义。建设有竞争力的文旅文创文化创意园区，以充分挖掘文化资源，形成创新驱动的文创产业链条。推出优质的文旅文创演艺项目，包括关于黄河文化的实景演出项目和沉浸式文化旅游项目。举办有影响力的文旅节庆活动，进一步提升黄河文化的凝聚力和影响力。打造黄河文化的文旅休闲示范区，不仅包括传统农耕文明的文化体验区还包括休闲康养中心和产学研基地。

三、利用好数字信息技术，赋能文化发展

文化与科技的融合发展，自文化产业诞生以来就是一个不断深化的命题。从机械复制时代下的“文化工业”到现在数字信息技术时代下的文旅文创融合，其本质都是科技赋能于文化产业发展，科学技术不仅是文化展现的手段和工具，更是融入文化内容生产的核心。河南省一直精耕于传统文化的传承与发展，应利用好数字信息技术发展的机遇期，赋予文旅产业发展的新业态。河南省较为成功的“文化科技+”实践案例就是河南电视台中国传统节日系列晚会节目。以现代互联网技术为表现方式，以优秀中华传统文化为内核，为人们呈现出一次又一次文化盛宴。以现代科技赋能文旅文创融合发展，动态传承传统文化，活化传统文化在现代社会的展现方式，激发出传统文化在当下的活力和魅力。充分挖掘中华优秀传统的审美价值和时代意义，使流转千年的文化瑰宝在数字信息化纵深发展的今天焕发光彩。

数字信息技术的发展已成为文创文旅融合发展的强大引擎，以现代数字信息技术赋能文化产业发展，实现对传统文化的创造性转化和创新性发展。首先，要加快构建产学研有机结合的文旅文创融合创新发展机制，培养一批为实现高质量现代化发展的复合型创新人才，打造文旅文创融合发展的人才队伍。以产学研协调创新机制的完善，打造文旅文创发展的高层次创意性人才。人才是文化旅游产业创新发展的根本源泉，也是文化创意产业内容生产的根本源泉。其次，以数字

信息技术深度融合于文旅产业的各个环节。在文化内容生产中，以现代审美价值重新解码河南深厚的文化资源，生产和提供满足人民群众多样化文化需求的文化产品和服务，充分挖掘文旅资源的价值。在文化产品流通消费的过程中，以互联网新媒体的充分利用提升文旅文创产品的文化传播能力，以当代互联网思维的创新运用提升文旅资源的市场竞争力。

四、发展全链条文创产业，激活文化市场

从产业链的纵向延伸角度来看，文创产业链条的上游是文化旅游规划和文化创意产品的开发，中游是以互联网思维对文化产品和服务的市场运营环节，下游则是文化旅游和文化创意产业的品牌与营销。同时，因为文创产业涵盖范围比较广泛，比其他产业更具有延展性，文创产业可以在简单的链条环节中衍生出新的产业要素，从而产业链条就朝着更纵深的方向发展。发展全链条文创产业，需要充分利用河南现有的文化资源优势和产业优势，立足于河南实现高质量现代化的定位，将合理开发和有效保护相结合，培育出文创文旅产业链条不断延伸的内生机制，构建上下联动、左右衔接的完整高效产业链，以创新驱动文化产业向更高端价值链条跃升。

以文化创意为产业核心，以创新驱动为引擎，以效果导向为抓手，提供优质文旅文创产品和服务，延续产业链、补全产业链和强大产业链，推出具有河南文化特色的文旅文创产品及品牌，培育文旅文创创新融合发展新动能，壮大文旅文创深度融合的特色型主导产业，提升文旅文创产业全链条的核心竞争力，加快形成并发挥文化产业链的集群和带动作用，充分发挥蕴含于文化产业发展中的社会效益和经济效益。加速文旅文创产业链条多方位延伸，实现价值链条的高端攀升，以创新驱动文化创意产业的内容生产环节，提高关联产业的创意科技附加值，构建创意先行、科技赋能、产业联动、充满活力的文旅文创产业高质量发展模式。同时，大量吸引人才、资金、技术等要素进入文创产业全链条，培育文化产业新增长点，激发文旅高质量发展新动能、新业态。

参考文献

［1］胡春娜．增强文化自信　建设文化强省［N］．河南日报，2021-10-28（06）．

［2］楼阳生．高举伟大旗帜　牢记领袖嘱托　为确保高质量建设现代化河南确保高水平实现现代化河南而努力奋斗［N］．河南日报，2021-11-01.

发展社区居家养老　积极应对人口老龄化

邓　欢*

老有所依是民生要计，事关人民幸福生活，事关社会和谐稳定。习近平总书记指出："满足老年人多方面需求，让老年人能有一个幸福美满的晚年，是各级党委和政府的重要责任。"河南作为人口大省，在人口老龄化的背景下，响应总书记号召，破解养老服务难题，织牢"一老"民生保障网，为老有所依提供坚实的保障是河南当前的重点工作之一。

一、人口老龄化是河南省的基本省情

老龄化是人类社会演进到一定阶段的必然产物，是人类社会发展的必然趋势。在社会经济发展的大背景下，全球已有诸多国家和地区迈入老龄化社会，河南省也不可避免。按照世界卫生组织的界定，一个国家或地区 60 岁及以上人口占比超过 10%，或者 65 岁及以上人口占比超过 7%，即步入人口老龄化社会。从第七次全国人口普查的结果来看，截至 2020 年 11 月 1 日零时，河南省 60 岁及以上的人口为 17964048 人，占全省常住人口总数的 18.08%；65 岁及以上的人口数为 13401904 人，占全省常住人口的 13.49%。可见，"银发浪潮"已经到来，并且可以预见这是河南省今后较长一段时期的基本省情，这也使得河南省的养老

---

* 邓欢，河南省社会科学院研究实习员。

工作面临不小的挑战。

但与此同时，我们又具备着极强的制度优势，能够在日益严峻的老龄化形势下科学构建老龄群体养老事业保障体系。一方面，作为社会主义国家，我们能够集中力量办大事，党和政府会牢记“全心全意为人民服务”的庄严承诺，统筹调配各种资源以促进养老事业的顺利开展；另一方面，综合实力的提升以及经济体制改革的深入推进为采取措施应对人口老龄化提供了条件，有利于营造老人健康生活的社会支持系统和生活环境，为努力满足老年群体在健康、生活、文化娱乐等方面的现实需求提供了坚实的基础。

为此，河南省要充分发挥制度优势，依靠较好的经济基础，统筹配置省内外各种养老资源，积极应对“银发浪潮”，保障老年群体的养老生活，增强广大老年人的幸福感与安全感。在社区居家养老、家庭养老、机构养老三种养老模式中，社区居家养老因具备符合老人的养老习惯和观念等优势而成为应对老龄化、解决养老问题的必备法宝。

二、发展社区居家养老是做好“一老”民生工作的必然选择

社区居家养老是以居家养老为基础、以社区服务为依托的个人自理与社会援助相结合的新型养老模式，旨在为居住在家中的老人提供社会化服务、满足其基本的日常生活需求与精神文化需求。社区居家养老模式包含诸多项目：家政服务、生活照料、文化娱乐、康复护理及其他方面，能够为老人提供各种生活所需服务。作为一种社会化养老模式，社区居家养老具备强大的优势，能够为做好“一老”民生工作提供强有力的支撑。

（一）居家生活，满足“一老”情感需求

“家庭”是基于婚姻关系、血缘关系或收养关系而形成的生活共同体，家庭成员之间以情感为纽带，关系亲密、和谐融洽，能够在情感、经济、生存等方面满足家庭成员的需要，因而是老年群体养老的第一选择。而社区居家养老保留了传统家庭式养老的“居家生活”的特点，迎合了老龄群体“恋家”的情感需要，

能够给予老人应对晚年恐惧的心理安全感，因而具备情感照料的优势。与此同时，社区居家养老能够兼顾老年群体的社交需要，能够从邻居、亲朋好友等社会支持网络中得到非正式照顾，使老人的晚年生活舒心惬意。

（二）节约养老成本，提升生活质量

社区居家养老能够适应一般家庭的经济承受能力，也能够节约社会养老成本。于家庭而言，选择社区居家养老模式的老年群体在日常开销上仍以家庭消费为主，不会产生大量额外的养老费用，能够使用社会公共养老服务的设施与资源却不像机构养老模式那样需要支付高额的养老费用。对于社会而言，社区居家养老可以使用老年群体家中的家具、住房等物质设施，节约社会养老资金的投入。需要注意的是，社区居家养老在节约成本的同时，生活质量也实现了提升。社区居家养老服务人员一般具备相应资质，能够在家政服务、生活照料、文化娱乐、康复护理等方面最大限度地满足老人的需求，为其提供专业化的服务，进而提升老年群体的生活质量。

（三）社会化养老，减轻子女赡养压力

家庭是传统“中国式养老”的根基，是在生活照料、精神慰藉、经济供养等方面为老年人提供保障的责任主体。但是近年来，子女独立赡养压力增加，家庭独立养老模式功能趋于弱化。一方面，独生子女政策的实施、生育观念的改变等因素导致长期占据主流的扩大式的家庭结构模式日益减少，家庭规模日趋小型化，“421”的倒三角家庭结构给年轻人带来了较大的养老压力；另一方面，婚后单独居住、跨地域职业流动等选择减少了青年赡养老人的时间与精力，空巢老人面临着难以得到良好照顾的问题。而社区居家养老模式的出现则在家政服务、生活照料、文化娱乐等日常生活的诸多方面为老人提供了保障，进而减轻了子女的赡养压力。

三、构建科学合理的社区居家养老模式的思考与建议

（一）制定居家养老政策，促成社区居家养老模式长效运行

社区居家养老模式是带有社会福利性质的社会化养老模式，要想实现全省的

覆盖以及模式的长效运行，需要充分发挥政府的主导作用，制定、完善与落实社区居家养老服务的相关制度与政策。一是建立健全社区居家养老的法律法规，制定包含准入标准、扶持优惠、管理办法、监督评价标准等在内的社区居家养老制度与政策，为社区居家养老的发展提供制度支撑。二是对社区养老服务提供者进行严格的监督管理。依据统一的监督评价标准对服务提供机构或个人开展常态化质量评估，取缔不符合标准的服务提供者，保障服务的质量。三是打破部门限制，在政府各部门之间建立社区居家养老监管的合作机制，保障社区居家养老服务的顺利开展。

（二）引入“互联网+”，打造智慧养老系统

社区居家养老与“互联网+”深度融合可以满足老年群体多样化的生活需求，开发社区居家养老的新业态。通过“互联网+”，社区居家老人能够在生活照料、医疗护理、精神慰藉、紧急求助等方面得到及时、灵活、便捷的服务。譬如在遇到需要紧急送医情况时，老人身上或者家中的智能感知设备会在感知到危急情形时采取自动网络报警、联系家属等行动来保障老人的身体健康与安全。基于此，政府、企业要积极开发智慧养老系统，打造数字化养老服务信息平台，完善养老服务联系系统与监督评估机制，创新易于老年群体使用的智能可穿戴设备，尽快促进“互联网+”与社区居家养老模式相融合的智慧养老系统落地生根。与此同时，数字鸿沟的存在也不容忽视，要加强对老年群体的信息技术教育，提升老年群体对网络的需求，减少老年群体在使用智慧养老系统时的认知障碍，使老年群体具备基本的使用智慧养老系统及智能可穿戴设备的能力。

（三）完善硬件设施，提升社区居家养老服务质量

社区基础养老服务设施是承担老人社区居家养老必不可少的物质条件，而且硬件设施的完备必定会提升老人的生活质量。为此，应当加强社区养老的硬件设施建设。一是扩大社区居家养老服务设施的覆盖面。不仅在城市社区，而且在广大的村落中也应建设与完善老年活动设施和场所，增强社区居家养老服务的力量，逐步形成社区居家养老服务设施在全省全覆盖的局面。二是吸引民间资本注入社区养老设施建设。社区居家养老服务设施建设需要大量的资金投入，政府在加大对养老设施的资金投入之外，还需要采用优惠政策等方式鼓励民间资本投入到社区养老设施的建设、项目承接之中。三是居家养老服务设施的建设要体现个

性化、现代化、多样化。社区居家养老服务设施建设主体要针对不同类型、不同年纪的老年人提供类型多样且智能的器材和设施，满足老年群体在增进体能、康复训练、文化娱乐等方面的需求。

（四）培育专业化人才，提高养老服务队伍综合素质

人才是资源的第一要素，发展社区居家养老、应对“银发浪潮”尤其需要一支高素质、稳定的人才队伍。一是政府通过加大扶持力度，以提升社区居家养老服务人员的福利待遇、建立完善社区居家养老服务人员晋升渠道等方式吸引学历层次较高的年轻人才加入养老服务队伍，解决人才短缺情况。二是对社区居家养老服务人员进行专业化技能培训。可与高校建立连接，对社区居家养老服务人员开展医疗护理、家政、生理、心理等养老服务方面的知识培训，并进行考核。工作人员需持证上岗，以保证高素质人才的投入。三是整合社会资源。定期开展社区居家养老志愿服务活动，鼓励动员高校大学生、社会组织、专业社工、志愿者等力量参与，在全社会营造崇老、爱老、敬老的良好氛围。

参考文献

［1］李长远．“互联网+”在社区居家养老服务中应用的问题及对策［J］．北京邮电大学学报（社会科学版），2016，18（5）：67-73.

［2］梁海艳．人口老龄化背景下的社区居家养老［J］．中国老年学杂志，2019，39（13）：3320-3325.

［3］刘茹，赵文婷，王璐瑶等．“银发热潮”下社区居家养老服务现状及完善策略［J］．中国老年学杂志，2020，40（7）：1562-1565.

［4］刘益梅．社区居家养老服务模式的实现路径探讨［J］．新疆师范大学学报（哲学社会科学版），2014，35（2）：117-121.

［5］童星．发展社区居家养老服务以应对老龄化［J］．探索与争鸣，2015（8）：69-72.

［6］张奇林，赵青．我国社区居家养老模式发展探析［J］．东北大学学报（社会科学版），2011，13（5）：416-420+425.

促进返乡就业创业　激活乡村振兴“新引擎”

马银隆*

中国共产党河南省第十一次代表大会指出，巩固拓展脱贫攻坚成果要以脱贫县为单位规划发展乡村特色产业，扎实开展“万企兴万村”行动，多途径推动脱贫人口稳岗就业，并强调增强乡村发展活力要推动各类人才返乡创业、下乡服务。河南豫籍外省务工人员体量庞大、结构复杂，豫籍外省务工人员返乡就业创业，能够为农村经济社会发展注入新动力，是巩固拓展脱贫成果、全面推进乡村振兴的“新引擎”。本文通过研究返乡就业创业促进乡村振兴的机制路径和当前面临的主要问题，旨在为乡村振兴进程中促进返乡就业创业提出政策建议。

一、返乡就业创业促进乡村振兴的机制路径

返乡就业创业的资源整合机制。外出务工人员返乡就业创业不是简单以劳动力为要素的人口流动，而是伴随着信息、技术、资本、人才、理念等各种生产要素在区域间流动。返乡就业创业人员亦非简单地、无差别地向河南本土输送发达地区的高端生产要素，而是立足本土经济发展、产业结构调整以及省际间产业转移的需求，并结合自身所具备的生产要素选择有利于就业创业的区位，有指向性地、系统性地向本土城乡引入高端生产要素，所以返乡就业创业在省际之间和省

* 马银隆，河南省社会科学院社会发展研究所助理研究员。

内城乡之间具有显著的资源整合机制。

返乡就业创业的区域协调机制。区域协调发展以产业协调发展为主要形式，外出务工人员返乡就业创业不仅能够加速发达地区产业链末端的低端产业向河南欠发达地区转移，而且能够为河南欠发达地区承接发达地区产业转移做好人力、资本、信息、技术等要素保障。返乡就业创业人员主要依托城镇郊区、城乡之间的产业园区实现返乡就业创业，这有利于省内城乡之间实现产业结构调整和产业融合发展，这种区域协调机制通过促进以城带乡、城乡一体发展助推乡村振兴。

返乡就业创业促进乡村治理现代化。返乡就业创业人员具有较为先进的管理经营理念、丰富的社会资源和较高的文化素养，他们在返乡就业创业的同时以村干部的身份进入村“两委”班子参与乡村治理，以农业经营者的身份参与农村集体经济发展，由此提升乡村治理能力，增强乡村经济发展活力，推动乡村各项事务走向现代化。

返乡就业创业开拓农业经营新模式。返乡就业创业者以先进的经营理念通过农民专业合作社、“公司+农村+家”、集体农场、农业龙头企业、专业种养大户等多种经营方式的组合，与农户开展高效的股份合作，形成分工明确、优势互补、风险共担、利益共享的农业经济联合体，从而显著地提升乡村农业经济效益，助力乡村振兴。

返乡就业创业催生乡村经济新业态。返乡就业创业者能够将现代生产经营理念与传统农业相融合，深入挖掘本地资源，利用本地特色资源开创一批集种养深加工、种养体验、观光旅游、休闲康养、文化教育为一体的乡村立体经济业态，不断延伸扩展农业产业链，促进乡村一、二、三产业融合发展。

返乡就业创业弘扬乡村传统文化。返乡就业创业者的心灵深处对家乡传统文化的怀念与向往，是他们返乡就业创业的根本动力。返乡就业创业者以乡村古建筑为基础，保留原有的风格，并注入现代理念，创办具有传统文化内涵的乡村小镇，挖掘民间技艺，创建了一批以传统手工艺为特色的家庭工场和乡村企业；返乡就业创业者创新性地将乡村传统文化和观光旅游相结合，通过建立产学研基地，不仅带动了乡村经济的发展，还保护和弘扬了宝贵的乡村乡土文化。

返乡就业创业推动乡村生态环境建设。返乡就业创业者以建设生态宜居乡村为根本理念，多利用乡村自然资源和“乡艺、农耕、古居”等乡村元素，开发种养体验、观光旅游、休闲康养等现代化乡村农业产业，让乡村的田园变成休闲公园、种养区变成观光游览区，不仅巩固了乡村脱贫成果，而且保护了乡村优美怡然的生态环境，为乡村振兴提供了重要支撑。

二、乡村振兴进程中返乡就业创业面临的主要问题

当前河南省外出务工人员返乡就业创业的体量日益增长，但是返乡就业创业助力乡村振兴的能效却不高，究其原因，主要有以下几个方面：一是返乡就业创业的系统性、指向性不强。因为就业信息的不完全性和不对称性，外出务工人员返乡就业创业具有自发性、盲目性、滞后性，他们对区域间就业形势没有一个系统全面的认识，大多数只是根据自己掌握的有限信息或者是“随大流”的形式进行返乡就业创业，这很容易造成返乡区域扎堆、返乡产业扎堆，从而形成用工岗位与返乡就业创业者不匹配的现象。二是返乡就业创业缺乏统筹协调规划。省际之间和省级层面缺乏对返乡就业创业者的统一规划和调配，更多是各地市、各县区各自为营，根据自身的产业发展需求、资源禀赋特点来吸收接纳返乡就业创业者，并没有考虑全省的经济发展和产业结构调整需求，所以各地区对返乡就业创业者只是“物为其用”，而不是“物尽其用”。三是返乡就业创业者的结构不平衡。河南省返乡就业创业者整体层次不高，大多是从事低端劳动的农民工和产业工人，高学历人才、企业家、技术工人的占比较小，由此造成了返乡就业创业者结构的失衡。四是返乡就业创业的保障体系不完善。河南省乡村地区的基础设施建设和公共服务供给相对薄弱，社会生活环境和生产营商环境有待加强改善，所以就客观条件而言，河南乡村地区对促进人才返乡、人才引进缺乏足够的吸引力。五是促进返乡就业创业存在形式主义。地方政府在支持和吸纳返乡就业创业者的过程中存在严重的形式主义，很多时候只是为了完成上级下达的指令和分配的指标，并没有切实统筹考虑区域经济发展需求。

三、乡村振兴进程中促进返乡就业创业的政策建议

一是完善返乡就业创业服务机制。深化省际劳务协作，贯彻落实“豫见”

系列活动和重点省区市的《劳务合作备忘录》，搭建完善用工信息对接平台。建立跨区域实时动态就业信息共享机制，对返乡就业创业趋势进行常态化动态分析，规避返乡就业创业者的盲目性，防范规模性失业风险。

二是完善返乡就业创业保障体系。政府的财政支出要向乡村基础设施建设领域倾斜，确保在交通网络、管道网络、新基建、文化教育设施等领域的财政支出投入增速高于其他领域。同时，加强财政支出在乡村基本公共服务方面的投入力度，确保新增基本公共服务支出主要用于医疗卫生、社会保障、基础教育、居民就业等普惠性、基础性、兜底性民生改善项目，以此从根本上优化乡村社会生活环境，为返乡就业者筑好“巢”。

三是加强返乡就业创业的载体建设。支持工厂、车间等就业载体建设，鼓励各级政府将乡村工厂、车间等就业载体纳入招商引资范围，通过市场化运作，做大做强乡村特色产业，提高乡村就业承载力和就业水平。同时加强乡村创业园区、产学研基地、农创基地、企业孵化器等创业平台的建设，打造良好的生产营商环境，为返乡创业者铺好“路”。

四是夯实返乡就业创业的产业基础。支持乡村特色产业发展。通过农产品产地深加工、产品直播带货、农村电子商务、休闲农业和农业农村信息化等方面的建设，使返乡人员实现就地就近就业。同时支持家庭农场、农民专业合作社等新型农业经营主体发展，提高乡村吸纳就业创业的能力。

五是加强返乡就业创业人员的职业技能培训。首先，增强职业技能和创业技能培训的资源供给。充分调动各级各类职校承担技能培训任务的积极性，推动职校和帮扶乡镇建立结对帮扶关系，实现乡村就业人员职业技能培训的全覆盖。其次，坚持市场导向的理念，根据市场需求，立足乡村特色资源，深入挖掘和开办特色创业培训机构。鼓励引导有条件的单位、组织团体和企业家兴办创业培训机构，挖掘社会培训机构的潜力，建立交叉式创业培训网络渠道，全方位组织返乡创业人员进行创业培训。

六是加强返乡就业创业的组织保障。各地要将促进就业创业作为巩固脱贫成果的一条重要路径，并列为乡村振兴战略实绩考核指标，确保工作落实见效。通过建立工作台账、加强监督检查、严格考核评价等方式切实加强党组织对促进就业创业、巩固拓展脱贫成果、助力乡村振兴的保障作用。

参考文献

［1］国家统计局．2018年农民工监测调查报告［N］．中国信息报，2019-11-02（2）．

［2］胡放之，李良．城镇化进程中民生改善进程问题研究——基于湖北城镇化进程中低收入群体住房、就业及社会保障的调查［J］．湖北社会科学，2015（2）：82-87.

［3］刘溢海，薛园园．众创背景下农民工返乡创业实践模式调查［J］．河南科技大学学报（社会科学版），2015，33（5）：70-74.

［4］王华丽．提升品位　促进发展　改善民生——积极加快商水城镇化进程的一些思考［J］．内蒙古科技与经济，2016（4）：9+16.

［5］魏蔚．众创时代新生代农民工创业培训的困境与对策探析［J］．农业经济，2017（2）：103-104.

黄河文化资源保护传承弘扬相关对策研究

宋艳琴*

习近平总书记指出，黄河文化是中华文明的重要组成部分，是中华民族的根和魂，要保护、传承、弘扬黄河文化。中国共产党河南省第十一次代表大会报告指出，要大力保护、传承、弘扬黄河文化，通过系统保护黄河文化遗产，建设黄河历史文化地标城市等，讲好新时代“黄河故事”。本文在对沿黄几个地市黄河文化保护、传承、调研的基础上，分析了存在的问题，提出了相关的对策与建议。

一、河南各地传承弘扬黄河文化的基本做法

目前，河南省沿黄各市县非常重视黄河文化遗产的保护和开发工作，制定出台了一批文化发展、文旅融合、文物保护等专项规划。例如，郑州编制了《郑州建设黄河流域生态保护和高质量发展核心示范区概念性总体规划》，郑州市政府办公厅印发的《郑州市加强文物保护利用改革实施方案》提出，要立足在中华文明中的突出价值和黄河流域核心示范区的重要地位，以“华夏文明之源、黄河文化之魂”为主题，以“一带三核”（打造黄河文化带和“天地之中”文化核心展示区、黄帝文化核心展示区、郑州商代王城文化核心展示区）等为抓手，建设

* 宋艳琴，河南省社会科学院哲学与宗教研究所副研究员。

黄河文化带、大运河文化带和黄河国家博物馆等一批精品博物馆和国家考古遗址公园，打造展示黄河文明重要窗口、国际级的黄河文明寻根圣地和中华优秀传统文化观光体验目的地等中华文明标识，建设国家黄河历史文化主地标城市和黄河国家文化公园。开封编制了《开封市黄河流域生态保护和高质量发展规划》《开封宋都古城保护与修缮规划》《北宋东京城遗址保护规划大纲》等，启动引领性项目建设。洛阳作为千年古都，河洛文化的诞生地，按照"生态保护为先、确保安澜为底、统筹治理为要、文化传承为魂、高质量发展为本"的思路打造一系列项目。如隋唐大运河文化遗产保护展示项目、黄河文化重大考古项目、大遗址保护和考古遗址公园建设等。此外，商丘出台了《推进殷商之源文化和商丘古都城文化传承创新发展实施专案》等，濮阳制定了《濮阳市黄河流域生态保护和高质量发展重大工程清单》，各地在黄河文化资源保护与开发中表现出竞相发力的良好态势。

河南省文化和旅游厅推出河南黄河沿线"十大"主推产品，主要有"穿越五千年"华夏文明溯源之旅、"大河安澜"水利水工研学之旅、"黄河岸边古村落"探秘体验之旅、"我是非遗传承人"黄河传统文化传承之旅、"慢行黄河生态廊道"自驾骑行之旅等，让黄河文化资源由历史走进现实。

二、存在的问题

（一）学术研究中厚古薄今，重视对历史文化资源的梳理，缺少对现代黄河文化的整理和研究

因为黄河文化是跨区域的大文化，所以在各省的文化研究中通常注重区域文化的研究，尤其是华夏历史文明传承创新区建设以来，对传统文化和历史文化资源的梳理和研究较多，因此，目前关于黄河文化的研究基本上沿袭了当初研究建设华夏历史文明传承创新区的做法，分为两类：一是历史和文化方面的研究；二是文旅发展方面的研究。但是，黄河文化不等于历史文化甚至中原文化，黄河文化的内涵应该更加丰富；如黄河生态文化、治黄文化、革命文化等。

（二）区域合作机制没有建立，同类型资源难以得到有效的整合和开发

河南各地市的历史文化资源在宣传开发上主要以地域为主，相同类型的文化资源很少放在一起宣传和开发。以根亲文化资源为例，中华民族的十大始祖——伏羲、女娲、炎帝、黄帝、颛顼、帝喾、少昊、尧、舜、禹，他们的出生地、建都地以及活动空间，很大一部分都在中原；河南可以找到很多人文始祖的遗存遗迹，如淮阳的太昊陵、新密的黄帝宫、内黄的颛顼和帝喾二帝陵等，这些遗址遗迹都是根亲文化的重要组成部分；但是，各地的根亲文化资源开发、宣传都是各自为政，没有形成合力。黄帝故里“拜祖大典”作为国家级的寻根活动，对其他根亲文化资源开发整体的带动效应并不明显。此外，嵩洛文化圈是中华文化之源，河南五大世界文化遗产有四处分布在此，珍贵的文物和遗存众多，但囿于郑州和洛阳之间的行政区划，整体的打造、宣传力度不够，在海外影响力和知名度都不高，没有成为海外游客进行中国游的主要目的地。同类文化资源在开发和对外宣传上没有形成合力，文化品牌没有打响。再如，商文化资源分布在商丘、郑州和安阳、鹤壁等地，河南四大古都有两大古都是商都，商丘也是商文化的发源地；但殷商文化资源没有联合开发，影响力有限，使人们对郑州和安阳的古都认同感都极低。另外，三国文化资源、老子文化资源等都是区域开发，没有好的合作机制和龙头企业来带动，景区景点难以做大做强，省内外影响力都较低，更不用说走向国际了。

三、相关的对策与建议

（一）系统梳理历史文化资源，总结和提炼若干核心的黄河文化符号

中原文化在黄河文化中的核心地位是由河洛地区几千年来长期处于中华民族政治、经济和文化的中心地位决定的，国都的地位使其成为一个民族向心力的所在地，同时也成为文化的富集地和高地。与滥觞于其他地域的单点文明不同，河南四大古都的历史使黄河中游地区成为凝聚中华民族向心力的所在地，决定了中原地区的文明是全方位的、成熟的文明，是中华民族的根和魂，奠定了其在黄河

文化中的核心地位。

在几千年的王朝更迭和民族融合中，中原文化在黄河大文化发展中，一直起着承东启西，引领融合的作用。从传统文化的角度来看，中华文化的源头是河图洛书，阴阳理念及其中所蕴含的辩证统一观念构成了中国古代的哲学思想体系。作为华夏历史文明传承创新区，河南历史文化资源最为明显的特色优势是根亲文化、元典文化、文字沿革和功夫文化。中华民族的人文始祖伏羲、炎帝、黄帝、颛顼、帝喾、少昊、尧、舜、禹等曾活动于此，并留下黄帝故里、淮阳伏羲太昊陵、沁阳神农坛、内黄二帝陵、桐柏盘古殿等丰富的始祖文化资源。诸子之首老子诞生在这里，作为中国历史上第一个伟大的哲学家，其思想深刻影响了后世的诸子百家。作为中华文明代表的典型文化符号，这些文化形态不仅至今拥有无比的生命活力，与人们的生活息息相关，而且展现出强大的文化影响力，这些文化符号是中华民族的“根”和“魂”，不断增强对海内外华人的凝聚力和归属感。

（二）鉴于河洛地区丰富的文化底蕴，在洛阳选址打造一个国家级黄河历史文化主地标

黄河文化主地标是主地标地位的外显或物质形式，是黄河文化的重要代表性符号，是展示体验黄河历史文化的重要平台，是海内外华人的心灵安放地。都城，承载着一种文明的最高成就。洛阳作为十三朝古都和早期中国的都城，其文化引领了华夏文化的发展方向，儒学、道学、佛学等均源起于河洛文化，文化底蕴十分深厚。洛阳为“三代之居”“天下之中”，在我国5000年文明史中，大约1/3的时期，洛阳是国家政治、经济、文化、交通的中心，其历史地位犹如宋代史学家司马光所说的：“若问古今兴废事，请君只看洛阳城。”偃师二里头遗址的考古发现与研究，不仅确定了夏代后期的都城遗址，而且使河洛地区在中国古代文明起源、形成与早期发展中的历史地位更为突出。洛阳还是丝绸之路的东端起点，特殊的地理位置和十三朝古都的历史条件，使河洛文化在中华文化发展过程中长期处于核心地位。因此，最好在洛阳打造一个能够充分体现“民族根”“中华源”“黄河魂”等基本元素的国家级黄河历史文化主地标。

（三）升级现有的地标性项目，尽快建设一系列文旅型的黄河文化地标

几千年来，随着人类的发展，黄河流域形成了众多享誉海内外的文化地标，如龙门石窟、少林寺、函谷关以及大雁塔等。现代的黄河流域地标性建筑更加高

大，如宁夏回族自治区 2012 年在青铜峡市建了一座高 108 米的“黄河楼”；甘肃也于 2020 年在兰州市建了一座高 90 多米、共 16 层的“黄河楼”，集文化、饮食、民俗等多功能于一体。

河南虽然没有建专门的“黄河楼”，但是黄河文化公园的炎黄二帝像早在 2007 年就落成了，炎黄二帝巨型塑像高 106 米，前面是 15 万平方米的炎黄广场，广场正中安放有一口巨型铜鼎，名为“炎黄鼎”，鼎高 6.6 米，近 20 吨重。炎黄二帝巨型塑像靠近黄河铁路桥，旅客在火车上渡过黄河时就能看到，从而能对郑州留下深刻的印象。与甘肃、青海、宁夏对比，河南应该选择相对成熟的景区尽快建设一个体现黄河文化的主地标。郑州提出打造主地标城市，应优先打造黄河文化公园（原黄河国家地质公园），尽快启动黄河文化公园的改造提升，推动创建 5A 级景区。

此外，郑州市最早建有专门的黄河博物馆，1957 年位于紫荆山路的老黄河博物馆建成开放，接待了无数的国家领导人、外宾和参观者。习近平总书记 2019 年 9 月 17 日视察黄河期间参观了位于迎宾路的黄河博物馆新馆，新馆占地 40 亩，建筑面积 7045 平方米，2012 年 9 月 27 日正式面向社会开放，基本陈列以“华夏国脉——黄河巨龙的缩影”为主题，以自然黄河为基础、以文化黄河为内涵、以人河协调关系为主线，全面展示了黄河自然史、文明史、历代治河史、新时期治河新理念和实践等内容。我们不建议近期投巨资建设新的、国家级的黄河博物馆，建议对这两个黄河博物馆进行升级改造，增加展览内容，提高管理水平。

（四）依托各地历史文化资源，构建若干个具有地域特色的黄河文化主地标

以国家级主地标为引领，建设一个体现各地域特色的黄河文化主地标体系。河南各地都有丰富的历史文化资源，各地都可以构建若干个黄河文化地标和主地标。几千年来的黄河文化发展产生了无数值得铭记的历史，每一个重要的节点、事件、名人都可以打造成地标。淮阳伏羲太昊陵、新郑黄帝故里轩辕丘、安阳殷墟、洛阳白马寺、登封少林寺等，都是黄河文明不可磨灭的文化符号和记忆。要依托神龙文化、始祖文化、古都文化、汉字文化、功夫文化等，确立一批黄河历史文明符号，建成若干个标志性文化景观，提升中原文化的影响力。同时，不能厚古薄今，应把近代和现当代历史事件和发生地纳入地标性建设范围，建设一个历史脉络比较完整的黄河文化地标体系，使海内外华人更深刻地体会黄河文化和黄河精神。

黄河文化的特征及保护传承弘扬

赵志浩*

黄河文化是中华文明的重要组成部分，是中华民族的根和魂，黄河精神的特征表现为不违“天时”、重视“天象”、预防“天灾”、抗争“天险”、效法“天德”等。在新时代，要领会中央决策部署，挖掘整理黄河文化资料，保留历史遗存，深挖黄河精神；做好统筹协调，突出特色品牌，挖掘时代价值，讲好黄河故事。

一、黄河文化特征

习近平总书记明确指出，黄河文化是中华文明的重要组成部分，是中华民族的根和魂。什么是根与魂呢？在黄河流域展现的人的精神和灵魂被称为黄河精神和黄河文化，说到底就是人的精神和文化。黄河文化的产生离不开人脚下的这片土地和头顶上的天空，天、地、人共同创造了黄河文化。黄河孕育了中国早期的农耕生活和农耕文明，早期黄河文化也是一种农耕文化。在农业文明条件下，人们可以保存食物的种子，经过播种生产出所需要的粮食，人们生存的能力提高了。但农耕文明依然要靠天吃饭，因此人们特别注意一年四季天气、气候的变化，也就是非常注重“天时”。

（一）不违“天时”

不违背“天时”是黄河农耕文明的显著特征。一年四季的变化规律及趋势

* 赵志浩，河南省社会科学院哲学与宗教研究所副研究员。

被称为“天时”，如果不掌握和顺应“天时”，便不能很好地从事农业生产，这便是古代社会比较重视天文历法的原因。如果某个王朝不注重历法，或者制定的历法不符合“天时”，便不能指导农业生产，就会受到“天”的惩罚。因此，历法的制定不只关乎农业生产，还关乎政权的兴衰成败。不违“天时”也是尊重和敬畏自然的表现，尊重和敬畏自然还表现在对待自然万物的态度上。孟子认为，“不违农时，谷不可胜食也；数罟不入洿池，鱼鳖不可胜食也；斧斤以时入山林，材木不可胜用也”。做到不违农时、节约利用和爱护自然生物，才能够长治久安。即把治理“天下”与对待“天”的态度关联起来，是当时人们的普遍认知。

（二）重视“天象”

《周易·系辞（上）》记载：“天垂象，见吉凶，圣人象之。”古人通过观天象，把星象移动方向和地球气候变化关联起来，服务于农业生产。重视“天象”，即是通过观察自然现象发现自然规律，从而指导生产生活实践。古人根据一些自然现象推测天气的变化，比如，“鱼游水面，下雨不远”“鸡不出笼有雨，蜂子出窝天晴”“蚂蚁搬家蛇过道，大雨不久就来到”“春打五九尾，家家迈不开腿；春打六九头，家家喂上牛”来预报天气。古人还常常把“天象”和政权的兴衰联系起来，上天垂象，即上天通过“灾异”或“祥瑞”征兆显示自身意志，发出警示。人们据此窥探和领会天的意志，从而推测政权兴衰，并调整自身行为。

（三）效法“天德”

“天”拥有什么样的品德呢？《周易·系辞传》认为，“天地之大德曰生”，爱惜生灵，不事杀戮，是天地之美德。由此可知，黄河农耕文化蕴含着深刻的生态意蕴。所谓生态，即让万物保持“生”的状态。孔子认为，“天何言哉？四时行焉，百物生焉”。上天当然不会言语，但可以通过四时的运行和百物的生长发育呈现自身。让四时运行有序、百物繁衍生息，就是“天”的法则，也是“天”的品德。矗立在天地之间的人，应效法天地之德，“人法地，地法天，天法道，道法自然”，如此才能够长久存活下去，不然只能自取灭亡，这要求人的思想行为要取法天地运行的法则（道）。

（四）抗争“天险”

黄河宁，天下平。黄河是历史上治理最频繁的大河，“三年两决口，百年一改道”，从先秦到1949年前黄河决口1500次，改道26次，治理黄河是安民兴邦的大事，一部治黄史就是一部治国史，黄河水患增强了人们的安危意识和忧患意识。大禹治水的故事就发生在黄河流域，它说明了中华民族与险恶自然环境的抗争精神，有了这种精神才能把险恶的自然环境改造成符合人们需要的环境。黄河灾害侵害了人们的生存空间，反倒激发了人们内在的精神动力，人们在处理与黄河灾害关系过程中形成了一种黄河精神。在自然灾害面前，需要发挥创造性的力量，改造自然。所以，黄河文化不仅包含着顺应天时、重视天象、效法天德等顺天应地的精神，还包括抗争和创新精神，如果说前者属于肯定性精神的话，那么后者就是否定性的精神。否定性的精神就是对大自然灾害说“不”的精神，同时对人的活动进行否定，让人的活动保持在自然允许的范围内，注重保持黄河生态。经过这样一种双重的否定，形成了一种适合人类生存和发展的环境，在这个过程中形成的精神就是黄河精神，形成的文化就是黄河文化。

（五）预防“天灾”

我们不仅生活于现在，还生活于未来，对未来有设想、有理想、有目标等都是生活于未来的表现，对未来不确定性的预测、预防也是生活于未来的表现。在黄河与洛河交汇处很容易形成漩涡，通过这个自然现象伏羲创制了太极图和八卦图，对未来进行预测，进而对人的行为进行干预，河洛文化成为黄河文化的重要组成部分。

二、保护传承弘扬黄河文化对策

2021年10月8日，中共中央、国务院印发《黄河流域生态保护和高质量发展规划纲要》（以下简称《纲要》），要求各地区各部门结合实际认真贯彻落实，是指导当前和今后一个时期黄河流域生态保护和高质量发展的纲领性文件，《纲要》提出保护传承弘扬黄河文化，实施黄河文化遗产系统保护工程，建设黄河文化遗产廊道，打造具有国际影响力的黄河文化和旅游带，改扩建和新建一批黄河文化博物馆，系统展示黄河流域历史文化，讲好新时代黄河故事。

（一）领会决策部署，落实中央精神

《纲要》为黄河流域沿线地区保护传承弘扬黄河文化描绘出了发展蓝图，要深刻学习领会、认真贯彻《纲要》精神，把各地保护传承弘扬黄河文化的工作统一到中央的决策上来，落实党中央部署安排，传承弘扬黄河文化，深入挖掘黄河文化蕴含的时代价值，讲好黄河故事，延续中华民族的历史文脉。系统深挖黄河文化的历史资源、红色文化资源、社会主义先进文化资源，推进黄河文化遗产的系统保护。深挖黄河文化蕴含的时代价值，不仅要讲好古代的黄河故事，还要讲好现当代的黄河故事，处理好保护传承和弘扬的关系、文化和生态的关系、文化和旅游的关系，让黄河文化走进百姓生活，融进人民群众的生产生活，为经济社会高质量发展提供精神动力。

（二）挖掘整理资料，保留历史遗存

黄河文明属于华夏农耕文明，是诸多文明中唯一没有中断的文明。黄河文明在与游牧文明、草原文明等的相互交流借鉴中不断丰富和发展，塑造了中华民族的价值观念和文化性格。中华民族的大一统、家国一体和多元一体的政治文化格局等都是黄河文化的表现。近代以来，黄河文化又增添了红色文化、爱国主义及生态文明等新的文化内涵，遗留下来的大量遗址资料、文献资料和丰富的精神内涵都是弘扬黄河文化的基本依据，对这些资料、遗址、遗迹等进行搜集整理、系统研究、系统保护的工作迫在眉睫。

（三）找准发展定位，突出特色品牌

黄河流域沿线地区文化遗产资源丰富，包括农耕文化、治黄文化、移民文化、红色文化等独具特色的文化资源，任何一个地标都代表不了河南文化的丰富内涵，各地应找准定位突出地方特色。各地黄河文化资源是打造具有地域特色文化品牌的重要抓手，应处理保护传承与活化利用之间的关系，依托产业项目和特色品牌让各自的文化遗产“活起来”。积极打造黄河文化品牌和亮点，做大做强一批黄河文化龙头企业和骨干企业，让黄河成为真正造福百姓的幸福河和传承中华优秀传统文化的文脉河。

（四）做好统筹协调，防止一哄而上

做好黄河文化的保护传承弘扬是一项庞大的系统工程。立足河南省历史文化资源在黄河文化、中华文明中的突出价值和地位，系统整合河南省黄河文化遗产资源，实施黄河文化遗产系统保护工程，做好河南省黄河文化保护传承弘扬总体规划布局，充分彰显黄河文化所包含的时代精神和时代价值。全面组织开展对河南黄河流域文化遗产资源的摸底梳理工作，建立健全实物保存、记忆保存、数字保存等保存体系，提升黄河文化保护水平，编制黄河文化河南段保护传承弘扬利用总体规划。协调有关部门和科研机构对黄河文化开展系统性研究，为河南黄河文化的保护、传承及弘扬奠定坚实的理论基础。

（五）挖掘时代价值，重在创新弘扬

目前，黄河文化的展示大多以古城古镇、博物馆、纪念馆等游览参观为主，保护传承弘扬黄河文化应把重点放在创新发展上，把黄河文化与红色文化、革命文化、社会主义核心价值观等紧密结合起来，推进黄河文化的创造性转化与创新性发展。把黄河文化融入国民教育、新闻出版、文学文艺作品等，利用互联网、手机客户端等广泛宣传黄河文化，不断提升黄河文化影响力、辐射力和感召力，增强大众对黄河文化及其所代表的中华文明和中国精神的认同感。综合利用黄河历史文化资源，以文旅融合发展传播黄河文化，以文促旅，以旅彰文，让厚重的黄河文化焕发出新的生机。

（六）深挖黄河精神，讲好黄河故事

深入挖掘黄河文化蕴含的时代价值对复兴中华优秀传统文化、延续历史文脉、坚定文化自信、打牢文化强国的坚实根基、为实现中华民族伟大复兴的中国梦凝聚精神力量等具有非常重要的意义和价值。保护传承弘扬黄河文化精神要求讲好黄河文化故事，挖掘历史典籍、人物故事，查找与黄河文明相关的华夏文明起源、治黄工程、水利工程、风俗民情、民间传说等，考察调研黄河沿岸的遗址公园、博物馆、纪念馆、文化馆等历史文化遗产，搜集有关黄河文化的信息，挖掘黄河故事，调查治黄英雄，采集治黄模范人物的故事，采取口述史和文献资料相结合的方法深挖黄河文化的丰富内涵，多渠道、多方式、系统性弘扬讲好黄河故事，传播黄河精神。

基于大数据背景下网络伦理失范行为与对策研究

徐幼萍*

对于当前快速发展的社会而言，大数据技术就是一把“双刃剑”，它虽然能为人们生产生活提供类型丰富、数量充足的数据内容，但也会导致出现大数据背景下的网络伦理失范行为，且它所产生的正负效应会在网络中呈现出上升发展趋势且难以遏制。

目前，常见的网络伦理失范行为包括个人隐私信息泄露、网络虚假交易等，这些问题甚至导致人与人之间人际情感交往的日渐淡薄，如此一来引起一系列网络伦理失范行为频频发生，其所造成的人类社会负面效应不可小觑，需要各个行业领域深刻反思。

一、大数据技术的基本概述

大数据技术（Big Data）在互联网云时代获得了各个行业领域关注，它实现了对人类世界数据的全面整合，真正为人类迎来了大数据时代。相比于传统数据库，大数据库的数据体量更大、类型更多、结构更复杂、数据集合能力更强。虽然说数据本身价值很小，但是当众多数据集合在一块，就能实现从量变到质变的巨大转化，所以说大数据的价值是不可估量的。在 Viktor Mayer-Schönberger 的

* 徐幼萍，河南省社会科学院哲学与宗教研究所助理研究员。

《大数据时代——生活、工作与思维的大变革》一书中就曾谈到，大数据时代的来临代表了数据风暴即将改变人们的思维方式、生活方式以及工作方式，这将是一次前所未有的重大时代转型。IBM 公司曾将大数据技术特征归纳为 4 点（“4V”），分别表示为大数据体量（Volume）、多数据种类（Variety）、快数据流动速度（Velocity）以及低数据密度价值（Value）。“4V”充分说明了大数据不但拥有海量数据内容，也特别注重数据传播的速度与实效性，而对于数据内容的分析情况更是颇为复杂。可以说，大数据为人类生产生活所带来的便捷性与高效性是不言而喻的，人们在了解、使用大数据的过程中，逐渐接受了大数据所带来的优点与缺点，如网络上普遍存在的伦理失范行为，这一行为对网络环境的污染颇为严重，是对网络文明的一种亵渎，所以人们不应该忽视网络失范行为所造成的负面影响，且要深入了解其行为的表现方式。

二、大数据技术背景下的网络伦理失范行为表现方式

在大数据技术背景下，互联网发展加速，同时网络时代技术理念也逐渐渗透到社会生活的各个领域层面中，改变了人类原有的社会与生活空间，甚至大数据技术已经成为人类生产生活中的一部分。客观地讲，这一现代化技术的应用实现了传统与新型数据库之间的相互对比，在传递数据信息方面更加快捷、高效，但同时也带来了一些负面影响，比较典型的大数据技术背景下的网络伦理失范行为可以归纳总结为以下几点：

（一）个人信息数据隐私的全面泄露

数据就是大数据时代的重要财富，而数据是取之不尽、用之不竭的，利用大数据技术的各个行业领域人群都希望通过挖掘、采集数据而获得更大财富，所以数据分享在新时代也被最大化放大。在此背景下，有关个人的隐私保护问题已经逐渐成为社会现象级话题，这是因为隐私保护早已不在个人的控制范畴之内，更多人开始干涉他人的私人领域，导致个人信息数据隐私的全面泄露，甚至个人工作生活也受到打扰。例如，有些 App 在使用过程中本身就存在诸多不合理条款，这些条款强制索取用户个人信息，侵犯个人隐私权。又如，智能移动终端设备在

下载、安装软件的过程中需要提供个人信息，如果个人选择不提供这些信息，就无法注册账号，App软件上的某些功能也就无法正常使用。2020年，我国互联网协会在发布的《中国网民权益保护调查报告》显示，全国有超过85%的网民、手机用户已经感受到了因个人隐私信息泄露所带来的危害，它在不同程度上影响了人们的正常工作、学习与生活。

（二）人际情感交流的日渐淡薄

在大数据时代，信息化数据内容日渐丰富，可供人们选择的信息获取渠道五花八门，人们足不出户就能完成许多事情，甚至可以在家办公，如此便捷化、智能化的生活确实为人们带来不少便利，但与此同时也带来了人与人之间人际情感交流的日渐淡薄，这可能是人们所意识不到的。这就引发了一个社会问题，是物质交换更重要还是情感交换更重要？大数据时代所带来的二重世界已经出现了明显界定，当代人在构建“数字化家园”的同时当然已经意识到这一点，因为人与人之间的面对面交流正在逐渐减少。从人们的日常生活也可以看出，大数据技术的出现让智能移动终端能够展现更多内容，各种基于大数据技术的新媒体、社交软件的出现也加深了人们对互联网的依赖。

（三）网络虚假交易行为的逐渐增多

在大数据时代，信息数据流量越来越大，其在推动互联网经济快速发展的过程中建立了互联网虚拟平台，网络商家店铺日渐增多，网店运营成为热门。但是许多商家为了有效快捷提高网店成交量，提升店铺核心竞争优势，不惜铤而走险进行网络虚假交易，利用互联网的虚拟性钻法律漏洞，严重影响了买家对交易商品的正确判断力，影响买家正常权益。

三、大数据技术背景下的网络伦理失范行为出现的具体成因

在大数据技术背景下，网络伦理失范行为频频出现，导致这一行为的具体原因主要有三点：

（一）主体意识过于淡薄

大数据技术的出现异化和单向度了人类发展主体，使得他们的某些网络伦理道德就此丧失，究其原因主要是精神层面的崩塌。众所周知，是大数据技术让互联网世界更加趋于透明化，它所建立的网络世界是高度自由开放的，但约束力也相对较低，严重缺乏道德自律，这使得人们在进入互联网世界之后容易背负一定的社会责任，承担不该承担的社会角色，甚至有些人凭借网络虚拟性冲破了道德底线，在网络世界中不断制造冲突、为所欲为，如此一来国家公民的隐私权无法得到保障。一般来说，隐私信息的泄露往往是在用户不知情的状态下出现的，这就说明了当前社会中人们的自我保护意识还是相对淡薄的，对于隐私信息的处理方式不当或过分随意，甚至存在不了解个人隐私信息泄露后果的状况，这都造成了网络道德行为的失范。

（二）技术异化效应过于强烈

大数据时代对于人们之间的交流方式的改变是巨大的，人们转以采用网络来进行交流，效率有所提高，但人情却相对冷淡。便捷化的沟通增加了人与人之间的期待感与神秘感，反而减少了人与人之间的信任感，沟通隔阂就此增加。在社会交往过程中大量技术异化效应所造成的影响是有目共睹的，例如，人与人之间在心理机制上所出现的偏差，所以技术异化效应过于强烈这一问题不容小觑。

（三）约束手段相对缺乏

在大数据时代的虚拟环境大背景下，网络失范行为问题日渐增多，但与其相匹配的社会道德规范与法律法制却并不完善，即针对道德规范约束手段的大数据时代网络管制行为、营销行为有所欠缺，它所导致的结果就是虚拟交易方式的不成熟，可操作性与运行机制都普遍变差。客观地讲，大数据背景下的新型网络交易模式在管理监督机制方面是相对匮乏的，导致良好的道德规范体系支撑难以建立，这让不法分子有机可乘，能够通过虚拟交易牟取暴利，因此近年来因为互联网虚假交易给企业和个人造成了较大的损失。简单地说，是道德真空导致行为主体本身丧失了约束力，网络道德失范行为也就此出现。

四、大数据技术背景下的网络伦理失范行为问题的有效解决对策

大数据时代确实为我国经济社会发展带来了诸多利好，其所产生的技术红利以及数据溢出效应极大，甚至福泽各个行业领域。并且，其在一定程度上改变了人们的思维方式与行为习惯。但是，在大数据技术背景下自律意识的缺乏、应用技术的不完备、技术监管的迟滞以及技术应用的认知偏颇等都容易导致伦理失范行为的出现，影响国家社会稳定与经济发展。下文简要探讨在大数据技术背景下网络伦理失范行为问题的有效解决对策。

（一）对道德自律意识的有效培养

在大数据时代，其经济社会发展所带来的技术红利不容忽视，但更为重要的是要培养人们良好的道德自律意识，通过培养人们良好的隐私意识观念来确保人们在网络活动中注重个人隐私保护。换言之，要基于真正意义层面上规范道德行为，教会人们如何维护自身权益。考虑到用户缺乏数据收集、存储、管理，所以需要建立网络民间规范系统，结合强制性规范分析传播主体内容，确保大数据时代推动社会发展的有效机制，如此可实现对人们自身隐私观念的有效调整，不断提高有效保护个人信息能力的水平。总体来讲，首先，要追求权利与义务的对等，通过数据生命周期来优化保护个体隐私义务，在保护用户隐私义务过程中，应该保证整个数据生命周期中利益链条的上游主体内容优化，推进社会发展，同时造福人类和保护个人隐私义务；其次，要体现自由与监管适度性，应该基于大数据时代隐私保护伦理层面构建一定规则与秩序，优化平衡监管与自由机制砝码，确保政府与企业更为注重个人隐私保护，避免对个人自由诉求的严重忽视。

（二）对网民心理机制的调适

要结合大数据技术改变传统数据整合模式，针对网络道德失范行为加大网络技术有效控制能力，提出网络技术发展机制，解决技术性异化问题，体现较高心理机制。在这里，需要做好网络道德认知，规范网络行为，不断培养网民情感与

加强意识磨炼，充分结合互联网网络现实社会控制虚拟化网络空间交往机制，建立虚拟化网络空间，基于大数据应用内容提出具有针对性的道德教育栏目。总体来说，应该基于网络层面上优化心理状态，确保将遵守网络道德行为规范化作为重要课题，基于用户行为集成来培养人们正确的情感方向，强化锻炼人们的自身意志，帮助它们克服网络的过度依赖与迷恋等不良心理倾向，有效治理当前所存在的网络失范行为。

（三）对网络监管机制的持续完善

就解决网络道德失范行为这一点来讲，应该提高用户互联网安全保障机制，基于过滤技术层面解决网络失范问题，确保互联网大数据产业机制构建到位，完善网络社会法律法规机制，同时做到对个人权益的有效保护，保障社会合法权益。参与网络企业监督和管理，积极优化网络企业来建立支持与奖励机制，避免违反网络道德行为规范情况出现。简单来讲，应该从伦理学层面来考虑制度研究机制：首先要确保制度本身具有正当性，结合合法性伦理支援与道德辩护来建立有效管理机制；其次要建立社会公民层面上实现个体权利与自由公正的制度，确保制度调整到位，建立制度保护机制。在国家与政府层面应该建立大数据技术体系，优化政策保证，体现法律监督有效性，也就是要保证网络伦理失范行为问题优化，建立大数据技术较好的生存与发展机制。

大数据时代在影响互联网技术快速发展的同时，彻底改变了人们的传统思维方式与行为习惯，使网络伦理失范行为频频发生。为此需要深度分析网络失范行为，分析其中成因，提出有效对策建议。从大局上有效减少网络道德失范问题，营造相对良好的网络生存环境，确保人人都能在大数据时代中健康发展，彻底解决大数据背景下的网络伦理失范行为，提出优化对策。

参考文献

［1］胡满英．大数据与互联网背景下图书馆创新驱动发展新业态［J］．中国中医药图书情报杂志，2020，44（6）：43-46.

［2］金童林，乌云特娜，张璐，等．大学生自我控制在焦虑敏感和网络失范行为关系中的调节作用［J］．现代预防医学，2019，46（15）：2795-2798.

［3］李莉．自媒体隐性网络失范行为的形态、危害及治理——以自媒体

"咪蒙"为例［J］. 海南大学学报（人文社会科学版），2019，37（3）：73-79.

［4］刘宁，黄蜺. 网络空间话语失序的治理——以网络直播的失范行为及话语秩序的重塑为例［J］. 领导科学，2019（8）：51-54.

［5］王华，万馨妍，宋欣欣. 主流意识形态下大学生网络失范行为干预研究［J］. 湖北开放职业学院学报，2020，33（9）：87-88.

［6］王胜锋，詹思延. 大数据背景下观察性研究中对照选择的方法学进展［J］. 中华疾病控制杂志，2021，25（1）：16-19+120.

［7］席志武，宋思茹. 网络热点事件中自媒体伦理失范行为分析［J］. 青年记者，2019（12）：35-36.

［8］谢晖. 我国网络社会失范行为的法律规制——以网络舆情为视角［J］. 法制博览，2019（31）：37-39.

［9］杨金丹. 大学生网络伦理失范的生成机制研究——基于 TPB 模型的实证分析［J］. 高教探索，2019（1）：118-123.

［10］杨尊伟，梁雁. 大学生网络失范行为的类型、成因及其治理策略［J］. 山东高等教育，2019，7（4）：48-52.

［11］张豪. 网络舆论危机事件中公众失范行为及矫正［J］. 天水行政学院学报，2020，21（1）：81-85.

［12］张佳雷. 大学生网络交往失范及其防范——以泉州高校学生为例［J］. 泉州师范学院学报，2019，37（4）：38-42.

［13］张敏. 网络思想政治教育背景下大学生网络行为失范成因分析［J］. 法制与社会，2020（12）：148-149.

以高质量公共文化服务助推河南乡村文化振兴研究

杨　波*

2021年是中国共产党成立100周年，也是“十四五”开局、新征程起步之年。实施乡村振兴战略、加快建设现代化农业强省，是河南省第十一次党代会报告明确提出的“十大战略”之一，也是河南全面贯彻落实中央关于建设美丽中国重大战略部署的具体行动。作为乡村振兴战略的重要组成部分，乡村文化振兴贯穿于乡村振兴的全过程，是关系乡村能否持续发展的内生动力。紧抓发展机遇，采取切实有效的方式方法促进乡村文化繁荣，不断满足群众对美好生活的需要，持续增强乡村文化自信，焕发乡风文明新气象，推动乡村文化的全面振兴，是新时代为乡村文化建设提供的前所未有的发展机遇。

一、推进河南乡村文化振兴势在必行

2020年10月，党的十九届五中全会审议通过了《中共中央关于制定国民经济和社会发展第十四个五年规划和二〇三五年远景目标的建议》，强调“坚定不移贯彻创新、协调、绿色、开放、共享的新发展理念”，明确提出把乡村振兴作为“十四五”时期经济社会发展和改革开放的重点任务之一。“脱贫攻坚取得胜利后，要全面推进乡村振兴，这是‘三农’工作重心的历史性转移。”这是继党

* 杨波，河南省社会科学院文学研究所副所长、研究员。

的十九大作出实施乡村振兴战略重大决策部署之后，习近平总书记关于推动乡村建设提出的又一重要论述。民族要复兴，乡村必振兴。怎样以高质量公共文化服务推进乡村文化振兴落地见效，是时代赋予我们的责任与使命。习近平总书记关于乡村振兴的重要论述和中央相关部委相继出台的一系列文件，为河南进一步保护利用乡村文化资源、推进乡村文化振兴提供了基本遵循，指明了努力方向。

河南是传统农业大省，多年来高度重视乡村振兴发展，着力推进乡村文化建设，但与全面建设社会主义现代化的要求对标，农村公共文化事业的发展仍然滞后。《乡村振兴战略规划（2018—2022 年）》提出了健全乡村公共文化服务体系的任务，总的要求是实现有标准、有网络、有内容、有人才的“四有”内容，其中“有标准”体现出政府公共文化服务保基本、兜底线、促公平的尺度。可以说，推动乡村文化振兴，是河南全面贯彻落实党的十九大关于建设美丽中国重大战略部署的具体行动，是党“三农”工作一系列方针政策的继承和发展，是决胜全面建成小康社会、全面建设社会主义现代化国家的重大历史任务，是解决人民群众日益增长的美好生活需要和不平衡不充分的发展之间的矛盾、实现“两个一百年”奋斗目标的必然要求，是新时代“三农”工作的总抓手。在这样的时代背景下，如何准确把握新发展阶段，深入贯彻新发展理念，加快构建新发展格局，切实发挥文化的影响力、带动力和生长力，高质量推进乡村文化振兴，为乡村振兴创造主体条件，就显得尤为重要和紧迫。

二、推进河南乡村文化振兴的制约因素

公共文化服务产品和服务供给水平的质量，直接影响着人民群众精神文化生活的质量。目前，河南各地市在城乡之间、区域之间的公共文化服务发展水平还存在较大差距，实现乡村文化振兴目标需要在今后的工作中持续加以完善提升。

（一）公共文化资金保障不够有力

2021 年，财政部下达河南省衔接推进乡村振兴补助资金 60.12 亿元。截至 2021 年 5 月，河南连续 5 年获得扶贫资金绩效管理国家考核优秀等次，已累计获得中央绩效评价奖励资金 5.9 亿元。但总体来看，河南在推进乡村文化振兴方面

投入公共文化资金保障还不够有力。其中，2014 年至 2020 年 7 月，全省在公共文化服务体系示范区和示范项目创建方面累计投入资金仅 6000 万元。2019 年，全省在文化旅游体育与传媒方面支出的绝对数为 127.87 亿元，其中，省级 16.14 亿元、市级 51.91 亿元、县市级 53.76 亿元、乡镇级 6.05 亿元，占全省一般公共预算支出的比重仅为 1.3%。基层文化机构人员缺乏相应的资金保障，全省村级综合性文化服务中心文化协管员配备率还不到 50%，很多乡镇综合文化站现有的配备人员大多为乡镇或村干部兼任，不能为群众提供及时高效的服务。

（二）公共文化服务供给不够接地气

截至 2021 年 8 月，河南省共有各级公共图书馆 166 个、博物馆 336 个、文化馆 205 个，基层综合性文化服务中心覆盖率达 99.9%，电视节目综合覆盖率达到 99.6%，公共文化服务设施普及程度进一步加大。河南各地市在政府主导方面用力较多，没有把社会组织、文化企业、业余文化团体、文化志愿者的作用充分发挥出来，没有把人民群众参与文化、创造文化的积极性和主动性调动起来。目前，省内尚未建立起城乡一体化的公共文化供需对接的机制或平台，自上而下的行政化配置仍然是公共文化服务的主要模式，与群众的实际需求相比，吸引力和传播力不足。如很多“农家书屋”配置的图书不符合群众的阅读需求，流动周转率和借阅率普遍偏低，有些书籍甚至从上架就未被借阅，反映出公共文化服务不接地气的现状，亟须从制度和实际操作层面予以完善。

（三）公共文化服务数字化、网络化、智能化水平偏低

2021 年 6 月，文化和旅游部印发了《“十四五”公共文化服务体系建设规划》，把“推动公共文化服务数字化、网络化、智能化建设”列为加快推进公共文化服务体系建设的主要任务之一，要求各地在“加强数字文化内容资源和管理服务大数据资源建设”“加快公共文化网络平台建设”“拓展公共文化服务智慧应用场景”等方面进行实践探索，助力公共文化服务效能的提升。河南省现有的数字文化资源和服务平台基本上还处于各自为战的状态，没有形成守望相助的发展合力，公共文化服务数字化建设的水平仍需不断提升。

三、以高质量公共文化服务助推河南乡村文化振兴

乡村要振兴，文化需先行。在五千多年的历史长河中，乡村社会最好地保存了中华文化的根脉，民间文化是中华优秀传统文化的丰厚土壤和根基。但随着城镇化和信息化背景下域外文化的冲击，这个根基受到了一定程度的破坏或动摇，有些地方甚至出现了孝道缺失、信仰混乱、底线无存等现象，因此需要把中华优秀传统文化植入农村公共文化服务体系，为乡村振兴筑基立心、培根铸魂。

（一）推动乡村基础硬件设施提档升级，为乡村振兴“塑形”

优质高效的现代公共文化服务是人民美好生活的重要内容。当前，我国虽然实现了基层文化阵地全覆盖，但是一些边远地区和偏僻乡村的公共文化设施配建不达标、供给不均衡、服务不到位、管理不科学等情况还很常见，农村基础设施硬件不足仍然是群众反映强烈的民生问题。在进行顶层设计时，要立足国情、省情、农情来擘画“美丽乡村”新图景，深入挖掘优秀传统农耕文化中蕴含的敬天法祖、孝亲睦邻、勤俭持家、安身立命等思想理念，将其融入充满活力、和谐有序的现代乡村社会，在推进城乡基本公共服务均等化、标准化、个性化上持续发力，走中国特色乡村善治之路。在提供公共服务时，既要认真落实国家基本公共文化服务标准，又要综合考虑区域差异和城乡差别，兼顾不同层次、不同人群的文化需求，逐渐形成健全完善的乡村便民服务体系。在推进乡村治理时，要以“惠民利民，打通服务最后一公里”为目标，合理确定村庄布局分类，创新基层管理体制机制，适当拓展乡村基层综合性文化服务中心旅游、电商、就业辅导等功能，大范围建立“一站式服务”的乡村综合服务平台，用无数道亮丽的风景线为乡村振兴“塑形”。

（二）打造高标准乡村文化旅游综合体，为乡村振兴“赋能”

乡村振兴的关键是产业振兴，根本是生活富裕，而中华优秀传统文化是最深厚的文化软实力。要从农民群众最关心的现实利益问题出发，鼓励和扶持他们立足本地文化资源，大力发展特色农业、乡村旅游、庭院经济，多渠道增加经济收

人，塑造美丽乡村新风貌，建设幸福美丽新家园。一是以文化创意赋能乡村振兴。要把我国源远流长的农耕文明与现代文明有机地结合起来，把乡村当作有品质、有个性、有温度的文化景区来打造，在保护传承的基础上进行创造性转化、创新性发展，为乡村振兴培育更深厚的文化土壤。二是以文化旅游赋能乡村振兴。要立足各地特色文化资源，优化产业布局，拓展“文化+旅游”“民宿+文创”“互联网+旅游致富”等乡村文化和旅游发展新模式，倾力打造一批高标准乡村文化旅游综合体，不断壮大休闲农业、乡村旅游、民宿经济等特色产业，让农民更多分享产业增值收益，走符合农村实际的产业发展之路。三是以数字技术赋能乡村振兴。坚持平等、参与、共享的原则，结合全国乡村旅游重点村镇建设和中国历史文化名镇名村建设，推动数字技术与交通、商业、文化、旅游、体育等多种业态的深度融合发展，打造一批特色鲜明的乡村文化地标，更好满足群众精神文化生活需求，为推动城乡文化交流贡献力量。

（三）推动乡村公共文化服务开放发展，为乡村振兴“培根”

中华文化延续着我们国家和民族的精神血脉，需要薪火相传、代代守护。改革开放 40 多年来，随着农村青壮年人口不断流向城市，农村地区留守人群问题尚未得到妥善解决，现有农业生产群体在新时代生产力发展和市场竞争背景下适应能力明显不足，守住乡愁不易，留下文脉更难。因此，为乡村振兴“培根”势在必行。一是延续乡村文脉，做好乡风文明传承。坚持用传承千年的乡风文明教化群众，搭建一批接地气的订单式、菜单式公共文化服务平台，持续开展“戏曲进乡村”“文化大篷车”等群众喜闻乐见的文化惠民活动，加强对农村留守儿童和妇女、老年人以及特殊人群的关爱服务，推动优质公共文化资源不断向基层延伸。二是维系乡村秩序，提高社会参与程度。鼓励社会各界通过下乡或返乡投资兴业、行医办学、法律服务、捐资捐物、包村上项目、担任志愿者等方式投身服务乡村振兴事业，以志愿服务精神和共建共享理念引导群众，为乡村振兴凝心聚力。三是培育新乡贤文化，坚持乡村开放发展。乡贤文化是中华优秀传统文化的重要组成部分，在今天仍然具有积极意义。以乡情乡愁为纽带，充分利用丰富多样的乡贤文化资源，系统挖掘整理人们耳熟能详的古今乡贤事迹，积极培育和创新发展乡贤文化，努力营造学乡贤、颂乡贤、做乡贤、育乡贤的浓厚氛围，培植乡土底蕴，做好文化传承，逐渐实现从守住乡愁到留下文脉的发展目标。

（四）推动乡村公共文化服务提质增效，为乡村振兴“铸魂”

习近平总书记强调：“乡村振兴，既要塑形，也要铸魂。”中华优秀传统文化是中华民族的精神命脉，是涵养社会主义核心价值观的重要源泉，也是我们在世界文化激荡中站稳脚跟的坚实根基。在实施乡村振兴战略过程中，要坚持物质文明和精神文明一起抓，坚持用中华优秀传统文化为人民提供丰润的道德滋养，以高质量公共文化服务推进乡村振兴落地见效。一是以社会主义核心价值观为引领，深入挖掘优秀传统农耕文化中蕴含的思想观念、人文精神、道德规范，注重加强农村思想道德建设和公共文化建设。二是持之以恒弘扬新风正气，普及科学知识，推进农村移风易俗，培育区域特色鲜明的文明乡风、良好家风、淳朴民风，让优秀传统文化教育入脑入心、润物无声，焕发乡村文明新气象。三是注重保护传统村落和乡村特色风貌，坚持“见人见物见生活”，加强乡村地区非物质文化遗产保护和利用，依托中国民间文化艺术之乡等载体开展乡村艺术普及活动等，提高乡村社会文明程度，提高整个社会的精神文明建设水平。

站在“两个一百年”历史交汇点上，以习近平新时代中国特色社会主义思想为指引，用文化“软”实力和旅游“硬”支撑共同推动河南乡村文化振兴，既是应时合势之举，又是活跃全局之策，更是破解河南厚重乡村文化资源有效转化难题的一把金钥匙。

参考文献

［1］2021年河南省政府工作报告［EB/OL］.（2021－01－25）.https：//www.henan.gov.cn/2021/01-25/2084704.html.

［2］河南省统计局，国家统计局河南调查总队.2020年河南省国民经济和社会发展统计公报［EB/OL］.（2021-05-06）.http：//www.ha.stats.gov.cn/2021/05-06/2138973.html.

［3］河南推出四大文旅惠民举措　邀您领略“老家河南”魅力［EB/OL］.（2021-06-01）.https：//hct.henan.gov.cn/2021/06-01/2155898.html.

［4］河南宣传［Z］.2021（1）～（26）.（注：内部资料）

［5］决胜全面小康　终圆百年梦想——改革开放以来河南省全面建成小康社会成就综述［EB/OL］.（2021－08－26）.http：//www.ha.stats.gov.cn/2021/

08-26/2300783. html.

［6］楼阳生在省委庆祝中国共产党成立100周年座谈会上强调弘扬伟大建党精神 在建设现代化河南新征程上阔步前进［EB/OL］.（2021-07-02）. http：//www. henan. gov. cn/2021/07-02/2176231. html.

［7］习近平谈治国理政（第三卷）［M］. 北京：外文出版社，2020.

［8］习近平总书记在庆祝中国共产党成立100周年大会上的重要讲话号召全党践行初心使命争取更大光荣［EB/OL］.（2021-07-04）. http：//www. gov. cn/xinwen/2021-07/04/content_5622390. htm.

［9］中共中央关于制定国民经济和社会发展第十四个五年规划和二〇三五年远景目标的建议［EB/OL］.（2020-11-03）. http：//www. gov. cn/zhengce/2020-11/03/content_5556991. htm.

统筹协调推进河南四大国家文化公园建设

唐金培*

中国共产党河南省第十一次代表大会提出要“打造黄河国家文化公园重点建设区，协同推进长城、大运河、长征国家文化公园建设”。作为全国唯一肩负长城、大运河、长征和黄河四大国家文化公园建设任务的省份，河南要坚持以保护传承弘扬黄河文化为引领，以黄河国家文化公园重点建设区为着力点，以郑州、洛阳、开封等重要节点城市为龙头，统筹协调推进四大国家文化公园和文化强省建设，用璀璨文化之光照亮河南现代化建设之路。

一、大力保护传承弘扬黄河文化，增强文化强省建设引领力

河南的历史根脉和安危幸福系于黄河，河南文化强省建设的最大优势和最大潜力在黄河。要肩负起黄河文化保护传承弘扬的历史使命，引领河南四大国家文化公园和文化强省建设。

一是重点突出黄河文化的主干地位。千百年来，奔腾不息的黄河给河南留下了取之不尽、用之不竭的宝贵财富。在建设文化强国的宏大背景下，要牢牢把握黄河文化的根源性、主干性、正统性等特征，加强对仰韶文化、夏文化、殷商文

* 唐金培，河南省社会科学院历史与考古研究所副所长、副研究员。

化等考古遗址的系统性保护，着力打造世界级大遗址公园走廊，高水平推进黄河文化资源的科学合理利用和现代化展示，充分发挥黄河文化在河南文化强省建设中的引领带动作用。

二是不断推进黄河文化的创造性转化和创新性发展。要立足河南丰厚而独特的历史文化资源，坚持以党的创新理论为指导，以创意为驱动，以美学为引领，大力实施文旅文创融合战略。通过科技赋能、艺术点亮，做大做强文化旅游产业，生产更多更优质的文化创意和文化旅游产品，打造具有更高知名度、亲和度和美誉度的黄河文化旅游品牌，充分彰显黄河文化无穷魅力，不断扩大河南文化旅游品牌国际影响力。

三是充分彰显黄河文化的当代价值。黄河文化所蕴含的和合共生的理念、自强不息的品格、不屈不挠的精神等，不仅是中华民族文化的基因所在，而且是中华儿女文化自信的底气所在。面对各种风险和挑战，要大力发扬以抗战精神、红旗渠精神、焦裕禄精神、愚公移山精神等为代表的黄河奋斗精神，加强黄河文化保护、传承和弘扬，为实现文化强省建设目标提供强大的精神动力。

二、发挥重要城市和重点企业龙头作用，增强文化强省建设带动力

郑州、洛阳、开封不仅是黄河之滨的三颗明珠，而且是隋唐大运河上的三大重要节点城市。建设河南四大国家文化公园和文化强省必须充分发挥好郑州、洛阳、开封这三座城的龙头带动作用。

一是充分发挥三座城市在保护传承弘扬历史文化中的示范作用。河南5处世界文化遗产在这三座城市中就分布4处，占全省总数的80%；河南419处国家重点文物保护单位在这三座城市中分布158处，占全省总数的37.7%。这充分说明这三座城市在华夏历史文明起源和在河南省的核心地位和重要作用。为此，要立足这三座城市所拥有的丰厚历史文化资源，以“中华源·黄河魂”为主题，以建设大河村国家考古遗址公园、双槐树国家考古遗址公园、黄河博物馆新馆、河南博物院新馆、隋唐大运河博物馆、洛阳牡丹博物馆、开封城摞城博物馆、开封地上悬河展示馆等大型文化工程为抓手，打造黄河文化地标城市，着力构建黄河

文化与中华文明保护展示体系和宣传弘扬体系，不断增强中原文化和黄河文化的国际影响力。

二是充分发挥三座城市在文化旅游融合发展中的带动作用。截至 2021 年，郑汴洛拥有 1 个国家级文化产业示范园区、5 个国家级文化产业示范基地、1 个国家级动漫产业基地、5 家国家认定的动漫企业、3 家 5A 级景区。这无疑是当前河南文化旅游资源和文化旅游产业最发达最集中的区域。要坚持“宜融则融、能融尽融”的原则，充分发挥郑州大学、河南大学、河南科技大学、河南工业大学、郑州轻工业大学等高校的科研优势和人才优势，着力打造动漫游戏、广告传媒、艺术设计、康养休闲等特色文化旅游产业基地，发挥郑州华强文化科技有限责任公司、开封清明上河园股份有限公司、河南文化影视集团有限公司等重点企业的带动作用，不断增强河南文化创意和文化旅游的产业竞争力。

三是充分发挥三座城市在线性文化旅游带建设中的引领作用。近年来，特别是黄河流域生态保护和高质量发展上升为国家战略以来，郑州、洛阳、开封坚持文化旅游一体化推进，着力打造黄河文化遗产保护廊道、大运河文化遗产保护廊道、黄河生态文化示范廊道，不断优化资源配置，积极培育新兴业态和新兴产业，积极推进大运河文化带、黄河文化旅游带建设步伐。进一步发挥这三座城市在科技创新、产业聚合和人口集聚等方面的优势；进一步优化整体布局和要素配置，强化区域分工协作和差异化发展，不断增强这三座城市的集聚辐射能力。

三、一体推进四大国家文化公园建设，增强文化强省建设支撑力

河南要牢牢把握国家推进长城、大运河、长征和黄河国家文化公园建设的契机，充分发挥各方的积极性，为文化强省建设提供强有力的支撑。

一要将全省所有县（市、区）一个不落地融入国家文化公园建设。积极推进以南召县、方城县、叶县、桐柏县、泌阳县、舞钢市、鲁山县、驿城区、新密市、林州市、卫辉市、辉县市、淇县等县（市、区）为核心区，以南阳、驻马店、平顶山、郑州、新乡、鹤壁、安阳 7 个省辖市的其他县（市、区）为拓展区，以省内其他区域为辐射区的河南段长城国家文化公园建设步伐。积极推进以

洛龙区、老城区、西工区、瀍河回族区、偃师市、巩义市、荥阳市、惠济区、金水区、中牟县、龙亭区、鼓楼区、顺河回族区、禹王台区、祥符区、杞县、睢县、宁陵县、睢阳区、梁园区、虞城县、夏邑县、永城市、武陟县、卫辉市、辉县市、凤泉区、牧野区、卫滨区、红旗区、新乡县、获嘉县、浚县、内黄县、汤阴县、滑县、南乐县、清丰县、台前县等县（市、区）为核心区，以洛阳、郑州、开封、商丘、焦作、新乡、鹤壁、安阳、濮阳 9 个省辖市的其他县（市、区）为拓展区，以省内其他区域为辐射区的河南段大运河国家文化公园建设步伐。积极推进以罗山县、光山县、浉河区、桐柏县、方城县、栾川县、卢氏县等县（市、区）为核心区，以信阳、南阳、三门峡、驻马店、平顶山、洛阳6个省辖市的其他县（市、区）为拓展区，以省内其他区域为辐射区的河南段长征国家文化公园建设步伐。积极推进以灵宝市、陕州区、湖滨区、义马市、渑池县、新安县、孟津区、偃师市、济源市、孟州市、温县、武陟县、巩义市、荥阳市、惠济区、中牟县、原阳县、封丘县、长垣县、开封市、兰考县、濮阳县、范县、台前县等县（市、区）为核心区，以三门峡、洛阳、焦作、郑州、新乡、开封、濮阳的其他县（市、区）以及鹤壁、安阳、商丘、周口等省辖市为拓展区，以省内其他区域为辐射区的河南段黄河国家文化公园建设步伐，最大限度地调动全省各方的积极性，实现全省四大国家文化公园共建共赢。

二要全面提高四大国家文化公园建设基础设施和公共服务水平。要坚持创新、协调、绿色、开放、共享及全域旅游的发展理念，凝聚更加广泛的发展共识和创新智慧，统筹推进全省城乡基础设施建设步伐，不断提高全省公共文化服务水平。要因地制宜、科学合理地布局全省文化综合服务中心、博物馆、纪念馆、图书馆等文化设施，打通长城、大运河、长征和黄河文化旅游精品线路的各个环节，将传统点式景区拓展延伸为文化旅游廊带和文化公园。要进一步整合和建设全省四大公园公共数字文化服务平台，提高全省文化旅游服务能力和智慧化水平，不断营造高质量主客共享的文化旅游和休闲体验空间。

三要整体提升各类国家文化公园的综合管理水平。要坚持法治理念，按照统分结合、分级管理的原则，协调推进全省各种文化资源的保护、传承和利用。同时，根据不同县（市、区）文化资源的禀赋差异及周边人居环境、自然条件、配套设施等方面的情况，结合全省国土空间规划，分别重点建设长城、大运河、长征、黄河国家文化公园的重点管控保护、主题展示、文旅融合、传统利用等主体功能区。进一步完善顶层设计，构建起适应跨区域、跨部门的长城、大运河、长征和黄河四大线性文化遗产和国家文化公园特点的管理和沟通协调机制。制定科学有效的保护机制和政策法规，构建全省国家文化公园及文化旅游发展共同体。进一步激发全省各方的协同创新能力，为确保高质量建设现代化河南、确保高水平实现现代化河南，以及谱写新时代中原更加出彩新篇章作出自己应有的贡献。

河南黄河文化“双创”之路的思考

李　龙[*]

河南地处黄河中下游地区，是黄河文明的核心区域，也是黄河文化保护传承弘扬的核心区域。党的十九大报告指出：“推动中华优秀传统文化创造性转化、创新性发展，继承革命文化，发展社会主义先进文化。”河南境内的黄河文化灿烂辉煌，具有打造黄河文化保护传承弘扬先行区、示范区的历史文化根基。河南黄河文化的保护传承弘扬关键在于黄河文化“双创”工作的成败，即黄河文化的创造性转化、创新性发展的成效。

一、加强河南黄河文化“双创”的总体思路

河南境内的黄河文化具有悠久性、丰富性、代表性的特点，要打造黄河文化保护传承弘扬先行区、示范区，必须在黄河文化“双创”上下功夫，确保黄河文化资源的有效保护和持续利用，总体上需要从以下几个方面发力：

（一）深化管理体制机制改革，创新黄河文化“双创”模式

黄河从西往东，纵贯三门峡、洛阳、焦作、济源、郑州、开封、新乡、濮阳等地市，要解决影响黄河历史文化“双创”的深层次矛盾和问题，关键在于深化文化体制改革，建立完善竞争、激励和约束机制，不断创新黄河文化“双创”

---

* 李龙，河南省社会科学院历史与考古研究所副研究员。

模式。

一要厘清并提升相关管理部门的管理权限。作为历史文化资源大省的河南，完全有必要设立独立非物质文化遗产管理局，加强对沿黄非物质文化遗产管理与保护，深度发掘非物质文化遗产。要借我国考古学“双百”大会在三门峡召开的东风，提升河南省文物管理局在文化“双创”方面的管理权限。一方面可以像陕西那样将省文物管理局从文化厅独立出来成为与之同一级别的正厅级单位；另一方面像龙门石窟（由龙门管理局主管和龙门石窟研究院专门从事研究保护工作）那样在全省范围内普遍建立重点历史文化遗产保护利用的行政主管机构和研究机构，提升其行政级别和从业人员的相关待遇。

二要厘清各级地方党政部门在黄河文化“双创”方面的职能。要进一步深化文化体制改革，并在党委政府统一领导和协调下，进一步建立和健全以宣传部、发展和改革委员会和旅游局牵头，财政、民政、建设、交通、文化、教育、文物、党史研究室等部门参与的联席办公会制度，简化办事程序，提高工作效率。

三要积极稳妥地推进黄河文化“双创”的产权制度改革。保护管理部门要按照国家相关法律法规，切实维护黄河沿岸非遗传承人的合法权益，认真执行和落实好党中央有关历史文化“双创”方面的方针政策，结合当地实际情况，建立充满活力的历史文化“双创”体制机制。

四要给予基层文化资源管理部门一定的权限。为进一步增强黄河文化“双创”力度，要扩大文物保护部门权限。郑州市试水“考古前置”，即先进行考古工作，再出让开发建设用地的办法，不失为加强历史文化“双创”的好办法，意义重大。建议进一步给予基层文化资源管理部门执法权力，并按照“谁保护、谁负责，谁双创、谁受益”的原则，切实增强博物馆、文物保护站等基层单位的“双创”责任意识。

五要构建黄河文化“双创”体系，将文物、文献、建筑、民间文学类、民间美术类、民间音乐类、民间舞蹈类、民间戏剧、武术技艺类、特产等历史文化资源进行分级分类，进行重原貌、重风情、讲品位的保护与“双创”工作。

（二）强化主体参与意识，凝聚黄河文化“双创”合力

黄河文化“双创”是一项任务艰巨的系统工程，需要各个方面的积极参与和大力支持。只有进一步激发政府、社会和个人等各个方面的参与意识和工作热情，真正做到心往一处想，劲往一处使，才能形成强大的合力。

一是充分发挥沿黄各级党和政府在文化“双创”中的主导作用。要把黄河文化资源保护利用纳入区域社会发展中长期规划，并实施重点突破战略。制定和完善黄河文化“双创”的法律法规，对历史文化资源保护利用依法有序管理。

二是加强各级政府部门之间的统一协调和分工合作。打破行政区域界限，建立统一协调黄河文化“双创”联盟。各级政府、各个领域都要廓清小农意识和重经济轻文化观念，纠正重文化产业、轻文化事业观念，打破地方保护和不同地域、不同领域的制约，要建立统一的运作机制，统筹协调、统筹实施，只有这样才能形成政府主导、市场运作、社会参与的良性发展格局。

三是加大黄河文化“双创”的政策扶持和资金投入力度。建立包括黄河文化资源保护利用发展基金，吸纳民间资本进入黄河文化“双创”的投资、开发、经营和管理领域，并建立和完善相应的投资风险保障体系，为河南区域内黄河文化“双创”提供强有力的资金保障。

四是积极鼓励专家学者运用多学科的理论与方法探究黄河文化资源的内涵、生成、传承及其演变规律，为河南黄河文化“双创”提供学术支持和理论支撑。

（三）加大资源整合力度，确保黄河文化“双创”可持续性

河南省黄河文化资源类型多、分布广，主题鲜明，但沿黄各地市文化资源以及其他自然资源都各具特色。加大资源整合力度，确保黄河文化“双创”可持续性。

一是组织开展黄河文化资源普查工作，构建黄河文化资源保护体系。首先，组织历史、文物、考古等方面的专家学者对散布在沿黄两岸的历史文化资源进行地毯式调查；其次，分门别类进行登记、汇总，全面摸清和掌握全省黄河文化资源的家底；最后，建立河南黄河文化“双创”资源目录，在广泛征集资料和实物的基础上，借助现代数字和网络技术建立电子数据库。同时，制定相应的保护利用规划，并将其与全省沿黄的乡村振兴整体规划有机结合起来。从维护历史文化资源的整体风貌完整、增强地域文化特征的角度出发，对历史文化遗存及其周围环境实施整体性保护。各地通过组织成立历史文化资源保护协会、组织发动历史文化资源保护志愿者队伍、建立完善历史文化“双创”措施，构建完整的历史文化名城、名镇、名村资源保护利用体系。

二是要突出黄河文化“双创”的重点，推进黄河文化“双创”工作的规范化、制度化、常态化。在河南黄河文化“双创”过程中重点突出厚重的古城古

国文化、姓氏文化、名人文化、宗教文化、戏曲文化等，使游客在探寻古代文化遗迹、瞻仰历史文化名人的同时，了解黄河文化的深厚底蕴，对那些不便保护或不可避免要消失的历史文化资源，及时通过博物馆、图书馆等以影像、声音、实物等多种形式为载体进行留存和展示。进一步完善全省黄河文化“双创”的制度和机制，加强保护机构建设，逐步建立相对规范的分类指导管理体系，对沿黄地区不同级别的历史文化遗产进行不同标准的保护和管理。

三是加大对河南沿黄非物质文化遗产的“双创”力度。有选择地开发少林功夫、太极武术，以及魔术、杂技、皮影戏、盘鼓等民间艺术，开发泥塑、年画、剪纸、刺绣等民俗产品，推动豫剧、曲剧等戏剧演出产业化。同时，要结合当地沿黄文化资源特点，在突出历史文化主题的前提下，有效整合各种文化产业资源，在完善公共文化服务体系的基础上，大力培育文化旅游品牌和其他文化产业品牌。

四是将区域联合作为黄河文化“双创”的发展方向。黄河文化资源的特殊性和跨区域性决定了黄河文化遗产保护开发必须打破区际、省际限制，走区域联合和资源整合之路。黄河文化“双创”通过内联外合、优势互补、交通互联、资源共享、线路互推，实现合作双赢、共同发展，才能使河南黄河文化“双创”得以持续有效发展。

（四）营造文化氛围，强化黄河文化“双创”力度

为实现河南黄河文化“双创”的可持续发展，还要全省特别是沿黄各地市进一步解放思想、统一认识、营造氛围，把黄河文化“双创”当成关系沿黄乃至全省人民福祉、关系经济社会发展的大事来抓。

一要加大黄河文化“双创”的宣传教育力度。通过宣传教育进社区、进课堂，使黄河文化资源的保护利用成为人们的自觉意识和行动。各级党政部门应通过电台、电视台、网站、新闻出版和宣传栏等途径对广大民众进行黄河文化遗产方面的宣传教育。尤其要发挥学校在青少年黄河文化“双创”教育中的作用，重点抓好黄河文化资源的乡土教材开发与宣传。在宣传教育工作中，应充分利用现代科学技术，发挥声、光、电和影视模拟等技术在黄河文化遗产展示方面的运用，以达到场景再现、人景互动、身临其境等良好效果。通过广泛、深入、持久的宣传教育，使每一个人都能认识到当前着手黄河文化“双创”工作的紧迫性和重要性。

二要推动黄河文化资源景观化。一方面，要注意保存那些有历史价值、科学研究价值或艺术价值的文物建筑，包括园林、文化名胜风景的亭台楼阁等建筑物、宗教性建筑物、为纪念伟人先贤的纪念性建筑物；另一方面，要重视保持沿黄城市传统街区、乡村传统村落的完整记忆，增强城市和乡村的特色及个性的规划思路。可以通过类型学的方法，提炼沿黄城市历史文化资源中的特色元素，并运用到城市景观设计和建设中。

三要加大对黄河文化资源破坏行为的惩处和问责力度。对破坏沿黄历史文化遗址遗迹、倒卖文物、打击嘲弄非物质文化遗产传承人等各种不法行为依法严厉打击。对那些热衷制造赝品、翻造古迹、劳民伤财、保护不力等变相破坏文物的行为，不仅要加大惩处力度，而且要加大主管部门的问责力度。

四要加大黄河文化资源的挖掘力度。要经常组织相关专家深入挖掘和整理沿黄地区诗词歌赋、戏曲、传说故事、奇闻轶事及其他重要史料，不断丰富黄河文化资源的主题内涵和外延。

五要寓教于乐。定期或不定期组织黄河文化资源保护专题讲座，举办大型黄河文化资源宣传活动，进一步唤醒民众的文化自信心和保护利用黄河文化资源的自觉性，营造黄河文化保护的社会氛围，进一步夯实黄河文化资源保护利用的群众基础。

二、河南黄河文化“双创”发展的路径

黄河文化资源“双创”是一项长期的战略工程。在实施黄河文化“双创”工程的过程中，不同的时期可以有不完全一样的具体措施。从目前来看，建议河南省从以下方面着手打造亮点工程：

（一）河南黄河文化宣介工程

河南要通过出版书籍、拍摄影视、编创动漫、策划演出、制作网页，宣传河南厚重的黄河文化。其中有些工作已经完成或正在做，要注重体系完整、脉络清晰、数据准确；要根据不同的受众对象，或强调学术，或侧重通俗，或彰显形象，形成立体的、全方位的描述。社科院、社科联、党校、高校等科研院所，报

社、杂志社、出版社等出版发行部门和博物馆、图书馆等文化服务部门，要组织队伍，深入研究，推出研究成果，成为宣传河南黄河文化的重镇，让河南黄河文化家喻户晓、耳熟能详。如此，才能凸显河南黄河文化的核心地位，让全省、全国人民意识到加强黄河文化尤其是河南黄河文化“双创”的重要性。

（二）沿黄文化高地展示工程

洛阳、开封、郑州、安阳四大古都要通过打造历史文化园区，形成对外展示河南的窗口，成为河南黄河文化的标志性工程。安阳要通过殷墟和中国文字博物馆展示殷商古都和甲骨文源地的风采；洛阳主要通过偃师二里头、偃师商城、汉魏洛阳城、隋唐洛阳城展示九朝古都深厚的历史文化；郑州要通过郑州商城展示古老的商文化；开封要大力展示七朝古都特色。尤其是洛阳和开封在打造特色古都方面可以大有作为。洛阳的隋唐洛阳城展示，要向西安看齐；开封宋城建设，则以杭州为标杆。

（三）重要黄河文化遗址修复工程

通过嘉应观、林公堤、小浪底等具体、直观的历史文化遗址工程再现或显示河南黄河文化，以及展览馆、体验馆、旅游线路等形式向海内外推介。如配合国家文物局在洛阳、开封、安阳、郑州进行的大遗址保护建设，将其建设成为传承黄河历史文化的大遗址公园，中华历史文化核心区域的展示基地。加大丝绸之路汉魏洛阳城遗址、隋唐洛阳城定鼎门遗址、新安汉函谷关遗址点和大运河通济渠郑州段、洛阳回洛仓、含嘉仓、浚县黎阳仓、永济渠滑县段、通济渠商丘南关段等遗址点的保护和开发利用工作。加大开封朱仙镇重振四大古镇之首雄风的古镇风情的打造，力争荥阳广武镇汉霸二王城楚河汉界古战场的重现，以展示河南黄河文化的深厚性和多样性。

（四）根亲文化保护利用工程

河南根亲文化资源丰富，上古三皇五帝，几乎都能在河南觅到史迹，百家大姓，大部分发源于河南。三皇五帝作为中华民族的人文初祖，是河南乃至全体华人的根亲文化之源。保护利用这些资源既能团结全体华人参与祖国的建设事业，也能增强河南沿黄文化在海内外的影响力。要加大力度办好“新郑黄帝故里拜祖大典”“内黄颛顼帝喾祭祀大典”等活动，保护好沿黄各类根亲遗迹文化资源，支持各地各姓氏展开的寻根祭祖等文化活动，充分展示沿黄悠久的历史文化和丰富多彩的民俗风情。尽快在郑州筹建中华姓氏博物馆，展示中华民族悠久而丰富的姓氏文化、宗族文化，将河南尽快建设成为全世界华人的心灵老家、寻根圣地。

（五）沿黄圣贤遗迹旅游工程

河南沿黄一线历史上名人辈出，留下了丰富的历史文化资源。要梳理整合同质的文化资源，创意式地开发黄河两岸圣贤精品旅游线路，让国内外游人在旅游中发思古之幽情，品味弘扬中原文化。开发老子文化旅游线路、百家争鸣旅游线路、三国文化旅游线路、建安风骨旅游线路、“竹林七贤”寄情山水线路、岳飞文化旅游线路等。黄河文化保护利用要加大规划纵横交错的人文精品旅游线路力度，描绘河南沿黄地区壮观的人文历史画卷。

（六）沿黄红色文化保护开发工程

河南沿黄红色文化资源丰富，尤其以三门峡红二十五军长征路线、林州红旗渠、兰考焦裕禄纪念馆等较为突出。要加大对沿黄红色历史文化资源的保护利用力度，在建设纪念馆、堂，利用影像、照片、画册进行展示的同时，要组建一支研发队伍，联合政府、企业、科研机构和高校，形成共同开发、联合攻关的开发局面。探索河南沿黄红色文化资源开发的新思路，把传统的“静态”开发拓新转变为现代的“动态”开发，与黄河文化相融相生。沿黄红色文化资源的开发和利用完全可以借鉴“区域经济一体化”的理论与实践经验，谋求更大空间范围和更广阔领域的互动合作，实现陕西、山西、河南省际区域间沿黄红色文化保护利用的协作，以及红色资源、产品、市场和相关信息的共享。

（七）沿黄非遗精品展示利用工程

河南沿黄一带非物质文化遗产种类繁多、内容丰富，要加强河洛文化生态保护区建设，争创国家濮阳杂技文化生态保护区。借鉴国家保护大遗址的措施，实施重大非物质文化遗产保护利用工程，筹建非遗类博物馆，通过影视、光电、演示等各种手段进行展示。对于淮阳泥泥狗、开封汴绣、朱仙镇木版年画、禹州钧瓷等可制作加工的民艺类非物质文化遗产，要尽快进行产业化开发利用。对于豫剧、曲剧、杂技等曲艺类非物质文化遗产，要在内容上推陈出新，走市场化道路。加大对少林武术、温县太极拳、苌家拳、大洪拳等功夫类非遗的扶持力度，培育知名品牌。加大对大禹治水、愚公移山等民间传说的传承创新力度，推出文艺精品。

（八）沿黄文化利用创新工程

用文化产业传承、创新文化精品，不论是文化遗址、文化遗产、文化高地、文化景观，做大做强都离不开文化产业的发展，文化产业不仅可以提升经济，更能传承、创新历史文明。《禅宗少林·音乐大典》和《大宋·东京梦华》两台大型实景演出，借助新颖的传播手段，让人穿透历史云层，领略中原黄河文化风韵，生动形象、振聋发聩，激发了民众的自豪感，增强了民众的凝聚力，这些演出极具审美和教育价值。河南要充分利用好历史文化资源，加大类似历史文化资源产业化开发利用的力度，将沿黄文化产业与文化事业结合，让产业渗透黄河文化芬芳，让一个个大气磅礴的文化工程，组成黄河文化保护传承弘扬不可或缺的坐标。

（九）黄河人文精神“双创”工程

黄河孕育了辉煌灿烂的中原文化，哺育了一代代勤劳勇敢的河南人民，同时黄河泛滥，也给河南沿黄人民带来了深沉的灾难。黄河人文精神，实际上就包括了河南人民克服困难、改造黄河、利用黄河的奋斗精神。上自远古的三皇五帝，下至现代的焦裕禄等，不同的历史阶段，各类杰出人物都在沿黄地区留下了足迹和背影，形成的人文精神成为黄河文化的有机组成部分。科研单位要加大研究力度，来提炼这一人文精神。文艺创作单位要用文学、影视、动漫等多种手段，来弘扬这一人文精神。河南应以黄河精神为核心的中华文化元素，融贯适应中国国情的马克思主义精髓，提炼出中国社会主义核心价值观的有机组成部分，实现打造全国文化高地的最终目标。

黄河依旧奔腾不息，黄河精神历久弥新，黄河文化“双创”是时代的需要。2021 年 10 月，中共中央、国务院印发《黄河流域生态保护和高质量发展规划纲要》，意味着这一重大国家战略进入全面推进、加速落实阶段，河南一定会在黄河文化保护传承弘扬工作中成功打造先行区、示范区。

河南实施文旅文创融合战略的六个“融”点

师永伟*

河南省第十一次党代会明确提出锚定“两个确保”，全面实施“十大战略”的发展新思路，“实施文旅文创融合发展战略”就是其中的重要组成部分。文旅文创融合的关键在“融”，成败也在“融”，要做到有“融”乃大，需从资源、空间、要素、功能、主体、战略等诸方面进行全方位的深度融合，从传统的物理组合升级为化学反应，产生“1+1>2”的实效，切实推进文化强省建设，实现打造中华文化传承创新中心、世界文化旅游胜地的目标。具体来说，就是要做到以下六个方面的融合：

一、资源融合

一是整合历史人文和自然风光。深入挖掘厚重的中原文化的丰富内涵和时代价值，以及其中蕴含的精神谱系，把勤劳质朴、革故鼎新、脚踏实地、百折不挠、无私奉献、美美与共的价值观深度嵌入自然景观之中，同时注重凸显自然景观中的人文因素，以“三山”①、黄河为重点，通过景观小品、主题文化公园、考古遗址公园、宣传栏、雕塑、资源展示、文创产品等方式，使“资源好”转向“旅游优”，把河南打造为人文和自然相得益彰的示范区。

---

* 师永伟，河南省社会科学院历史与考古研究所助理研究员。

① 三山：伏牛山、大别山、太行山。

二是统筹优势文化资源。古都名城、名人圣贤、姓氏根亲是河南的文化代表；此外，黄河、汉字、中国功夫、太极拳、宗教、农耕文明、曲艺等也是可圈可点的文化资源；加之，大别山红色文化、二七大罢工、洛八办、陈官庄淮海战役以及焦裕禄精神、红旗渠精神、新乡先进群体精神等，共同组成了河南文化亮点。河南要坚持统一领导、整体利用、互动发展的原则，科学安排河南优势文化资源与地方特色文化、山水风光、城镇更新相衔接，推进文化资源的活化利用。

三是建立动态资源数据库。整合全省文化文物博物馆、展览馆（陈列馆）、图书馆、文创园区等文化资源，综合利用5G、大数据等现代技术，构建权威、统一、科学、共享的文旅文创数据库，以此作为融合发展的基础性、长远性工程，同时要实现资源数据的可视化、动态化。河南可以围绕国家文化公园、非物质文化遗产、河洛文化及大遗址等文化资源建立相关数据库。

二、空间融合

一是国内与国际兼顾。在双循环的新发展格局下，文旅文创融合发展也要立足国内、放眼全球，实施中原文化“走出去”战略，把黄河、根亲、古都、汉字、功夫等特色资源具象为具有国际标识意义的文化符号，打造华夏文明探寻、寻根谒祖、功夫体验等旅游目的地，同时提升洛阳牡丹文化、开封清明文化、嵩山论坛、河洛文化、黄河文化等的影响力，在文化贸易尤其是对外文化贸易中切实增强中原文化软实力，提升话语权。

二是城镇与乡村并发。从文旅发展趋势来看，城镇是主战场；从回归经济来看，乡村游潜力无限。一方面，完善郑州大都市圈、洛阳都市圈以及多点支撑的空间格局，做大做强郑汴洛黄金轴带的文旅文创市场，支持南阳、安阳、商丘等地的文旅文创发展；另一方面，以乡村振兴为起点和落脚点，确定一批文旅文创融合发展试点乡村，鼓励有条件的乡村发展特色乡村游，尤其是对接大城市的发展，实现城镇与乡村的良性互动，如农耕体验、农产品采摘、乡愁记忆等。

三是文化特区创建。在全省范围内筛选设立一批有基础、有政策、有活力的文化特区试点，以文化繁荣作为社会经济发展的主要驱动力，侧重于文旅文创事业的大发展，如神垕镇、新郑市、淮阳区、新县、濮阳县等。在试点的基础上，积累可复制、可推广的经验，不断扩大文化特区范围，在更大的地域内推进文旅文创事业。

四是文化廊道升级。主要是依据黄河、丝绸之路、大运河、长征、长城等具有代表性的文化线路，把一定空间内的文化资源串珠成线，形成连片整体性保护传承、开发利用的新格局，重点根据国家文化建设的总体安排，推进廊道覆盖范围内的文旅文创事业融合发展。重点围绕四大国家文化和世界文化遗产、国保单位等，进行廊道建设和升级工作。

三、要素融合

一是打通政策、资本、科技、人才、创意、项目等文旅文创要素融合的“最后一公里”。搭建国家级和省级平台，创造要素自由流动的最优生态环境。强化统一领导，制定科学规则，优化投融资环境与渠道，积极与现代科技相融合，加大人才（团队）培养和引进力度，实施文化创意繁荣计划，吸引更多市场化的文旅文创资源流向河南，提升河南文旅文创的知名度和整体实力。

二是推出更多的主题旅游。针对个性化需求旺盛和生活化特征明显的趋向，把握好新时代文旅文创事业的新特点、新业态、新模式、新增长点，瞄准未来文旅融合的方向，植根河南传统文化，凸显科技赋能的特征，深化“互联网+”“智慧+”，实现游客“一日千年”“诗与远方”的沉浸式旅游的愿望，以全方位的策略实施“菜单”式的文旅文创新发展模式。推出文明探源、非遗体验、山河观光、寻根谒祖、美食打卡等主题游，同时附设主题鲜明的文创园区，在文旅融合的同时，做大主题文创产业。

三是做大做强文旅文创的产业综合体。与腾讯、携程、高德等互联网企业和方特等文旅企业，以及其他文创团队、战略投资方深化战略合作，吸引更多优质大型文化和旅游企业布局河南，不断延长产业链，并瞄准产业链的上游，推进全省文旅文创产业升级，提升其在全国的影响力。组建河南省文旅集团，立足省内优质资源，同时吸引更多外来资源，打造具有河南特色、河南风格的文旅文创综合体。

四、功能融合

一是不断拓展文旅文创事业的功能。加强公共文化服务、体验、休闲、娱乐、教育、康养等功能的深度和广度，强化诸功能的融合性和兼容性，以共享为基本手段，实现在一定范围内即可同时满足不同人群的多元化需求，尤其是注重在机场、高铁站、公交站、酒店、景点、高速服务区等关键处构建文旅文创的多样化功能体系，建设更为开放的场域。

二是抓住“一老一少，一青壮”等重点人群，着眼当下、放眼长远并布局重点领域。针对老年人需求的康养、少年儿童需要的教育、青壮年需要的休闲等功能，在改造、提升传统文旅文创功能区的文化承载、传播功能的同时，以三山康养休闲基地、古都古城古镇和非遗活化传承、研学游等为代表，新建一批标志性的文旅文创工程，增强河南文旅文创的辐射半径和吸引强度。

三是把握核心功能。文旅文创融合发展的核心功能就是实现优秀文化传承弘扬以及满足人民对美好生活的向往，重塑公共文化服务体系，在守住文化底线的同时，适度融入商业行为，但坚决避免过度商业化，这是提升文旅文创事业生命力和续航力的基本保证。

五、主体融合

一是协调政府、企业、社会、单位、个人等文旅文创事业参与主体之间的关系。强化政府的指导作用和市场的关键配置作用，吸引社会资源的大量流入。同时，以市场需求和市场调节为导向，大力推进文旅文创院团改革、整合重组，实现竞相迸发生机活力的生动局面，从根本上解决制约文旅文创发展的体制机制问题。创造更多渠道和路径，将资源、智力等融入社会发展之中。

二是壮大市场主体。支持河南省有实力的文旅企业进一步增强实力，引导企业实现主板上市，提升投融资能力，加快发展数字文旅新经济，以此带动一批文旅文创主体互联互通，以新技术手段为依托，从整体上提升全省文旅文创主体的层次和实力，在优势领域走在全国前列，争当标杆和示范。

三是实施文旅文创品牌战略。继续做强“老家河南”品牌，打造具有国际影响力的黄河文化旅游带，深耕天下黄河、华夏古都、中国功夫、中华文字、客家之源等文旅文创的沃土，大力发展“网红”经济、“夜间”经济，推出更具重要影响力、感召力的形神兼备的文旅品牌和黄金旅游线路，打造全国范围内的文旅文创新高地。

六、战略融合

一是与乡村振兴战略融合。乡村游是文旅发展的新形势，尤其是在“回归经济”快速增长的情况下，文旅文创进军乡村是必然之举。特别要注重发挥乡村的优势，如特色采摘、农耕体验、乡愁记忆、田园风光等，开发采摘园、体验基地、乡愁博物馆、特色民宿、创意采风等项目，使人才、资金等逐渐向乡村流动，实现美丽乡村建设。

二是与县域经济高质量发展融合。县域是经济社会发展的基本支撑，也是文旅文创发展的基本空间。一方面，以县域特色文化为根基，在县域面貌改造、提升、新建、更新中突出文脉神韵，打造特色县域；另一方面，文旅文创在县域全面扎根，推动县域经济社会高质量发展，从而实现河南省委工作会议中提出的县域经济“成高原”的目标。

三是与国家文化公园建设融合。河南是全国唯一兼具长城、大运河、长征、黄河四大国家文化公园建设任务的省份，同时也是黄河国家文化公园的重点建设区，文旅文创作为国家文化公园建设的重要组成部分，要在保护第一、合理利用的原则下，以创造新业态、打造新生态的实绩推进国家文化公园建设取得实效。

当然，文旅文创融合战略与以人为核心的新型城镇化战略、绿色低碳转型战略等也有诸多契合之处，需要加以关注。

创新驱动发展战略下地方智库信息资源建设研究

丁　晓*

创新是推动经济社会发展的第一动力，也是实现中华民族伟大复兴的力量源泉。党的十八大提出实施创新驱动发展战略，2016 年中共中央、国务院发布了《国家创新驱动发展战略纲要》，党的十九届五中全会确立了创新在我国现代化建设全局中的核心地位。习近平总书记也多次提到“当今世界，谁牵住了科技创新这个‘牛鼻子’，谁走好了科技创新这步先手棋，谁就能占领先机、赢得优势”。2021 年 10 月，河南省第十一次党代会提出实施“十大战略”，把创新驱动战略排在第一位。

当前我国正处在全面发展的战略机遇期，面对国际国内复杂严峻的新形势、新挑战，只有抓创新、谋创新，实施创新驱动，才能更好地融入经济全球一体化中。地方智库作为党政部门咨政建言的重要力量，承担着对社会发展态势进行科学预判、对区域发展出谋划策的职能，为创新驱动发展提供理论支撑和智力服务。信息资源作为智库研究的重要支撑，是智库提供高质量决策咨询服务的重要保障，也是智库可持续发展的关键所在。因此，在实施创新驱动发展的大背景下，调研地方智库信息资源建设现状，分析智库信息资源建设存在的问题，提出加强我国地方智库信息资源建设的对策建议，具有十分重要的现实意义。

* 丁晓，河南省社会科学院文献信息中心。

一、河南省地方智库信息资源建设现状调查

信息资源是智库研究的起点与基石，是智库良好运行的基础，对于智库决策咨询的准确性、成果传播的广度、研究成果的质量具有重要影响。本文运用网络调研法，从智库基本情况、资源建设情况、智库联盟建设情况等角度对河南14所地方智库信息资源建设现状进行考察，由此管窥我国地方智库信息资源建设现状。

（一）调查对象选取说明及基本情况

为了客观全面地了解地方智库信息资源建设现状，本文以"《2020年中国智库名录地区索引》中——河南地区"收录的14所地方智库为研究对象。2021年9月，笔者通过中国智库索引（CTTI）网站、相关智库官网等网络渠道，逐一收集整理与调查样本相关的网络资源，分类汇总后，分析考察了河南省地方智库信息资源建设的发展水平（见表1）。

表1　河南省地方智库资源建设和官网栏目设置一览表

序号	名称	官网	栏目设置/资源内容
1	国家林业局泡桐研究开发中心（中国林业科学研究院经济林研究开发中心）（科研院所智库）	http：//paulownia. caf. ac. cn/	官网设有"在研项目""平台建设""成果展示"等专栏/介绍了该中心的重点实验室、长期试验基地、工程技术研究中心等平台建设情况
2	河南财经政法大学东北亚研究中心（高校智库）	http：//nasc. huel. edu. cn/	官网设有"焦点要闻""学术成果""数据库"等专栏/数据库栏目罗列了机构自购数据库和9个自建专业数据库，其中，自建数据库如全国和河南外贸数据库、国际直接投资数据库等
3	河南省社会科学界联合会（社科院智库）	http：//www. hnskl. org/	官网设有"社科品牌""中原智库""社科普及""课题服务""理论阵地"等专栏/收录了河南省社会科学研究领域专家学者的论文等学术成果，期刊有《河南社会科学》《领导科学》等

续表

序号	名称	官网	栏目设置/资源内容
4	河南省社会科学院（社科院智库）	http：//www. hnass. com. cn/	官网设有“智库”“专家”“期刊”“资源”等专栏/收录了该机构科研人员的论文、调研报告等资源，期刊有《中州学刊》《区域经济评论》《中原文化研究》
5	郑州大学越南研究所（高校智库）	http：//www7. zzu. edu. cn/cictsmr_ zzub/index. htm	官网设有“学术研究与交流”“研究生培养”“数据资源”等专栏/收录了该机构学者的论文、出版物、学术研究动态等资源，1个自建数据库：越南历史研究数据库
6	郑州市社会科学院（社科院智库）	http：//www. zzskl. cn/	官网设有“社科内参”“社科动态”“专家学者”“社科成果”“社科普及”等专栏/收录了郑州市社科学者的论文等研究成果
7	中共河南省委党校（河南行政学院）（党校行政学院智库）	http：//www. dangxiao. ha. cn/	官网设有“科研工作”“决策咨询”“热点专题”等专栏/收录了该机构学者的论文、调研报告等成果，期刊有《学习论坛》
8	中原发展研究院（高校智库）	https：//zyzk. henu. edu. cn/	官网设有“学术研究”“媒体纵横”“成果展示”“专家论点”等专栏/收录了该机构学者的论文、专家观点等资源

注：另有6所智库未建设官网，分别是河南大学以色列研究中心（高校智库）、河南牧业经济学院爱尔兰研究中心（高校智库）、河南省人民政府参事室（党政部门智库）、洛阳师范学院意大利研究中心（高校智库）、郑州大学埃及研究中心（高校智库）、郑州大学中国土地法律与公共政策研究中心（高校智库）。排名不分先后，以“《2020年中国智库名录地区索引》中——河南地区”收录的先后顺序为准。

研究发现，河南省地方智库总体呈现多元化发展态势。高校凭借人才优势，使其智库建设蓬勃发展，数量占比最大，有8所，占比达57.1%；其次是河南省社会科学院智库3所，占比为21.4%；其余智库数量较少，其中，党政部门智库、党校行政学院智库、科研院所智库各1所。

（二）资源建设情况

智库资源建设情况主要包括智库网站建设、数据资源建设、研究成果资源建设三个方面。

1. 智库网站建设情况

研究样本中有8所智库建设了官网，栏目设置主要有机构概况、智库动态、研究成果、通知公告、学术交流等，但智库官网内容建设不容乐观，部分智库网站发布的内容比较简单且久未更新；还有部分栏目无任何资源内容，信息公开程度低。

2. 数据资源建设情况

研究发现，8 所智库通过网站主页汇总相关信息资源，但专题数据库、知识库、成果库建设不足。大部分智库购买了与研究相关的数据库，但仅供内部人员使用；2 所智库有自建数据库。总体来看，河南省地方智库数字资源信息化建设力度不足，资源共建共享有待进一步提升。

3. 研究成果资源建设

在研究期内，有 8 所智库在官网上发布了智库成果，主要以学术论文、调研报告、专著等形式展示，但存在公开程度低、公开数量少等情况。此外，大部分智库只是将研究成果按照论文、专著、调研报告等形式分类展示，组织形式单一，缺乏对研究内容的深入揭示，不利于相关学者的资源利用和获取。

（三）智库联盟建设情况

智库联盟的建立为智库成员之间搭建起了沟通交流、资源共享的平台，提高了各级各类智库的协同创新能力。智库联盟可以集中多方优势资源，为社会重大需求提供决策咨询服务，实现政府决策和智库研究的良性循环发展。我国发展比较好的全国性智库联盟如“一带一路”智库联盟、中国教育智库联盟等，发展比较好的地方智库联盟有山东智库联盟、湖南智库联盟等。相比较这些智库联盟，河南地方智库联盟成立较晚，还处于起步阶段。河南地方智库联盟有 2 个，即河南高校智库联盟和中原智库联盟。河南高校智库联盟成立于 2019 年 3 月，从 2019 年开始，每年 11 月定期举办河南高校智库联盟成果发布会。中原智库联盟于 2021 年 3 月在河南省社科联倡议下成立，并成功举办了首届中原智库建设理论研讨会。此外，河南省内仅有个别智库参与了全国性智库联盟。

二、我国地方智库信息资源建设存在的问题

在创新发展的大环境下，我国地方智库信息资源建设取得了一定的成绩，但

整体发展还处于初级阶段。地方智库信息资源建设在制度建设、人才队伍建设、信息化平台建设、资源共建共享等方面仍存在问题。

（一）信息资源制度建设不健全

随着信息技术的快速发展，信息传播和信息交互速度加快，给智库信息资源建设带来了巨大挑战。2008 年以来，国家相继出台了信息公开条例、信息资源收集制度、信息运行维护制度等，初步建立了完备的宏观政策，但是智库信息资源建设的微观政策规划仍有欠缺。研究发现，智库资源获取、信息公开、资源共享、特色资源共建等政策支持仍存在堵点、断点；政府部门与智库服务机构的信息沟通不畅，导致研究方向与宏观政策存在信息不对称，影响智库信息资源生态链的稳步快速发展。

（二）信息人才队伍结构单一

我国智库类型主要以官方智库为主，受限于制度因素，智库人才队伍结构相对单一，应用型人才、情报分析人才较少，导致人才网络建设不健全，制约了智库研究质量和综合影响力的提升。在人才引进方面，受编制限制，智库机构用人自主权受限，很难自主、及时地选聘到所需人才。在人才培养方面，信息技术人才在智库机构中隶属科研辅助部门，晋升渠道单一，人才培养流动机制不健全，导致信息服务人才的才能得不到充分发挥。

（三）信息资源建设水平不高

信息资源是智库建设的基础性工作，也是智库研究的起点，但并非所有智库都拥有丰富的信息资源，特别是新兴智库，这给智库发展带来了巨大挑战。大部分智库都建有官网，部分智库有自建数据库，但由于数据来源单一、技术支持薄弱等原因，同领域的特色专题数据库和知识库、政策信息大数据分析平台等资源共享平台建设不足，尚在摸索当中。考虑到智库长远发展，地方智库需进一步加强信息资源建设。

（四）信息资源合作共建意识不足

地方智库信息资源合作共建意识不强，主要体现在两方面：一是地方政府对智库的信息支持力度不足，信息流通存在壁垒，存在过度保护现象，导致公共数据资源无法充分发挥其公益属性。二是智库之间的交流合作主要停留在学术活动、项目选题等浅层交流上，智库间深层次的协同创新、数据共建等联动体系仍不健全，导致数据资源的利用率和使用效益不高，无法发挥多方优势进行联合攻关。

三、加强我国地方智库信息资源建设的对策建议

针对我国地方智库信息资源建设存在的问题，可以从完善政策环境、加强人才队伍建设、加强信息资源建设、建立智库联盟等方面入手，采取有效措施，加强我国地方智库信息资源建设，服务智库发展。

（一）完善政策环境，助推智库建设快速发展

良好的政策环境对智库信息资源建设起到引导、保护和监督作用，《关于加强中国特色新型智库建设的意见》等相关文件的出台，从国家层面对智库建设做了顶层设计，但与智库信息资源建设相关的微观规划、实施细则与数据管理标准仍有欠缺，需要进一步优化完善。首先，各级政府要进一步强化政策支持力度，出台、落实关于政务信息公开、资源建设质量管理与数据标准、信息技术人才扶持等全方位、多维度的指导性政策文件。其次，政府要鼓励各类智库优化、完善信息资源体制机制建设，包括信息资源获取机制、信息资源公开机制、信息资源共享机制、特色资源数字化建设等，打通各建设环节的堵点、断点，通过灵活的机制创新发展，为智库发展争取更多的合作交流、奖励激励、经费支持等方面的政策红利。最后，各级政府要扩大政务信息公开共享范围，对智库给予政务信息扶持，引导智库更好地把握宏观政策与热点问题，形成政府决策与智库建设的良性互动，推动智库信息资源建设的多元化和精准化。

（二）加强人才队伍建设，夯实智库研究实力

人才队伍是智库快速发展的重要资源，决定智库服务政府决策的科学性、准确性，因此地方智库要注重人才资源建设，建立科学合理的人才引进和管理机制，夯实智库研究实力。一是要完善人才引进制度，把理论功底扎实、创新能力

强、具有跨学科背景的优秀人才引进来。同时，要加大政策支持力度，建立能力与收入相匹配的工资分配制度，采取兼职、专职等方式参与智库建设，扩大智库人才吸引力。二是要合理优化人才队伍结构，建立由管理型人才、学术型人才、数据情报分析人才等组成的多层次人才队伍。同时，要重视引进领军人才和专家等高层次人才，组建专家库，为智库研究提供全方位、多角度的研究观点。三是要健全人才培养机制，畅通晋升渠道，完善继续教育，把地方智库打造成高层次人才的聚集地。鼓励在职人员到政府、企业挂职，选派优秀人才到高端智库培训，定期开展智库论坛等交流活动，吸引更多政府、企业的优秀人才加盟地方智库，促进人才的双向流动。

（三）加强信息资源建设，提升智库服务决策的科学性

信息资源是智库开展科学研究的基石，是智库提供决策咨询服务的保障。加强智库信息资源建设，一是要加强智库现有科研成果的开发利用。智库信息资源建设不是一蹴而就的，而是在现有资源的基础上不断丰富完善的。通过对现有研究成果进行开发整理，或在智库官网按类别展示，或在现有资源基础上自建专题数据库等多种形式来宣传研究成果，既扩大了智库影响力，又便于科研人员更便捷地使用现有资源为科研服务。二是要重视智库信息资源的数字化建设，建立专题数据库、知识库等信息集成平台。将大数据、人工智能等新技术融入平台建设，把海量纸质或电子资料、科研成果等按类汇总整理，建成跨平台、跨领域的专题数据库、成果数据库等各类信息集成平台。三是要拓宽信息采取渠道，注重信息资源的深加工。注重将获取的内部资源和外部资源相结合，组建信息情报网，为科研创新提供全面的数据支撑，提高智库咨询决策服务的科学性。

（四）建立智库联盟，推动智库成果共建共享

决策部门在处理公共事务时要面临复杂多变的社会环境，需要智库服务和智库资源来提供决策支持，而决策支持科学性的基础是资源共享。新形势下，完善智库资源合作共享，一是要建立智库联盟，打通沟通壁垒。智库联盟的建立打通了智库之间的沟通壁垒，为联盟成员之间的信息流动、资源共享、协作科研奠定了基础，对提升智库服务质量和服务效率具有重要意义。二是要拓宽多方沟通渠道，开展智库间联合攻关。积极探索官方智库、社科院智库、高校智库、民间智库等各类智库间的长效沟通新模式，通过智库联盟论坛、研讨会、联席会等形式

加强沟通合作，充分发挥多方优势，推动各类智库间实现资源共享、协同创新，进而调动不同领域、不同学科的专家对重点难点问题进行联合攻关并提出解决策略。三是要以智库联盟和联合攻关为切入点，整合政府、智库等资源，建立共享数据库和情报信息库，降低信息交流成本，提高数据资源的利用率和使用效益。同时，要持续提升现有数据资源的信息共享度和开放度，避免出现“数据孤岛”，使数据资源共同有益于决策者和研究者。

参考文献

［1］夏烨，刘岩，霍速．吉林省高校智库联盟构建研究［J］．图书馆学研究，2019（9）：60-66.

［2］赵豪迈，赵益维．“一带一路”新型智库信息资源建设研究［J］．情报探索，2020（2）：63-66.

“双碳”目标下河南绿色低碳转型发展的思考

王元亮*

河南省第十一次党代会提出确保高质量建设现代化河南、确保高水平实现现代化河南的“两个确保”的奋斗目标，并实施绿色低碳转型战略。近年来，河南坚持“绿水青山就是金山银山”理念，绿色低碳转型发展不断加快。在“双碳”目标背景下，河南更需紧抓黄河流域生态保护和高质量发展国家战略历史机遇，积极探索绿色低碳转型发展新路径，加快建设生态强省，基本实现人与自然和谐共生的现代化，为建设现代化河南提供强力支撑。

一、持续优化生态空间格局

全面深入贯彻落实黄河流域生态保护和高质量发展国家战略，坚持“绿水青山就是金山银山”理念，坚持尊重自然、顺应自然、保护自然，明确区域生态定位，落实各类保护功能区域，协同推进资源节约、环境治理和生态建设，促进经济社会发展全面绿色转型，以黄河干流为主线，加快构建“一带三屏三廊多点”的大河大山大平原生态格局，守住自然生态安全边界，筑牢河南城镇化生态安全屏障。

* 王元亮，河南省社会科学院智库研究中心副研究员。

二、持续加强生态保护修复

坚持以自然修复为主，统筹推进水、森林、湿地、城市、农村、滩区生态保护修复，全面提升生态系统稳定性和生态产品供给能力。

（一）统筹推进生态系统建设

推进“四水同治”重大工程建设，实施水土保持工程，加大生态补水力度，压减地下水开采总量。开展森林河南建设，建设绿色发展综合示范区。实行湿地资源总量管控，开展退耕还湿、扩水增湿、生态补水，稳定和扩大湿地面积，规划建设人工湿地，构建覆盖全域的湿地保护网络体系。积极开展省级生态县（市、区）创建，加强城市道路两侧控制绿地、街头绿地随城市道路建设、地块开发的同步建设，以及河道两侧绿地随河道整治与防洪工程同步建设，构建城区生态安全屏障。

（二）建设生态复合廊道工程

坚持山水林田湖草沙综合治理、系统治理、源头治理，依托国土绿化提速行动，打造集生态涵养、湿地保护、田园风光、文化展示、旅游休闲、高效农业等多功能的生态廊道示范工程。建设重要河流沿线生态廊道，统筹水土保持林、水源涵养林、河道两岸绿化林和河湖生态缓冲带的建设，推动沿河生态廊道互联互通。健全生态廊道林网体系，依托铁路、高速公路、国省干线等交通路网，大尺度、宽纵深推进生态隔离带建设，推进宜林地造林绿化全覆盖。

（三）推进海绵城市建设

完善新老城区海绵城市建设规划，加强与城市总体规划以及道路、绿地、供排水等专项规划衔接。推广海绵型建筑、小区、道路、广场、公园、绿地，完善雨水径流排放、调蓄和雨污分流设施。推进水系连通和人工湿地建设，加强河道系统整治，恢复自然深潭浅滩和泛洪漫滩，提高城市水资源涵养和防涝防洪能力。

三、持续改善生态环境质量

坚持源头严控、过程严管、末端严治，优化调整产业结构、能源结构、交通结构、用地结构和农业投入结构，加强生态环境监管，确保主要污染物排放持续下降、环境质量持续提升。

（一）加强农业面源污染综合治理

持续实施化肥、农药负增长行动，加强测土配方施肥、水肥一体化、机械深施肥、机械除草、病虫害绿色防控等技术应用，提高化肥农药利用效率。推进农田残留地膜、农药化肥包装物等清理整治和回收利用，严厉打击生产、销售不合格地膜的违法行为，引导使用全生物降解地膜。科学划定禁养区、限养区和适养区，推动畜禽规模养殖场加快建设储粪池、沼气池、输送管网等粪污处理利用设施。加强农用地污染修复治理，开展农用地土壤污染详查和监测，编制受污染耕地土壤环境质量分类清单和安全利用总体方案，推进农用地分类管理，有序推进耕地土壤环境质量类别划分，采取农艺调控、退耕还林还草、用途管制等措施加快治理修复。

（二）强化工业污染协同治理

严格环境准入管控，修订完善高耗能、高污染和资源型行业准入条件，禁止干流和主要支流沿岸规定范围内新建“两高一资”项目及相关产业园区。全面推进清洁生产和污染治理，开展煤炭、火电、钢铁、化工、有色等行业强制性清洁生产，鼓励其他行业企业实施自愿性清洁生产审核，全面提升工业企业清洁生产水平。开展城市规划区工业燃煤设施拆改，推动城区工业企业退城入园，完成化工等行业特别排放限值改造，开展“散乱污”企业动态清零、散煤取暖改造、散尘污染治理提升，开展高排放移动源、机动车污染治理。严格落实工业排污许可制度。加快推动废弃物集中处置，有序推进基础设施绿色化改造，推进企业间废物交换利用、能量梯级利用、废水循环利用、土地节约集约利用，打造低消耗、低排放、高效率的产业聚集区。

（三）统筹推进城乡生活污染治理

持续开展城市黑臭水体治理，完善城镇污水收集和处理设施，推进污水处理配套管网建设和雨污分流系统改造。推进农村生活污水治理设施运维管理体系，积极推进“厕所革命”，探索建立厕所粪污治理长效机制，建设农村生活垃圾资源化处理设施。加快推进静脉产业园建设，开工建设垃圾焚烧发电项目，完善提升餐厨废弃物、城市污泥、危险废物等协同处置功能。加强“城市矿山”开发利用，建立健全废旧资源回收和循环利用体系，加快推进医疗废弃物集中处置设施建设，提升应急处置能力。有效治理白色污染，禁止、限制部分塑料制品的生产、销售和使用，制定全市塑料制品生产、流通、消费和回收处置等环节的管理制度，形成多元共治体系。实施建设用地污染地块准入管理，加强土壤污染的源头管控，深化重金属污染防治监管和重点区域综合整治，严格控制新增土壤污染，强化污染场地开发利用的监督管理，推进污染企业原址、废弃矿场的土壤污染修复示范工程。

（四）强化污染综合监管和风险防控

科学编制重点污染源排放清单、重污染天气应急减排清单、土壤污染源监管清单，按行业、按地域细化管控措施，按年度实行动态管理。完善化工园区有毒有害气体预警体系、VOCs 排放监测系统、施工工地空气质量监控平台、重点水域水质监测站点、土壤环境质量监测体系，强化监测监控数据质量管理和预测预报，提高污染源自动监控、污染动态溯源和风险预警防控能力。加强水环境污染、重污染天气、耕地污染及工业企业土壤污染等突发事件应急处置能力建设，开展环境应急物资储备库布局建设。

四、持续加快形成绿色发展方式

贯彻绿色发展理念，尊重自然、顺应自然、保护自然，积极创建全国资源型地区可持续发展示范市，加快推动形成绿色发展方式和生活方式。

（一）集约利用土地资源

统筹土地资源开发利用和保护，节约集约利用土地，合理确定新增建设用地规模。以旧城镇、旧厂房及“城中村”更新改造为重点，盘活城镇低效用地，增加城镇建设用地有效供给。落实“框定总量、限定容量、盘活存量、做优增量、提高质量”的总体要求，进一步优化城镇用地空间布局，提升工业用地效率，加强对用地开发强度、土地投资强度等用地指标的整体控制。优化工业用地资源配置，积极推广多层标准厂房，优先发展节地型工业产业。依法处置闲置土地，对闲置、荒芜土地依法征收或收回，盘活存量建设用地。

（二）提高矿产资源利用率

制定矿产资源综合利用的鼓励政策和措施，将矿产资源综合利用纳入法制化管理轨道。建立矿产资源综合利用统计、公告申报认定制度。对非单一矿产资源的开发利用方案必须包含共伴生矿综合利用的措施，对共伴生矿产没有采取综合开发或保护措施的，不得核发采矿许可证。运用经济、行政手段，鼓励和调节矿山企业开展资源综合利用，提高“三率”水平。

（三）大力开展节水行动

积极创建节水型城市，制定节水型城市及节水载体创建奖补政策。开展城镇节水行动，推广绿色建筑、新建公共建筑安装中水设施。开展工业节水行动，严控新上或扩建高耗水、高污染项目，落实节水设施“三同时”制度，开展水效对标达标改造，促进废水循环利用和综合利用，实现废水减量化，建立重点用水企业数据库，落实水效领跑者行动方案，积极开展水效领跑者标杆企业创建活动，推进合同节水。开展农业节水行动，推进大中型灌区续建配套及节水改造，普及高效节水灌溉技术，实施区域化、规模化高效节水灌溉，严控高耗水作物种植面积，建立健全农业水价形成机制、农业水价精准补贴机制。加强节水宣传教育和健全节水奖惩机制，加强对节水技术、节水产品研发和节水设施改造的政策资金支持。

（四）积极推进节能降耗

持续实施能源消费总量和强度双控制度，推进能源结构调整，不断提高天然气、电等清洁能源的使用比重。鼓励提升工业能效，推进能源梯级利用。扎实开展煤炭消费减量替代，实施重点项目能耗（煤炭）指标单列和定向投放，支持骨干企业、传统优势产业做大做强。实施城乡公共机构、公共基础设施节能升级改造，扩大现有大型热源和集中供热管网覆盖范围。

（五）倡导绿色低碳生活

倡导简约适度的生活理念和生活方式，在全社会营造浪费可耻、节约为荣的氛围，坚决制止浪费行为。实施全民节能行动计划，强力推行严格单位产品能耗标准、绿色建筑约束标准，加强机关、事业单位等公共机构的节能减耗考核。大力推广绿色出行，加强城市公共交通和慢行交通系统建设，持续推进城市公共服务领域老旧车辆更新为新能源车辆。推广节能技术，大力倡导低碳生活和低碳消费方式。

参考文献

［1］高晓光，蒋凤玲．河南黄河流域生态保护和高质量发展路径研究［J］．南方农机，2021，52（13）：59-61.

［2］任喜洋，邓锋，高兵，等．推动能源资源结构向绿色低碳转型［J］．中国国土资源经济，2021，34（12）：48-54+76.

［3］王一鸣．中国碳达峰碳中和目标下的绿色低碳转型：战略与路径［J］．全球化，2021（6）：5-18+133.

［4］徐占忱．全球低碳转型下的绿色“一带一路”：困难、机遇及可能出路［J］．全球化，2021（5）：41-56+134.

［5］赵胜朝，刘杰，徐建昭，等．河南黄河流域水土保持生态建设成效及面临的挑战［J］．中国水土保持，2021（2）：20-22.

黄河流域城市群空间组织格局变动与高质量发展研究

刘一丝*

黄河流域是我国重要的生态屏障和经济地带，黄河流域生态保护和高质量发展是新时代的重大国家战略。城市群作为黄河流域高质量发展的主要载体，其发展质量及辐射带动能力直接影响黄河流域的高质量发展状况。2019 年，在黄河流域生态保护和高质量发展座谈会上，黄河流域生态保护和高质量发展被纳为国家重大战略。我国需要特别关注城市群在黄河流域生态保护和高质量发展中的特殊战略地位和重要作用，以城市群为鼎支撑黄河流域高质量发展和黄河流域生态经济带的建设。

一、黄河流域城市群发展现状

（一）区域概况

黄河流域城市群是由山东半岛城市群、中原城市群和关中平原城市群 3 个区域级城市群，以及兰西城市群、晋中城市群、呼包鄂榆城市群和宁夏沿黄城市群 4 个地区性城市群组成。截至 2018 年底，黄河流域城市群面积约为 61.88 万平方千米，占全国城市群的 27.2%，粮食总产量为 14594.34 万吨，占全国城市群的

* 刘一丝，河南省社会科学院《中州学刊》杂志社研究实习员。

30.12%；城市群是黄河流域人口高密度集聚区，集中了流域60%以上的人口。城市群的人口及各项经济指标占全国城市群的比重为20%~35%。

（二）以轴串群的“十”字形空间组织格局

我国城镇化战略呈现“三纵两横”的特征，在国家5条城镇化主轴线中有4条经过黄河流域，黄河流域城市群也正处在这一战略格局中。沿陆桥城镇化主轴线为东西向国家城镇化发展主轴线，串联5大城市群，依次是兰西城市群、关中平原城市群、晋中城市群、中原城市群、山东半岛城市群。而包成渝昆城镇化主轴线连接呼包鄂榆城市群、宁夏沿黄城市群和关中平原城市群，以轴串群的“十”字形空间组织格局形成。

（三）以都市圈为支撑“一沿九鼎”格局

黄河流经的九大城市圈是城市群高质量发展的重要支撑，自上而下依次经过西宁、兰州、银川、呼和浩特、太原、西安、洛阳、郑州、济南和青岛都市圈，对于黄河流域城市群空间格局的形成意义重大，逐步形成“一沿九鼎”的支撑格局。

（四）城市等级作用显著

黄河流域各城市群内各城市高质量发展水平差异较大，呈现出“中心—外围”格局。城市群按照空间组织类型可以分为单核型城市群、双核型城市群以及多中心型城市群。关中城市群、呼包鄂榆城市群、中原城市群、晋中城市群和宁夏沿黄城市群这5个单核型城市高质量发展水平群呈现出从核心城市向外围城市经济的降低态势，而兰西城市群和山东半岛城市群两个双核型城市群则表现出双核向外经济高质量发展水平显著降低的态势。太原、郑州、呼和浩特、兰州、威海、西宁、银川、西安、济南等城市是城市群的核心，忻州、晋城、白银、周口、商洛、海北、吴忠等地区，处在城市群的边缘，受核心城市的辐射带动不足，交通区位条件较差、等级较低。

二、黄河流域城市群发展存在的问题

（一）总体发育程度低

截至2021年，我国共有19个城市群，其中，国家级城市群5个、区域性城市群8个、地区性城市群6个。国家级城市群是中国城市群的核心部分，其GDP排名均位于金字塔顶端，区域性城市群是中国持续建设的城市群体系，地区性城市群是中国积极引导培育的地区。在黄河流域所处的7个城市群中，没有国家级城市群，仅包含3个区域性城市群以及4个地区型城市群。按照城市群规模等级来划分，我国现有特大城市群3个，较大城市群8个，一般城市群8个。黄河流域包含较大城市群3个，一般城市群4个。

（二）产业发展水平低

我国城市群的发展模式根据产业专业化指数（区位熵）可划分为4种类型，分别是以生产性服务职能为主且具有新兴制造业优势的城市群、以传统加工制造业为主的城市群、能矿资源生产加工较为发达的城市群、以农业经济为主并有一定工业基础的城市群。其中，黄河流域所属城市群以传统加工制造业为主的有2个，以能矿资源生产加工为主的有5个，产业发展水平整体较低。

（三）城市群空间发展差异显著

黄河流域城市群空间发展总体呈现自东向西、自下游往上游降低的大格局，山东半岛和中原城市群空间发展水平较高，兰西和晋中两个城市群空间发展水平偏低。山东半岛城市群共由8个城市组成，其中，特大城市2个。2019年，山东半岛城市群人口达到2386万人，城市群GDP达到2.9万亿元，在全国19个城市群中排名第6位；人均GDP为12.3万元，全国排名第3位；地均GDP为10119万元/平方千米，全国排名第4位。与此同时，兰西城市群2019年在全国城市群等级结构排名中位于末名，共由6个城市组成，但无特大城市。2019年兰西城市群共有人口535万人，城市群GDP达到0.4万亿元，在全国19个城市群中排名第19位；人均GDP为6.9万元，全国排名第12位；地均GDP为2853万元/平方千米，全国排名第17位。与山东半岛城市群差异较大。

三、黄河流域城市群生态保护与高质量发展对策建议

（一）因地制宜提升城市群承载力

黄河流域上游地区要对既有土地进行合理分割和实用化与空间化布置，以据点开发、网络联系为重心，发挥都市圈载体作用，着力提高产业、人口集聚力，推动能源重化工产业实现绿色转型，实现城市群与生态环境和谐统一。中游地区应持续推动西安市与关中平原城市群人口集聚能力和创新能力的提升，积极融入“一带一路”建设工程。下游地区应以集约发展作为基本理念，提升各中心城市的人口、经济承载力以及可持续竞争力，促进新旧动能转换，提升国际影响力、竞争力。强化水土资源和环境容量约束，构建特色优势现代产业体系。根据城市群内外部及其各个城市的定位，“以水而定、量水而行”，合理配置和高效利用黄河水资源。

（二）完善城市群协同发展体制机制

黄河流域各城市群发展能力、高质量发展水平、发展潜力均存在较大差异，应通过完善协调发展体制机制来实现黄河流域城市群的高质量发展。建立完善城市群合作发展机制，对于城市群重大问题进行统筹管理，建立重大事项通报制度、城市群行政领导联席会议制度等，协调上下游城市群以及城市群内核心城市与周边城市的关系。推动建立统一的区域空间高质量发展基础设施建设工程，对城市建设工程、城市空间整合与规划进行统一布置，完善城市群统筹发展、协调发展体制机制。对城市群所属企业进行协同把关，制定统一的监管制度，推动区域空间转型升级。将各城市群作为黄河流域一体化发展的基本空间单元，在城市群内部、各城市群之间推动实现城市利益协同一体化、市场一体化、生态保护一体化、产业发展一体化等，从而推动黄河流域城市群协同发展。

（三）推动城市群建设与产业链配套相关联

做好顶层设计，对黄河流域城市群以及内部各城市间经济社会的发展状况进行定位分析，不断完善区域协调发展机制，各城市群以及内部各城市加强合作，着力形成产业链、供应链及其配套。设立合理的城市群发展规划，加强城市群之间以及城市群内部各城市产业、市场和要素的整合。提升核心区高质量发展水平，深化黄河“几”字弯都市圈、黄河金三角和鲁豫陕地区的合作。对于跨行政区域的城市群，要积极探索各方互利共赢的新思路、新方法与新模式，不断放松行政规制对经济社会发展的束缚，形成集中连片发展新局面。不断加强物联网、云计算、大数据等新一代信息技术的运用，将产业链、要素链、创新链、价值链等互联互通，促进城市互联互通发展。要巩固城市传统产业优势，强化优势产业，鼓励企业自主创新，改善营商环境，创新产业形式，促进产业链条的延伸，增强整合资源力度，推动全面协调可持续发展。提升产业链韧性，坚持补短板、强弱项。大力推进产业数字化，引导企业实现数字化转型，增强产业协同能力。建立试点，大力推动现代服务业和制造业实现融合发展，积极发展新产业、新业态和新模式，积极推动城市群内部及其之间形成点、线、面、网的产业集群、产业链、供应链和价值链分布，打造具有黄河流域特色的现代经济体系。

（四）完善城市群发展保障体系

以提高黄河流域城市群综合治理能力为中心，不断完善城市群发展保障体系，推动城市群治理结构的优化调整。目前，黄河流域各区域在协同发展的同时，也存在着竞争关系，行政区域的划分也造成了一定程度的地理分割。要通过完善城市群治理结构，细化城市群分工与合作，不断提高资源空间配置效率，提升城市群发展保障能力。具体可从以下两方面入手：一是推动中央财政与城市群所属地方财政之间权力结构的调整，划分不同城市群政府间的责任与事权，建立权责统一的制度体系。二是完善合作机制。由中央政府进行总体性规划，建立黄河流域城市群协同发展总体规划，建立涵盖中央、黄河流域全体城市群、单个城市群的监管机制，建立事权与支出责任清单。

参考文献

[1] 邓祥征，杨开忠，单菁菁，等. 黄河流域城市群与产业转型发展 [J]. 自然资源学报，2021，36（2）：273-289.

[2] 方创琳. 黄河流域城市群形成发育的空间组织格局与高质量发展 [J]. 经济地理，2020，40（6）：1-8.

[3] 马海涛，徐楦钫. 黄河流域城市群高质量发展评估与空间格局分异 [J]. 经济地理，2020，40（4）：11-18.

[4] 孟娜，周立. 新时代推进生态文明建设的实践与探索——以河南省为例 [J]. 中州学刊，2021（1）：93-96.

[5] 苗长虹. 发挥中心城市和城市群引领带动作用 [N]. 中国社会科学报，2021-01-29（003）.

[6] 任苇. 黄河流域生态保护和高质量发展战略解读及顶层设计思考 [J]. 西北水电，2021（1）：18-21.

[7] 汪芳，苗长虹，刘峰贵，等. 黄河流域人居环境的地方性与适应性：挑战和机遇 [J]. 自然资源学报，2021，36（1）：1-26.

关于南阳建设副中心城市的几点思考

刘昱洋*

中国共产党河南省第十一次代表大会报告提出，支持南阳建设副中心城市。这对于豫西南重镇南阳来说，预示着重要的发展机遇，同时，将对河南省的经济社会全面发展起到重要的推动作用。省域副中心城市概念最早由湖北省社科院秦尊文研究员提出，主要功能是弥补区域中心城市经济辐射的空白，通过设立省域副中心城市，发挥其经济势能辐射周边区域，促进自身及带动周边地区的经济社会发展。南阳地处河南西南一隅，与湖北省、陕西省接壤，资源丰富、文化底蕴深厚、人杰地灵，是河南省的经济大市、人口大市、农业大市。近年来，发展势头良好。建设副中心城市，除了能够提升南阳自身实力外，还能辐射带动信阳、驻马店、平顶山等地区，以及增强河南与湖北、陕西的贸易、科技交流，是顺应“双循环”新发展格局、促进河南省现代化建设的有力举措。那么，南阳该怎样建设副中心城市呢？这牵涉到经济社会的方方面面，本文旨在探究南阳的发展优势、短板，并提出切实可行的政策建议。

一、建设副中心的优势

（一）厚重的历史文化底蕴

历史文化底蕴是城市发展的精神支柱，是城市兴旺发达的关键元素。南阳是

* 刘昱洋，河南省社会科学院区域经济研究中心副研究员，《区域经济评论》杂志社副社长。

国家历史文化名城，有2000多年的建城历史，为楚文化的发祥地、汉文化的代表地及古丝绸之路的源头之一，因以“绵三山而带群湖，枕伏牛而登江汉”而占有重要的战略地位。南阳古称申国，秦时为五郡之一。南阳自汉光武帝刘秀中兴，一时极度繁荣，号称“帝乡”“南都”。科圣张衡、医圣张仲景、商圣范蠡、智圣诸葛亮、谋圣姜子牙、名相百里溪等历史名人都来自南阳。南阳现有全国重点文物保护单位24处，省级重点文物保护单位百余处。厚重的历史文化底蕴，使得南阳城市人文韵味浓重，具有强烈的文化吸引力，成为增强城市发展壮大实力的重要优势。

（二）经济发展势头迅猛

南阳是国家级高新技术开发区、汉江生态经济带重点城市，近年来经济发展势头迅猛。“十三五”时期，南阳市经济持续快速发展，经济总量保持连续增长状态。2015~2019年，第一、第二产业比重持续下降，第三产业比重逐步上升，地方生产总值由2015年的2522亿元增加到2019年的3815亿元。2020年南阳全年生产总值比上年增长2.2%，产业结构持续优化，三次产业结构为16.6∶32.1∶51.3，战略性新兴产业增加值同比增长了8.3%。高新技术产业增加值同比增长10.4%。一般公共预算支出为746.54亿元，增长了6.3%，其中，教育支出增长了6.8%，社会保障与就业支出增长了10.0%，科学技术支出增长了24.4%。2021年前三季度，南阳市地方生产总值为3283.33亿元，稳居全省第3名，仅次于郑州、洛阳，比第4名的许昌高出近20%。南阳工业门类相对齐全，产业链相对完善，经济拉动能力强，装备制造、新材料、生物制药、纺织、养殖和食品加工等在全国有比较优势。

（三）自然资源和区位特色有利于发挥辐射带动作用

南阳是河南面积最大的地级市，也是河南第二人口大市，截至2020年11月1日零时，常住人口达到971万人，仅次于郑州。与陕西、湖北两省接壤，周围多山，盆地资源丰富，交通区位优势明显，三次产业发展潜力巨大，产业转移承接能力强。南阳建设副中心城市，河南将由原来的“一主一副三区域”（“一主一副”指郑州和洛阳；“三区域”指南阳、安阳、商丘三个区域中心城市）的城市发展格局转变为“一主两副二区域”（“一主两副”指郑州、洛阳与南阳；“二区域”指安阳、商丘两个区域中心城市）的城市发展格局，这样促使河南的整体发展布局更加合理，辐射带动能力也将进一步增强。以郑州、洛阳、南阳在三大地理单元基础上构建的三大经济单元，将相互依托、相互支撑，形成对全省经济发展的强力辐射和推动。南阳将依靠自身的优势，成为坐中联西的具有强大辐射能力的经贸、文化、交通枢纽城市。

（四）劳动力资源丰富

南阳是河南的人口大市，根据第七次全国人口普查统计数据，截至 2020 年 11 月 1 日零时，南阳常住人口为 971 万人，占全省 9937 万人的 9.8%，人口数仅次于郑州。近年来，南阳人口受教育水平明显提高，人口素质稳步提升。第七次全国人口普查数据显示，拥有大学（指大专及以上）文化程度的人口为 706238 人，与 2010 年第六次全国人口普查相比，每 10 万人中拥有大学文化程度的人数由 4646 人上升为 7271 人。南阳劳动力资源丰富，市场广大，经济发展潜力大，对周围的县市辐射作用强，但是，也应看到，与第六次全国人口普查数据相比，南阳人口数量减少了 54.99 万人，是全省减少人口最多的地市。如今，南阳建设副中心城市，将增强城市吸引力，既能发挥劳动力丰富的优势，又能减少人口流失，可谓一举两得。

二、建设副中心的短板所在

（一）经济实力不强

2020 年度，南阳市地方生产总值为 3925.86 亿元，位居全省第 3 位，但是人均 GDP 只有 4.04 万元，仅为全省人均 GDP（5.53 万元）的 73%。2019 年，南阳居民家庭人均可支配收入 22638 元，位居河南 18 个地级市中的第 12 位；居民家庭人均消费支出为 15681 元，位居河南 18 个地级市中的第 11 位。从实际利用外资数据来看，2019 年，南阳实际利用外资共计 65302 万美元，仅占全省实际利用外资数（1872727 万美元）的 3.5%，在河南 18 个地级市中排第 11 位。从规模以上工业企业利润总额来看，2019 年南阳的数据是 164.96 亿元，只有全省利润总额（3547.88 亿元）的 4.6%，在河南 18 个地级市中排第 7 位。从规模以上服务业企业营业利润额来看，2019 年南阳的数据是 28.33 亿元，只有全省利润总额（790.98 亿元）的 3.6%。整体来看，南阳经济虽然规模较大，但发展实力不强。

（二）产业转型升级步伐缓慢

从三次产业结构来看，南阳存在一产不强、二产不大、三产不优的问题。传统产业体现出“四多四少”的特征，即规模上“数量多、体量小”，产业分布上“散居多、聚集少”，产品层次上“代工多、品牌少”，生产方式上“手工多、自动少”；传统产业路径依赖严重，升级缓慢。从三次产业的产业特征来看，农业基础条件相对薄弱，抵御自然灾害能力差，产业结构性矛盾比较突出，“大路货”产品比较多，农产品竞争力不强。工业方面除个别重点企业外，大部分加工制造企业规模偏小，自主创新能力和自我发展能力弱，产业集群化程度不高，缺少大企业大集团的引领带动，产业技术升级缓慢，县域工业经济发展严重不足，工业经济总量偏小、整体质量和效益水平不高。商贸流通企业转型发展滞后，电子商务、物流配送等新兴产业发展缓慢。

（三）新型基础设施建设滞后

在数字经济时代，新型基础设施建设对于区域的发展至关重要，但是，南阳的新型基础设施建设仍然处于相对初级阶段，新型基础设施建设缺乏整体规划，投入不足与重复建设问题并存。全市的水、电、气、路、网等基础设施建设历史欠账较多，提档升级任务繁重。缺乏人机协同的天空地一体化数据信息采集体系，“数据孤岛”现象突出，互联网骨干网、城域网结构亟待优化。特别是在农业全产业链主要环节部署农业物联网、农机车载监控应用终端的建设方面缺口很大，鲜活农产品直销网点等设施相对落后，对农业生产、营销、乡村治理的全领域、全过程、全覆盖的实施动态监测的大数据中心建设不足。

（四）高端人才缺乏

发展是第一要务，人才是第一资源。南阳出人才，但是却难以留住人才。郑州的省会地位，加上超大城市的聚集效应，使得郑州对人才的“虹吸效应”特别明显，南阳高端人才有很大一部分留在了郑州。上文提到，南阳是 10 年来河南全省人口减少最多的城市。根据第七次全国人口普查数据，南阳拥有大学（指大专及以上）文化程度的人口占比是 7.27%，远低于 15.47%的全省平均值。南阳的高校不多，特别是知名院校匮乏，科研水平也相对落后。另外，根据第七次全国人口普查数据，目前我国有149个地级市进入深度老龄化阶段，南阳赫然在列。诸多因素造成了南阳高端人才缺乏，像高精尖科研人员、高级管理人才、高级技术人才、高级数字经济人才等可谓一将难求。

三、建设副中心的建议

南阳建设副中心城市是历史的机遇，更是一个庞大的系统工程，需要精确谋划、努力执行。上文对南阳建设副中心城市进行了简略的说明，对南阳建设副中心城市的优势和短板进行了探讨。南阳建设副中心城市要高度重视，精准发挥好自身优势，弥补短板，走出稳健发展之路。以下提出四点政策建议，以资参考。

（一）充分发挥政府和市场作用，努力建设实力南阳

在副中心城市建设中，必须清醒认识到，城市建设既离不开政府这只看得见的“手”的指导，也离不开市场这只看不见的“手”的调整。要积极发挥政府和市场的作用，提高资金、技术、人才等各种要素的使用和配置效率。南阳市政府应强化区域内经济和社会发展的规划布局，帮助各县（市、区）明确定位分工和发展方向，构建市域与县域互补经济体系，增加经济竞争力。同时，积极争取省委、省政府出台支持南阳建设省域副中心城市的配套政策，在重大基础设施建设、重大产业布局、重点科技项目、城市能级定位、财政转移支付方面，加大对南阳建设省域副中心城市的扶持力度。要高度重视市场这只看不见的“手”的作用，积极发挥市场自身的调节功能，确保价格机制和价值规律正常发挥作用，营造良好的营商环境。

（二）积极打破产业发展路径依赖，强力推进产业链协同发展

注重绿色发展、创新发展，勇于打破滞后的产业发展格局，加快淘汰高能耗、高污染、综合效益低的落后产能，加强数字技术对传统产业渗透融合，建立健全技术绩效评估和淘汰机制，鼓励采用先进适用技术，督促淘汰落后技术和设备，优化资源配置，整合生产要素，深化专业分工。政府应发挥制度创新主导作

用，针对各地传统产业结构雷同、同质化竞争问题，打破利益固化格局，建立健全鼓励创新、差异化竞争和中高端发展的体制机制。南阳当地的产业链普遍短且协同性差，因此，要高度重视产业链的壮大和协同发展。要加快培养“链主企业”，积极遴选若干引领行业，突出主业实力较强、效益显著的“链主企业”和龙头企业，加以政策鼓励和支持。对技术工艺领先的单项冠军企业，要加大宣传力度，积极培育市级“专精特新”企业和国家专精特新“小巨人”企业，大力支持产业链关键环节的企业，鼓励其实现自主创新、高质量发展。

（三）加强新基建顶层设计，多元发力推进新基建项目加快落地

南阳市县级政府要抓紧出台加快新型基础设施建设和发展的意见和规划，以提高新型基础设施的长期供给质量和效率为重点，统筹谋划新基建的实施范围及措施，设计合理合规的财政支出路径，加快5G网络、大数据中心等关键设施的建设进度，促进传统产业与新基建的融合发展。特别是要围绕实施乡村振兴战略的现实需要，尽快补齐乡村在交通基础设施、文化教育、医疗卫生、生态环保、宽带网络等方面的短板，为农业农村发展创造良好环境。要充分考虑新基建带来的对地方财力的压力，做好地方财力评估。要坚持以市场投入为主，支持多元主体参与建设，积极打破社会资本参与新基建的各种隐形门槛，让社会资本放心、大胆地投入新基建领域，充分调动民间资本的积极性，多措并举、多元发力，强力推进新基建项目落地见效。

（四）积极探索高端人才培育与引进机制，打造宜居宜业城市品牌

高端人才缺乏，就需要从培育与引进两方面来弥补。应在探索高效的高端人才培育与引进机制上下功夫。从培育方面讲，高校要积极探索设立数字经济方面的专业，注重选拔能力超群的人才，作为特殊人才重点培养；企业要强化相关方面知识技能的培训，为“拔尖人才”提供外出学习机会。从引进机制方面讲，要做好规划、预算编制，引进有突出成果（譬如前沿领域的专利）的实践人才，或有突出管理才干的复合型人才，为他们提供经费支持、重要工作岗位、住房等优厚待遇。宜居宜业的城市是留住高端人才的关键所在，南阳要积极打造宜居宜业的城市品牌，建设人文南阳、生态南阳，市、县、乡各级政府共同努力，营造尊重知识、尊重人才的良好氛围，让外来的人才找到家的感觉，让本地的精英留得住乡愁，通过塑造良好的城市品牌吸引天下英才，共襄发展大业。

参考文献

［1］高喆，顾朝林，顾江．“新型城镇化”与“乡村振兴”场景下新基建对产业转型的启示［J］．经济地理，2021，41（4）：8-14.

［2］洪晗，肖金成，郭楠．城市规模分布与区域性中心城市建设［J］．开放导报，2021（4）：62-70.

［3］胡金焱．抓住关键环节推进新型基础设施建设［N］．经济日报，2020-10-15.

［4］林永然．新时代区域协调发展与中心城市建设［J］．江汉大学学报（社会科学版），2020，37（4）：78-85+127.

［5］薛新宏．省域副中心城市建设应处理好五个关系［N］．临汾日报，2021-07-10.

［6］赵干，周叶芹．城市品牌形象与城市文化软实力提升研究［J］．文化产业，2021（10）：67-68.

河南现代服务业发展的比较分析

文 瑞*

加快发展现代服务业是优化经济结构、转换发展动力、保障和改善民生、推动经济社会持续健康发展的必然选择和战略举措，对于确保高质量建设现代化河南、确保高水平实现现代化河南具有重要意义。从国内和国际视野的对比分析来看，河南现代服务业比重较低、结构不优、开放度不高、模式不够灵活，因此，未来要加快实现河南现代服务业产业结构的高级化、积极扩大现代服务业的对外开放、创新现代服务业发展模式，推动实现河南现代服务业向高质量发展阶段迈进。

一、问题的提出

在全球经济日益趋向数字化、服务化的背景下，现代服务业已经成为全球竞争的焦点和关键领域，也是拉动世界经济增长的重要引擎。尤其是随着5G、云计算、人工智能、大数据等新一代信息技术加速发展并与传统产业实现深度融合，提高现代服务业竞争力对于提升一国或者地区的对外开放水平、产业竞争力等至关重要。然而，在当前中国，我们正面临着世界百年未有之大变局，全球经济尤其是服务业受到重创、逆全球化思潮再起、单边主义、霸权主义、贸易保护主义不断盛行，现代服务业发展的国际环境复杂多变，外向空间正在不断受到挤

* 文瑞，河南省社会科学院区域经济研究中心助理研究员。

压。在此背景下，习近平总书记多次提出，要加快构建以国内大循环为主体、国内国际双循环相互促进的新发展格局。中国经济“双循环”新发展格局的构建为现代服务业大发展提供了“双向生长”的变革机遇，主要表现在传统服务业向内生长，激活国内经济循环的需求动力；新兴服务业向外生长，主动参与全球价值链和国际经贸规则重构，融入国际大循环。2020 年 9 月，国家主席习近平在中国国际服务贸易交易会上指出，中国将坚定不移扩大对外开放，并提出了一系列推动服务贸易发展的具体举措。中国服务业领域的开放程度前所未有，现代服务业的发展也将由此迎来“双循环”新发展格局下的重要机遇。

具体到省域层面，2021 年 10 月河南省委第十一次党代会提出，要优化提升现代服务业，构建优质高效、结构优化、竞争力强的现代服务业新体系。结合河南服务业、服务贸易发展的省情来看，实现这一目标任重道远。从总量来说，河南是典型的经济大省，但河南服务业尤其是现代服务业在 GDP 中的比重相比全国水平仍然较低，现代服务业不够发达，这也导致河南经济的综合竞争力水平较低。从服务业外向度来看，河南作为一个典型的内陆省份，对外开放的水平仍然较低，虽然近些年来货物贸易领域不断取得数量和质量的双重突破，但服务贸易领域的发展速度较为缓慢，服务贸易的数量规模在外贸中的占比几乎可以忽略不计，这和河南服务业在 GDP 中占比最高的产业基础地位十分不匹配，服务业和服务贸易之间协同发展局面未曾形成，服务业出口能力的培育成为制约河南服务贸易做大做强的困境之一。因此，充分挖掘河南现代服务业领域优势和完善的产业体系优势，找出河南现代服务业发展的短板所在，进而探索提出河南现代服务业发展的未来思路意义重大。

二、河南现代服务业发展的现状特征

为了更加清晰地把握河南现代服务业发展的基本水平，刻画出现代服务业发展的基本特征，同时，基于统计口径的一致性和数据的可获得性，本文拟从服务业增加值占 GDP 比重、服务业细分行业增加值、服务贸易额、服务外包、独角兽企业数量等视角，对河南现代服务业的发展水平从全国、国际两个视域进行对比分析。

（一）服务业增加值占 GDP 比重

从国际视角来看，全球发达经济体普遍进入服务经济时代，也即服务增加值在 GDP 中的相对比重超过 60%。从图 1 可以看出，美国服务业增加值占 GDP 的比重近 20 年来基本维持在 70%以上，在西方主要大国中一枝独秀，处于领先水平。英国拥有发达的文化创意产业，其服务业占比多年来都在 70%左右。日本尽管以制造和技术立国，其服务业的比重同样接近 70%的平均水平。日本数字媒体、游戏、动漫产业等现代服务业十分发达，是仅次于汽车制造业之后的第二大产业。相比之下，我国服务业的比重明显偏低。数据显示，截至 2020 年，我国服务业占比为 52. 16%，不但远低于发达国家，而且比国际平均水平 65%还要低。

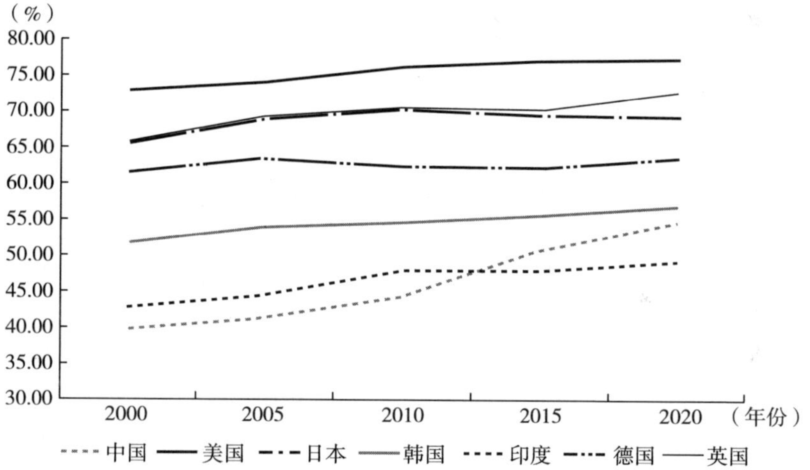

图 1　2000~2020 年部分国家服务业占比发展趋势

资料来源：世界银行公开数据库（World Bank Open Data）。

从国内视角来看，随着近年来我国经济结构的深度调整，河南的产业结构也在持续优化之中，但与全国服务业发展水平相比还有一定差距。2020 年河南服务业增加值为 26768 亿元，占 GDP 的比重为 48. 7%，低于全国水平 54. 5%近 6 个百分点。由表 1 可以看出，我国服务业发展存在区域不均衡现象，东部地区服务业发展无论从规模和比重上来看都显著优于中西部地区，河南服务业总量较大，但增加值占 GDP 比重低于内陆地区平均水平。

表 1　2020 年中国服务业发展水平区域差异指标

区域	省（区、市）	服务业增加值（亿元）	服务业增加值占 GDP 的比重（%）
沿海地区	北京	30278. 60	83. 8
	天津	9069. 47	64. 4
	河北	18729. 60	51. 7
	辽宁	13429. 40	53. 5
	山东	39153. 10	53. 6
	上海	28307. 54	73. 1
	江苏	53955. 80	52. 5
	浙江	36031. 00	54. 6
	福建	20842. 78	47. 5
	广东	62540. 78	59. 9
	海南	3341. 15	60. 4
沿海地区平均值		28698. 11	59. 5
内陆地区	山西	9029. 81	51. 2
	青海	1528. 07	50. 8
	宁夏	1973. 58	50. 4
	安徽	19824. 20	51. 3
	江西	12365. 10	43. 0
	河南	26768. 00	48. 7
	湖北	22287. 65	51. 3
	湖南	21603. 40	51. 7
	重庆	13207. 25	52. 8
	陕西	12551. 74	47. 9
	贵州	9075. 07	50. 9
	四川	25471. 10	52. 4
	甘肃	4966. 50	55. 1
内陆地区平均值		13896. 30	50. 6
沿边地区	吉林	6432. 10	52. 3
	黑龙江	6776. 70	49. 5
	云南	12635. 45	51. 5
	西藏	953. 84	50. 1
	广西	11492. 38	51. 9

续表

区域	省（区、市）	服务业增加值（亿元）	服务业增加值占 GDP 的比重（%）
沿边地区	内蒙古	8466.70	48.8
	新疆	7071.85	51.2
沿边地区平均值		7689.86	50.8

资料来源：相关地区《2020 年国民经济和社会发展统计公报》。

（二）服务业细分行业增加值

由表 2 可以看出，河南省服务业重点行业增加值占 GDP 的比重与全国水平基本保持一致，其中，批发和零售业、运输仓储业等传统服务业仍是提高服务业增加值的重要领域。金融业和房地产业占比也普遍较高，信息、租赁和商务服务业等新兴服务业领域普遍占比较低，这点和美国以金融业、商务服务业、信息业为主导的现代服务业结构存在较大差异，这在一定程度上反映出河南省乃至中国在高成长性、高附加值服务业领域与美国之间存在的发展差距。

表 2　2017 年美国、中国、河南服务业部分细分行业增加值比重　单位：%

行业增加值占 GDP 的比重	美国	中国	河南
批发和零售业	11.5	9.8	7.32
住宿和餐饮业	3.11	1.8	2.95
运输仓储业	3.11	4.46	4.9
金融业	7.74	7.79	5.63
房地产业	12.17	6.86	4.99
信息业	5.14	2.86	2.12
租赁和商务服务业	13.6	3.04	1.8
科学研究、技术服务业	—	2.1	1.1
教育业	—	3.63	3.8
文化、体育和娱乐业	—	0.8	1.8

资料来源：美国商务部经济分析局，以及相关年份《中国统计年鉴》《河南统计年鉴》。

从增速来看，2020 年我国批发和零售业增加值为 95686 亿元，比 2019 年下降了 1.3%；交通运输、仓储和邮政业增加值为 41562 亿元，增长了 0.5%；住宿和餐饮业增加值为 15971 亿元，下降了 13.1%；金融业增加值为 84070 亿元，增长了 7.0%；房地产业增加值为 74553 亿元，增长了 2.9%；信息传输、软件和信息技术服务业增加值为 37951 亿元，增长了 16.9%。批发零售、交通运输、住宿餐饮等传统服务业领域增长乏力，信息传输、金融等高技术行业表现出强劲增长态势，增速远超国民经济增速，这也反映出我国服务业发展规模在不断扩大的同时，服务业发展质量也在快速提升。在“三新”（新技术、新模式、新业态）经济领域，中国以巨大的内需市场潜力和新基建优势在全球保持领先发展地位。以电子商务为例，国家统计局数据显示，全国电子商务交易额从 2016 年的 26.10 万亿元增长到 2020 年的 37.21 万亿元，年均增长率为 9.3%。中国网购用户规模已达 7.82 亿，连续多年保持全球规模最大、最具活力的网络零售市场。同时，社交电商、直播电商等新模式快速应用，成为许多线下企业拓宽销售渠道的重要手段。

河南现代服务业优势领域集中在物流、金融、文旅、跨境电商等产业，尤其是文旅和跨境电商产业近年来增速迅猛。国家统计局数据显示，2020 年中国跨境电商出口总额排名前五位的省份为广东、浙江、河南、福建、湖南。从 105 个跨境电商综合试验区来看，2020 年跨境电商零售进出口总额排名前五的城市为广州、东莞、郑州、宁波、深圳。从省会城市来看，2020 年跨境电商零售进出口总额排名前五的省会城市为广州、郑州、杭州、长沙、南京。

（三）服务贸易额

现代服务业是服务贸易重要的产业基础，因此，服务贸易规模和结构在一定程度上可以反映出服务业的对外开放水平和出口能力。从国际视角来看，中国服务贸易长期处于逆差状态，2015 年起，中国服务进口额几乎为服务贸易出口额的两倍以上，这一状态持续至 2018 年。2020 年，受多种因素的影响，我国服务出口降幅小于进口降幅 22.9 个百分点，带动服务贸易逆差下降了 53.9%，为 6929.3 亿元，同比减少 8095.6 亿元。相反，美国凭借强大的服务出口能力，长期处于服务贸易顺差地位，2018 年，美国服务贸易顺差额与中国的逆差额相差不大（见表 3）。从全球服务贸易发展指数（该指数主要从服务业规模、结构、地位、产业基础和综合环境五个方面进行衡量）来看（见表 4），我国服务贸易发展指数综合排名位列全球第 20 位。位于第一位的美国在贸易体量、贸易差额、贸易结构上都处于绝对优势，而经济体量有限的爱尔兰则依靠服务业的高度开放打造了世界一流的软件开发产业集群，成就了计算机服务业的出口大国，在贸易指数综合排名上跻身全球第 2 位。

表 3　2018 年主要国家服务贸易进出口情况　　单位：亿美元

国家	服务贸易出口额	服务贸易进口额	差额
美国	8153.00	5476	2677.00
德国	3246	3511	-265.00
日本	1919	1903	16.00
印度	2041	1223	818.00
中国	2090	5230	-3140.00

资料来源：UNcomtrade。

表 4　全球服务贸易发展指数

国家或地区	排名	发展指数	规模指数	结构指数	地位指数	产业基础指数	综合环境指数
美国	1	69.55	7.86	7.46	19.58	25.79	8.86
爱尔兰	2	63.3	9.76	13.32	15.58	15.8	8.85
中国澳门	3	58.46	6.6	10.46	10.87	21.3	9.23
新加坡	4	53.98	7.41	8.26	12.79	16.03	9.49
英国	5	51.53	4.05	8.9	11.91	17.64	9.03
荷兰	6	50.1	4.83	8.4	11.28	17.12	8.48
德国	7	47.47	4.35	6.82	11.9	15.92	8.48
法国	8	47.01	3.54	7.94	10.4	17.5	7.62
中国香港	9	45.16	3.34	5.03	8.48	18.97	9.34
比利时	10	43.71	3.26	7.26	8.66	17.15	7.38
中国	20	36.18	4.1	4.9	11.52	9.84	5.81

资料来源：商务部国际贸易合作研究院《全球服务贸易发展指数报告（2018）》。

从国内视角来看，商务部发布的《关于 2020 年我国服务贸易发展情况》显示，近年来我国服务贸易出口表现出知识密集型服务贸易占比稳步提高特征。2020 年，我国知识密集型服务进出口额为 20331.2 亿元，增长 8.3%，占服务进出口总额的比重达到 44.5%，提升了 9.9 个百分点。其中，知识密集型服务出口额为10701.4亿元，增长7.9%，占服务出口总额的比重达到55.3%，提升了4.6个百分点；出口增长较快的领域是知识产权使用费、电信计算机和信息服务、保险服务。但由图2也可看出，在我国总体的服务贸易出口中，旅行服务、运输服务这种传统服务业的占比仍然占据了近一半的水平（45%）。相比之下，河南的服务贸易发展十分落后，2019年河南服务贸易总额只有86亿美元，仅相当于浙江的1/10左右，占全国比重不足1%。另据商务部研究院发布报告显示，河南服务贸易发展水平在全国处于第三梯队（见表5），服务贸易地位指数位列全国后4位（见表6），该指数充分说明河南服务贸易竞争力低下，服务业国际化水平和对外开放程度较低。

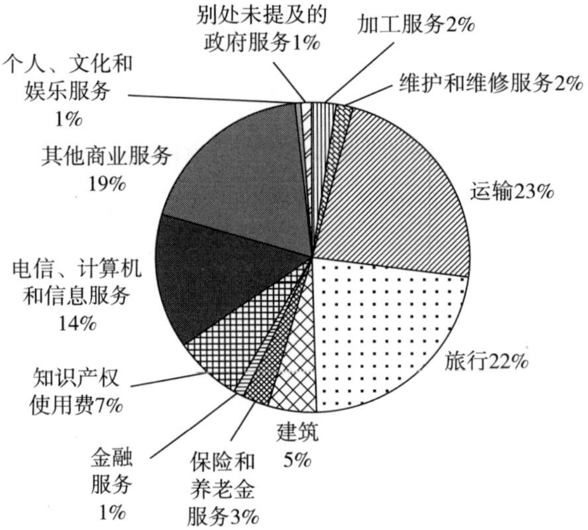

图2　2020年中国服务贸易各行业出口占比情况

资料来源：商务部数据中心。

表5　中国省级地区服务贸易发展指数

梯队	省（区、市）
第一梯队	北京、上海、广东
第二梯队	江苏、天津、浙江、海南、四川、重庆、福建、辽宁、山东、湖北
第三梯队	河南、陕西、山西、云南、吉林、湖南、黑龙江、贵州、内蒙古、新疆、安徽、河北、甘肃、广西、江西、宁夏

资料来源：商务部国际贸易合作研究院《全球服务贸易发展指数报告（2018）》。

表6 国内省（区、市）服务贸易地位指数

省（区、市）	地位指数	竞争力地位得分	市场地位得分	国际化水平得分
上海	18.83	4.98	6.92	6.92
北京	15.40	3.96	5.42	6.02
广东	12.58	4.80	5.46	2.32
天津	7.53	5.18	0.88	1.47
云南	7.48	6.92	0.25	0.30
福建	6.78	4.57	0.92	1.29
重庆	6.78	5.71	0.43	0.63
江苏	6.55	4.05	1.71	0.79
广西	6.39	5.96	0.20	0.23
山东	6.37	4.48	1.26	0.62
浙江	5.88	3.86	1.14	0.88
新疆	5.68	5.19	0.14	0.36
四川	5.64	4.48	0.61	0.56
陕西	5.49	4.62	0.31	0.56
辽宁	5.04	3.33	0.56	1.15
安徽	5.02	4.37	0.28	0.37
海南	4.33	3.48	0.08	0.77
内蒙古	4.20	3.93	0.11	0.15
湖北	3.43	2.61	0.33	0.50
山西	2.96	2.55	0.11	0.29
江西	2.95	2.65	0.10	0.20
湖南	2.69	2.45	0.14	0.10
河北	2.29	1.85	0.16	0.28
吉林	2.03	1.46	0.09	0.48
贵州	1.98	1.95	0.03	0
河南	1.54	1.23	0.13	0.19
黑龙江	1.47	0.55	0.04	0.88
甘肃	0.81	0.67	0.01	0.12
宁夏	0.10	0	0	0.10

资料来源：商务部国际贸易合作研究院《全球服务贸易发展指数报告（2018）》。

（四）服务外包

从国内视角来看，中国服务外包产业发展的不均衡和经济发展的区域不平衡、不协调保持了高度的协同性。从服务外包企业数量来看，商务部统计数据显示，截至2019年底，东部地区服务外包企业数量38482家，占全国企业数量的70.5%，其中，江苏省、广东省、浙江省、山东省是中国服务外包企业主要聚集地，这四省服务外包企业数量分别达到14205家、5503家、5378家、4799家，合计占全国企业总量的28.7%。中部、西部和东北地区企业数量分别为8401家、4120家、3545家，占比分别为15.4%、7.6%和6.5%。对比河南服务贸易企业数量来看，据商务部数据统计，截至2017年底，河南承接服务外包业务的企业仅有1464家，从业人员为18万人，通过各类国际资质认证252项。2017年，河南服务外包接包合同签约额仅为5.56亿美元，接包合同执行额为3.42亿美元，服务外包产业规模相比发达地区还有巨大差距。

从服务外包示范城市的发展来看，据商务部委托第三方机构对31个服务外包示范城市（以下简称示范城市）开展的2020年度综合评价结果可以看出（见表7），郑州作为河南唯一的试点城市，服务外包排名位列末位，这表明从评价体系设计的服务外包产业发展情况、综合创新能力、公共服务水平、政策措施保障等几个维度来看，河南服务外包产业发展都不够理想。

表7　2020年度中国服务外包示范城市综合评价结果

排名	东部地区示范城市	综合得分	排名	中西部地区和东北地区示范城市	综合得分
1	北京	69.599	6	合肥	62.084
2	南京	66.673	8	武汉	61.069
3	上海	63.604	17	长春	54.054
4	杭州	63.217	18	成都	53.978
5	广州	62.818	20	长沙	52.099
7	天津	61.703	21	西安	51.996
9	苏州	59.124	22	南昌	51.637
10	深圳	58.732	23	沈阳	51.251
11	无锡	57.292	24	南宁	50.113
12	南通	56.901	25	大庆	49.729

续表

排名	东部地区示范城市	综合得分	排名	中西部地区和东北地区示范城市	综合得分
13	厦门	55.753	26	重庆	49.600
14	镇江	55.057	28	大连	45.046
15	宁波	54.875	29	乌鲁木齐	44.398
16	青岛	54.628	30	哈尔滨	44.287
19	济南	52.322	31	郑州	43.367
27	福州	49.242			
	平均值	58.846		平均值	50.980

资料来源：商务部，http：//fms. mofcom. gov. cn/article/jingjidongtai/202106/20210603069981. shtml。

从国际比较来看，2010~2020年，中国国际服务外包业务规模占全球服务外包市场比重从17%提升至33%，连续11年保持第二大全球服务外包承接国地位，且未来有可能成为全球增长最快的发包市场国。但同时，受中国劳动力成本上升影响，中国服务外包也正在面临激烈的国际竞争。例如，菲律宾使用英语作为官方语言，且劳动力成本优势显著，因此稳居全球呼叫中心外包业务的龙头地位。印度在IT服务、业务流程管理、软件产品和工程研发服务、硬件等四个方面的服务外包始终占据主导优势，由此也倒逼中国的服务外包产业不断转型升级。2019年，中国服务外包结构不断优化，以医药和生物技术研发服务、检验检测服务、互联网营销推广服务、电子商务平台服务等为代表的高端生产性服务外包业务实现快速增长。

（五）独角兽企业数量

《2019全球独角兽企业500强发展报告》显示，全球独角兽企业分布于12个领域，分别为生活服务、企业服务、智能科技、金融科技、医疗健康、汽车交通、物流服务、文旅传媒、教育科技、材料能源、航空航天和农业科技，其中大多数都属于现代服务业领域。生活服务、企业服务、智能科技、金融科技成为独角兽集中爆发领域。从中美对比来看，两国在该领域内的独角兽企业估值和数量上的差异较大，美国以明显的优势领先中国。中国在云计算、大数据、创业服务领域发展更为迅速，而美国各行业发展较为均衡。

金融科技领域的500强独角兽企业共有53家，其中，美国企业23家，中国企业 13 家，英国企业 7 家，印度企业 4 家，德国、日本、韩国、瑞典、瑞士、巴西企业各 1 家。金融科技独角兽企业总估值为 3669.94 亿美元，而中国、印度和巴西 3 个发展中国家的金融科技独角兽企业整体估值为 2655.14 亿美元，占金融科技领域的 72.35%，远超发达国家在该领域内的独角兽企业估值，显示出新兴市场在这一领域的巨大活力。

河南独角兽企业数量方面无论是在国内还是在国际层面都存在巨大差距。《2020 胡润全球独角兽榜》显示，全球共有 586 家独角兽企业，其中，中国 227 家，数量仅次于美国。具体来看，中国 227 家独角兽企业分布于 23 个城市。其中，北京、上海、深圳、杭州 4 座城市占据中国独角兽企业数量的 80%，河南仅有华兰生物 1 家企业上榜。

三、河南现代服务业发展的未来思路

（一）加快推进河南现代服务业的高质量发展

从总体规模和结构衡量来看，世界发达经济体普遍进入服务经济时代，中国服务经济快速发展，河南仍存在较大差距。综合来看，河南服务业增加值占比仍然处于较低水平，但在稳步提升中。服务业的主导地位已经基本确定，未来规模扩张不再是服务业发展的主要矛盾，但现代服务业亟须快速发展，且更重要的是如何实现现代服务业高质量发展，优化服务业结构，实现转型升级和提质增效。同时，服务业的高质量发展离不开服务型政府的治理现代化。因此，要重视和提升现代服务业管理水平。政府机构更要深刻把握全球经济服务化、产业结构轻型化的大趋势，充分了解现代服务业领域、监管范围、贸易规则的复杂性，完善政府治理体系，优化现代服务业营商环境，全面提升治理能力和水平。

（二）加快推进河南现代服务业结构高级化

要紧密跟随消费升级新趋势、服务新智造、满足新消费，推动现代物流、现代金融、科技服务、中介服务、服务贸易等生产性服务业向专业化和价值链高端延伸，推动文化旅游、健康养老、家政物业、商贸服务等生活性服务业向高品质和多样化升级，构建优质高效、结构优化、竞争力强的现代服务业新体系。要以扩大产业规模为方向，积极培育科技服务、商务服务、会展服务、教育培训、创意设计等新兴产业。发挥比较优势，实施创新突破，培育千亿级产业集群，形成服务业发展新增长点。培育壮大多元金融主体，发展科技金融、绿色金融、供应链金融，积极培育天使投资、风险投资市场，完善中原股权交易中心功能，支持郑州商品交易所创新发展，支持鼓励企业上市。

（三）加快提升河南现代服务业外向度

从全国范围内来看，河南现代服务业的对外开放水平和能力均处于较低水平，呈现出起步晚、发展慢的特征。因此，一要强化河南数字服务贸易发展的领先优势。未来要持续推动郑州 EWTO 核心功能集聚区发展，探索服务贸易规则、政策、监管等领域的创新性研究，在全球服务贸易规则制定中发出河南声音，贡献河南智慧。二要推动跨境电商与特色优势产业深度融合，构建完整的跨境电商生态圈，最大限度延伸跨境电商产业链。支持基础好的省辖市申建国家新一批的跨境电商综合试验区，引导更多传统企业通过跨境电商开辟新的贸易通道。三要加快内陆开放通道建设。加快推进郑州国际物流中心、中欧班列集结中心示范工程建设，增强郑州机场连接国际枢纽机场的能力，以提升运输服务贸易能力优化货物贸易发展环境，推动运贸一体化发展，构建形成全方位对外开放的新局面。完善“通道+枢纽+网络”的物流运行体系，发展多式联运，做大做强航空经济、口岸经济、临港经济，打造具有国际影响力的枢纽经济先行区。

（四）探索创新河南现代服务业发展模式

服务贸易的数字化、智能化、网络化极大拓展了现代服务业的发展领域、可贸易范围以及发展模式，河南现代服务业要紧抓新技术变革的重要机遇，探索创新服务业新业态和新模式。在新格局下，服务外包通过在岸服务外包和离岸服务外包两种方式可以成功接入“双循环”，服务外包产业“一线接单、二三线交付”的分工模式开始形成，在岸服务外包业务规模持续快速增长，占服务外包总额的比重也在持续上升。这将为河南服务外包产业发展带来良好机遇。因此，未来要继续深入推进省级服务外包示范园区建设，扶持一批优势突出、带动显著的龙头企业，培育一批创新能力强、特色鲜明的中小企业，形成支撑生产性服务业和稳就业的多元力量。支持申请建设更多的服务外包示范城市，激发服务业发展潜力，提升就业吸纳能力，形成具有地方特色的服务外包产业集群。创新发展服务贸易，打造一批特色服务出口基地。积极发展工业设计、工业软件、建筑设计、创意设计等，打造设计河南。

参考文献

［1］付鑫，张威，李俊．中国服务开放与服务业效率——基于中国地级及以上城市的实证检验［J］．经济体制改革，2022（2）：107-133.

［2］李秉强．中国制造业与生产性服务业的耦合性判断［J］．统计与信息论坛，2014，29（4）：82-88.

［3］刘晓超，董延军，任锋，徐小云．推进河南省先进制造业与现代服务业深度融合分析研究［J］．全国流通经济，2022（2）：115-117.

［4］任晓怡．中国中部地区第三产业发展影响因素研究——基于中国中部80个城市的空间面板数据分析［J］．技术经济与管理研究，2015（10）：114-118.

［5］田俊芳，王菲．中部地区服务业的效率测度——基于DEA模型的实证检验［J］．江汉论坛，2015（3）：23-27.

［6］王颖，蓝云飞，汪琳．基于TOPSIS方法的中部地区科技服务业发展水平评价［J］．统计与决策，2019，35（21）：53-56.

［7］杨朝继．生产性服务业与区域经济的协调发展：以中部地区为例［J］．改革，2018（6）：127-137.

［8］俞军，李德才，王书珍．合肥市现代服务业发展现状及路径选择［J］．华东经济管理，2016，30（6）：32-38.

新时代河南全面开启现代化建设新征程的“五大关键”

齐　爽[*]

2021年10月，中国共产党河南省第十一次代表大会提出，未来河南要锚定“两个确保”，即确保高质量建设现代化河南、确保高水平实现现代化河南，谱写新时代中原更加出彩的绚丽篇章。建设现代化河南是未来很长一段时期河南省经济社会发展的重中之重，而新时代河南全面开启现代化建设新征程应从注重实现以人为本的现代化、注重政府治理能力的现代化、注重经济体系构建的现代化、注重坚持创新引领的现代化、注重生态文明建设的现代化五大方面出发，找准着力点，夯实现代化建设根基，向着“两个确保”阔步前进，力争在内陆地区甚至全国率先实现现代化。

一、注重实现以人为本的现代化

河南现代化建设必须明确以人民为中心的定位，即必须坚持“以人民为中心”的发展思想；明确发展先进生产力、先进文化，推动社会全面进步的目的是实现最广大人民的根本利益。

第一，坚决筑牢基础教育。现阶段，河南尤其是郑州公立幼儿园的入学年龄还是3岁半，小学入学年龄大多是6岁半，入学年龄与郑州发展水平已经呈现出

* 齐爽，河南省社会科学院区域经济研究中心助理研究员。

不匹配的现象。基础教育与社会发展需求的脱节，致使年轻人普遍存在“一胎不好养”“二胎不敢生”“三孩不想要”的想法，不利于国家生育政策的贯彻落实。建议集聚社会资源做好幼儿普惠性基础教育工作，结合社会实际需求，全面将幼儿入学年龄提至3周岁，将义务教育入学年龄提至6周岁，真正做到教育从娃娃抓起，解决年轻人工作的后顾之忧，使其能全身心干好本职工作，提升青年人才的归属感和社会认同感。

第二，大力发展高等教育。这里所说的高等教育主要是指大学教育，一是将郑州大学、河南大学列入重点支持发展对象，对其他省内大学分梯队、分批次、分主次给予相关的政策扶持。二是探索建立以河南龙头高校为牵引的“中部地区高校战略联盟”或“内陆地区高校战略联盟”，集聚优势高校资源，互相学习、互相借鉴、共谋发展。三是探索建立与省外“985”“211”等优质高校的联合办学机制，大力引进优质教育资源入省，建立各类高校的分校，或者大学部、研究生部的分校，并冠以“中部校区”或“河南校区”的名称。如在鲲鹏小镇附近探索建立“北京理工大学中部校区”或者“北京理工大学研究生院中部校区”，在航空港探索建立“北京航空航天大学中部校区”等。

第三，务实打造人才高地。在具备培育人才的基础后，就要探索吸引人才、留住人才的体制机制。一是提高河南整体工资待遇水平。河南GDP位居全国前5，且发展潜力巨大，但平均工资水平在全国排名垫底，除环境诱导和价值观、责任感驱使外，工资待遇水平是留住人才的重中之重，应积极建立完善和创新薪资待遇标准，工资要合规、合理、合情。二是给予青年人才更多的机会。探索建立副高以上职称的帮扶机制，鼓励已经在自己领域探索出一番天地的副高以上人员，利用自身优势资源培育新一代的年轻才俊，做到研究不断代、技术不断代，做到研究工作后继有人。三是创新、完善人才聘任机制。适当提高各类资格认定和职称申报等的条件，做到条件标准高、申报严要求，但是一旦申报成功，岗位数量不设限，及时兑现，真正做到选拔优秀人才，让其能力和创造的价值得到认可和尊重，有动力去积极主动创造更高的社会价值。

第四，注重全民素质教育。一是重视人的思想道德素质、能力培养、个性发展、身体健康和心理健康教育，特别应贯穿于幼儿教育、义务教育始终，重视对学生的世界观和人生观教育，帮助其树立正确的人生目的、人生态度和人生价值。二是重视社会公德教育。通过学校学习、社区宣传、单位强化等，在全社会形成文明礼貌、敬老爱幼、保护环境、讲究卫生、遵纪守法、勤恳敬业、助人为乐、见义勇为、诚实守信、正直向上的观念，提高人口的质量和素质，不断促进人的全面发展，向实现全省人民共同富裕迈进。

二、注重政府治理能力的现代化

推进政府治理能力现代化是一项复杂的系统工程，需要在治理环境、治理目标、治理格局、治理方式、治理工具、治理能力、治理评价等方面综合用力，多措并举，结合事物发展规律，全面深化改革，最终实现政府治理效能的提升。

第一，调整完善政府治理体制和治理模式。一是注重对政府治理现代化的评估。在突出民主权益和建立健全监督问责机制的前提下，通过对民主化、法治化、制度化、高效化四大评估标准的具体设定，实现政府权力和公民自由权利的有机统一，定期组织多学科、跨领域的专家队伍对治理体制和模式进行评估、分析和研判，保证科学性和实用性。二是探索构建基层社会治理新格局。优化基层治理的纵向格局，有针对性地找出县、乡、村不同等级地方政府治理的特点和侧重。例如，在村级或者社区一级，不断提高组织化程度；在县区一级，稳定政府事权，通过财税体制改革的深化，进一步优化事权和财权划分，实现地方政府、社会两手抓。

第二，培育构建多元化监督参与主体。一是引导社会组织实现健康发展。着重发挥城乡社区等各类社会组织的作用，推动形成党委领导、政府负责、民主协商、社会协同、公众参与、法治保障、科技支撑的社会治理体系，不断夯实地方政府的基层治理能力，实现政府治理与社会调节、居民自治良性互动。二是以科技为引领，探索“互联网+治理”新格局。以大数据和“互联网+”打通地方政府之间、不同部门之间、政府与民众之间的壁垒，以网络化管理为载体，以信息采集、事件处理和大数据研判等为手段，不断提升政府基层治理的智能化、科学化、精准化水平，探索实现地方政府的治理数字化转型。

第三，建立改革创新保护激励机制。一是探索制定《关于建立容错纠错机制激励干部改革创新担当作为的实施意见》。明确改革创新容错具体标准，宽容干部在推动工作、改革创新、干事创业中的失误，如经过规定的决策程序或经过民主评议，不是个人专断、一意孤行的可以容错。同时，规定容错认定的具体程序，对给予容错免责的干部予以同等的考核标准，弘扬作风正派、敢于担当、勇于负责的地方政府干部作为新风尚，增强干部干事创业的积极性。二是构建以精准考核激励科学实干、大胆创新的正向激励机制。探索设立“改革创新、担当作为”奖项，真正把政治过硬，敢作为、愿作为、能作为、善作为的干部选拔出来，提升干工作的精气神。

第四，完善绩效考评指标体系及考评机制。一是对不同类型部门采取各具特色的考核评价标准。坚持目标导向与结果导向相统一、平时考核与年度考核相结合，密切跟踪每一项指标进展情况，对完成进度滞后的指标及时预警，用数据说话，凭实绩论英雄，对考核成绩优秀的地方政府相关部门给予表彰奖励，切实把考核“指挥棒”“风向标”的作用发挥到位。二是探索构建严管和厚爱相结合的公务员考核管理制度。注重年轻公务员队伍的锻炼，鼓励公务员充分发挥自己的特长，及时调整专业不对口的现象，完善待遇保障机制，建立健全与各级公务员人才专业化素质相匹配的待遇体系，设置不同奖励系数，探索将各类奖金分配与公务员的实际绩效挂钩，拉开奖励档次，强化按劳分配、按效分配，不断激发公务人才队伍动力，分期选派年轻优秀公务员到上级机关、研究所、发达地区学习锻炼。

三、注重经济体系构建的现代化

现代化经济体系的构建，涉及社会经济活动中各个环节、各个层面、各个领域的相互关系和内在联系，经济体系是一个有机整体，是一系列制度体系构建的基础保障，应秉持质量第一、效益优先，继续坚持以供给侧结构性改革为主线，不断提高全要素生产率。

第一，推动经济发展实现“三大变革”。一是深化发展方式转变，推动经济发展实现质量变革。实现质量变革的核心是将理念、目标、制度制定等各方面具体到工作细节，以提高产品和服务质量为主线，真正提高河南经济各领域、各层面的素质。在全省全面开展质量行动，向国际先进标准看齐，推动资源向优质企业和产品集中，推动创新要素的流动和集聚，最终实现全方位变革。二是实现经济结构的精准优化，推动经济发展实现效率变革。坚持并逐步深化供给侧结构性改革，真正找出、填平甚至抬高在以往高速增长阶段被掩盖的、不合理的、被忽视的各种效率洼地，深化行政性地域性垄断问题改革，全面降低能源、物流、通信、融资等成本过高行业对实体经济运营的压力，不断增强金融服务实体经济的能力，通过生产要素的合理流动和优化组合、企业的兼并重组、产业的转型升级等，全面提高投入产出效率。三是实现增长动力的高质量转换，推动经济发展实现动力变革。河南是一个兼容并蓄的省份，尤其是郑州，承载了很多的外来人口，动力变革要抓好两个方面：一方面是注重劳动力素质的提升，实现从劳动力数量红利到劳动力质量红利的转化；另一方面要注重以科技驱动代替要素驱动，守住河南农产品的特殊地位，并把制造业高质量发展作为主攻方向，发展循环经济，注重向价值链高端的攀升，向质量强省、航空强省、网络强省、交通强省、数字强省、科技强省、智慧强省迈进。

第二，积极探索构建现代化产业体系。一是用新理念筑牢现代农业基础。继续把发展粮食生产放在现代农业建设的首位，加强以农田水利为重点的农业基础设施建设，推广节水灌溉，按照建设生态文明的要求，发展节约型农业、循环农业、生态农业，推进都市农业与乡村旅游有机结合，积极推进特色精品园区建设和现代农业功能区建设，探索成立农村资金互助社，健全农业产业体系，促进农业可持续发展。二是以智能制造为引领，努力打造国家先进制造业高地。瞄准未来发展方向，注重“数字化+网络化+智能化”的深度融合，探索产出智能化产品和智能化服务。在郑洛新国家自主创新示范区的基础上，探索打造郑洛新智能制造协同示范区，在示范区内部推进以5G技术为基础，以大数据、云计算、物联网、区块链、人工智能等新技术为引领和支撑的五大基础互联工程，为构建智能制造全产业链、供应链、价值链提供各类产业支撑平台。三是积极发展门类齐全的现代服务业。加快发展信息、金融、保险、咨询、法律服务、会计、科技服务等商务服务业和计算机、创意、会展服务业务。着力培育数据等新兴生产要素市场，加快智能计算、工业互联网、云计算等基础服务设施建设。大力发展“银发经济”，即老年人消费服务业，聚焦医疗、养老、健康、互利等方面，积极打造社会化、专业化的养老服务机构，在智慧医疗、智慧康养、智慧服务等领域加强研发和深度探索。

第三，加快形成河南全面对外开放新格局。一是加快构建开放型经济保障体系。不断深化改革，创新开放管理机制，努力打造最优营商环境，促进信息资源共享，加快推进制度型开放。注重科技与金融的有效结合，培育贸易新业态新模式，引进先进技术，创新对外投资方式，加快培育国际经济合作和竞争新优势，逐步形成面向全球的贸易、投融资、生产、服务网络。二是加快推动贸易投资的自由化便利化。开辟多方融资渠道，放松投资管制，逐步开放投资领域，尤其是扩大服务业对外开放，加快教育、医疗、文化等领域开放进程，激发经济活力。在适用河南自由贸易试验区各项开放创新措施的基础上，探索建立以贸易投资自由化为核心的制度体系，并以分类监管、协同监管、智能监管为基础，建立全面风险管理制度。强化开放型经济集聚功能，探索打造更具国际市场影响力和竞争力的特殊经济功能区，聚焦强化经济功能，突出产业发展，集聚发展集成电路、生物医药、人工智能、航空航天等我国高质量发展急需产业的关键环节和技术。三是加快构筑高质量的区域性开放平台。以“一带一路”建设为契机，不断促进河南自由贸易试验区、郑州航空港经济综合实验区、郑州跨境电子商务综合试验区的高质量、快速发展，加强和改进河南特色口岸建设工作，依托新郑机场和“一带一路”所产生的经济磁场效应，获取国家战略红利支持，实现航空、公路、铁路和水路运输的连贯衔接。努力打造一批具有内陆特色和代表性的全球贸易中心和研发中心；积极探索和打造面向全球的创新合作、产能合作、服务合作、投融资合作网络；探索设立内陆地区首个无水自由贸易港——郑州空中自由贸易港，获取更大的开放自主权，在更大范围、更高水平参与国际竞争合作。

四、注重坚持创新引领的现代化

创新是经济社会发展的强大动力和内在要求，是破解一系列瓶颈和解决深层次矛盾的关键，应贯穿于现代化建设的全过程。

第一，把创新放在核心位置，构建一流创新生态。一是充分发挥政府在创新发展中的引领和保障作用，积极作为、善于作为。政府要在体现国家意志的战略领域和公共领域积极作为，为创新提供源源不断的制度、资金和人才保障，探索试行对重要、前瞻性项目的“容缺受理”机制，统筹规划产业链、创新链、资金链、政策链“四链融合”，积极、主动在全国范围内最大限度地统筹整合优秀力量，促进跨学科、跨行业、观点融合、技术互补的攻关合作，达到真正意义上的协同创新。二是积极培育科技创新产业生态。打造科技、教育、产业、金融紧密融合的创新体系，保障关键核心技术的源头供给，保障产业共性技术供给，加速科技成果向现实生产的转化，积极打造“众创空间+孵化器+加速器+特色园区”的全链条创新主体培育体系，探索构建“投促中心+区属国企+创新创业中心+孵化器运营商”的大招商模式。

第二，将郑州努力打造成为国家创新高地。一是在郑州积极打造“大院、大所、大装置、大平台、大载体”，争取更多的国家和省级科技创新大平台、大载体、大装置、大科研院所落户郑州，为创新高地建设提供重要载体。支持郑州大学、河南大学等高等研究院打造国家战略科技力量，增强创新策源力，大力引导高校、科研院所加大科研投入，推广“企业出题、高校院所解题、政府助题”的新型产学研合作模式。二是学习与借鉴深圳“研发+创投+制造业”的创新发展模式、东莞“研发+总部经济+制造业”的转型升级模式、武汉光谷“产学研深度融合+光电技术+产业集群”的研发带动模式、杭州“互联网技术+市场应用+场景+产业集群”的龙头企业牵引模式，走“产学研深度融合+智能制造引领+链群发展+价值提升”的创新驱动道路，让创新真正成为驱动发展的引擎。

第三，坚持技术创新，坚持战略科技力量的引领。一是坚持完善科技创新体制机制。建立健全科技创新上下游协同机制，注重构建领军科技企业辐射带动上下游企业协同的体制机制，优化科技规划体系和运行机制，推动重点领域项目、基地、人才、资金一体化配置，改进科技项目组织管理方式。强化领跑思维，探索构建“原创特征明显、攻坚体系完备、跨学科多领域协同、平战转化顺畅”的科技创新发展体制机制。二是加强基础研究，明确战略需求导向，夯实科技基础，坚持数字化、网络化和智能化的武装与引领，坚持产业链与产业集群的区域协同发展，瞄准人工智能、量子信息、集成电路、生命健康、脑科学、生物育种、空天科技、深地深海等前沿领域，实施一批具有前瞻性、战略性的国家重大科技项目，通过科技创新促进产业向价值链高端攀升。

五、注重生态文明建设的现代化

生态文明建设是关系人民福祉和民族未来的长远大计，现代化建设必须梳理尊重自然、顺应自然、保护自然的生态文明理念，真正推动物质文明、政治文明、精神文明、社会文明、生态文明协调发展。

第一，全面务实推进绿色发展。一是建立健全绿色低碳循环发展的经济体系。在农业建设中，大力推广节约型高效农业，建立成熟完善的“植物生产—动物转化—微生物还原”循环农业系统，并及时量化投入生产实践。制定和完善河南生物质能发展的扶持措施，研究制定生物质能源建设发展的重大政策和方案，集中精力发展一批适合河南资源优势、科研平台条件和产业基础优势的生物质能源技术。二是构建清洁低碳、安全高效的能源体系。壮大节能环保产业、清洁生产产业、清洁能源产业，在省内探索建立分布式能源低碳网络系统，推进资源全面节约和循环利用，依靠节约行动和科技创新，降低能耗、物耗，实现生产系统和生活系统循环链接。

第二，守牢自然生态安全的边界。一是真正构建并利用好社会组织和公众共同参与的环境治理体系。积极开展创建节约型机关、绿色家庭、绿色学校、绿色社区等行动，注重对小门店、小作坊的卫生监督管理，加大问责监督力度，广泛接收并积极回应群众举报，一旦证实确有卫生安全隐患和事实，给予三次整改机会，如若还犯，则视情节轻重给予罚款、歇业等处罚。二是注重强化土壤污染管控和修复。河南是农业大省，对于农用地，应加强农业面源污染防治，依托科技支撑，减少有机肥施用后的重金属积累对土壤的污染。近五年来，河南各地楼房，尤其是住宅建设数量增多，对于建设用地，要处理和利用好建筑垃圾，对于列入建设用地土壤污染风险管控和修复名录的地块，严禁作为公共住宅和管理、服务用地，并进行动态监管，时刻掌握修复和更新情况。

第三，加大对生态系统的保护力度。一是进一步加强对民众的宣传引导。在全社会开展丰富多彩的环保活动和教育活动，在全社会提倡节约资源、培育和保护资源。“十四五”时期，河南应着力探索构建社会参与生态系统共建共享的渠道，建立健全生态保护的社会共建平台和社会共享平台。二是实施重要生态系统保护和修复重大工程。优化生态安全屏障体系，构建生态廊道和生物多样性保护网络，提升生态系统质量和稳定性。健全耕地森林河流湖泊休养生息制度，强化对省内各类湿地的保护和恢复，加强对自然灾害和地质灾害的防治，建立完善市场化、多元化的生态补偿机制。三是建立高质量城市生态系统和安全系统。打造宜居城市、韧性城市、智能城市，尤其是注重海绵城市建设、湖泊水系生态系统建设和地下管廊建设，统筹自然降水、地表水和地下水的系统性，建立完善区域雨水排放管理制度。抓紧修订完善与海绵城市建设相关的标准规范，新老城区要统筹推进海绵城市建设，尤其是老城区要结合棚户区和城乡危房改造、老旧小区改造更新等，解决好一系列雨水、污水整治问题，实现雨水调蓄设施的科学合理布局。领导干部要居安思危，提高忧患意识，开辟多渠道对各项市政利民工程进行监督管理，确保工程质量，用可持续发展的长远眼光多做、善做“功在当代，利在千秋”的大事情。

地方社科院建设话语体系，提升网络传播力的对策分析

李　珂[*]

地方社会科学院（以下简称社科院）作为当地经济社会发展的智库，在党和政府的公共决策中扮演着重要的角色。在移动互联时代，互联网成为地方社科院影响力辐射的重要渠道，网络传播力对于智库发展显得尤为重要，但研究发现，地方社科院在网络上的活跃度及公众知晓率较低，这直接影响到公众接触到智库信息的概率。本文对地方社科院建设话语体系、提升网络传播力提出相关对策建议，如重视新闻宣传工作，培养理论宣讲人才；提高新媒体使用率，做好平台化传播；提升传播亲和力，创新宣传方法等。通过话语体系的建设、传播影响力的提升，不断扩大地方社科院观点思想的传播范围和社会影响，使其研究价值最大化。

一、建设话语体系，提升网络传播力的背景

多年来，地方社科院作为当地“哲学社会科学研究的最高学术机构”，主要开展基础理论研究、应用对策研究，为繁荣地方社会科学，推动本地经济发展做出了重要贡献。河南省社会科学院长期以来承担着服务省委、省政府决策，推进理论创新，弘扬中原文化，建设新型智库等重任。作为党和政府工作的“思想

* 李珂，河南省社会科学院研究实习员。

库”和“智囊团”，河南省社会科学院在助推中原崛起中开展了一系列具有全局性、战略性、前瞻性的研究，提出了许多有重要价值的对策和建议，为加快中原崛起、振兴河南、富民强省提供了有力的理论支持。

但研究发现，地方社科院在社会民间的影响力与存在感却有待提升，地方社科院是一个比大学更为神秘的“象牙塔”，很少被社会所知，甚至很少被“宣传口”之外的党政部门所知。特别是在如今的移动互联时代，“酒香也怕巷子深”，地方社科院要想揭开神秘的面纱，真正使研究成果到达基层、到达社会，提升社会影响力，更大效度地发挥功能与价值，被社会大众熟知和认可，就必须充分运用互联网思维，建设特色话语体系，主动做好新闻宣传，敢于在网络空间中担当“意见领袖”，经常发表观点、意见和建议，主动引导舆论。

根据中国互联网络信息中心 2021 年 8 月发布的第 48 次《中国互联网络发展状况统计报告》数据显示，当下我国网民规模达 10.11 亿，互联网普及率达 71.6%。网络空间已成为人们生活生产的新空间，人们传播信息、获取信息的主渠道。在此背景下，地方社科院应主动作为，挑战互联网，积极应对当前传播生态的变化，抢占舆论主阵地，提高传播影响力和话语权。这既是科研成果转化的需要，也是提升社科院影响力、建设新型智库的需要，更是服务省委、服务社会、服务基层的需要。

二、建设话语体系，提升网络传播力的必要性

智库的生命力在于影响力，而影响力的取得则直接取决于对其研究成果的宣传推广。新媒体时代，“传播力就是影响力”。传播力是影响社会的一种最为重要的软力量，是文化软实力的内核，也是影响人们情感认同、身份认同、价值认同的最为重要的力量。因此，提升传播影响力，丰富传播手段是推动研究成果落地、充分发挥研究效能的必要举措。

从话语体系建设的角度看，传播影响力的提升突出表现在传播的内容能够获得最大范围内的共识。因此，提升传播影响力，做好理论研究、政策解读与宣讲的桥梁纽带，促进政府与公众间的对话，从而达成共识，是河南省社会科学院工作职责的应有之义。

三、建设话语体系，提升网络传播力的对策建议

一种话语体系要想具有影响力和竞争力，首先在于这种话语体系必须是完整的、系统的。在移动互联背景下，独白式的宣传与单向度的说理很难产生效果，省社科院话语体系的建设、网络传播力的提升需要做好新闻宣传工作，培养一批理论宣讲人才进驻网络主战场。同时要正确认识当前传播生态的变化，全面提升媒介素养，积极使用新媒体，提高新媒体使用率，做好平台化传播。在传播过程中要注重方式方法以及技巧的应用，注重宣传的内核、框架、讲述方式，把宏大叙事与具体感知结合起来。

（一）重视新闻宣传工作，培养理论宣讲人才

新闻宣传工作是重要的思想舆论阵地，处于意识形态领域的最前沿，历来受到党和国家的高度重视。2016 年 2 月 19 日，在党的新闻舆论工作座谈会上，习近平强调领导干部要增强同媒体打交道的能力，善于运用媒体宣讲政策主张、了解社情民意、发现矛盾问题、引导社会情绪、动员人民群众、推动实际工作。

做好新闻宣传工作，需要营造重视这一工作的思想氛围和舆论环境，强调新闻宣传工作是理论研究工作的第二战场，要像对待理论研究一样做好新闻宣传工作。要加强宣传队伍建设，从各个研究领域抽调理论宣讲人才进行组织培训，积极主动地与当地各媒体单位如河南日报、河南广播电视台等沟通、交流，邀请相关领域的专家来社科院开展讲座，组织职工参加学习培训，全面提高媒介素养以及在媒介发声的能力。通过主力军进驻主战场，使外界更加了解、关注地方社科院，进而打造出品牌和知名度，不断提升地方社科院的实力地位和影响力，使工作效能得以最好、最大的发挥。

（二）提高新媒体使用率，做好平台化传播

当下，媒体格局、舆论环境、传播方式等都在发生着深刻变化，在互联网和社交媒体迅速扩张的背景下，以微博、微信、抖音短视频等为代表的新媒体成为社会大众获取信息的主要途径，利用新媒体发声和传播显然已是话语表达的主要

通道。但是当前，河南省社会科学院新媒体建设还有待加强，虽然开通了微信、微博平台，但影响力较低，只是把传统媒体上的内容搬到了新媒体上，没有充分发挥新媒体传播速度快、互动性强的优势，缺少生气与活力，用户关注度和粉丝量都有待提高。

采用现代化的传播手段展现省社科院的崭新形象，需要尊重新闻传播规律，主动适应新的传播平台，善于利用平台发声，充分发挥专家学者理论宣讲的优势。具体来说，平台开通后要注重运营，理解新媒体平台对省社科院建设的作用，确定符合自身特点的平台定位和风格；把内容建设作为重点，定期更新培养用户的阅读习惯，保证质量和数量；还要注重趣味性，多采用图文和短视频的形式增强用户的阅听体验。在此基础上不断提高新媒体使用率，主动“搭台”“唱戏”向社会介绍自己的研究成果。不仅要做内容的生产者，也要做价值的传递者，通过建构议程带动舆论影响力，掌握话语权，不断提高网络影响力，从更大领域和平台进入大众视野，使互联网这个最大变量成为事业发展的最大增量。

在自有平台之外，也要多加联系对接省内外各知名媒体单位，加大成果宣传推广力度，拓宽服务地方经济社会发展的渠道，以接受媒体采访、发表文章、组织论坛、举办新闻发布会等形式进一步扩大社会影响，充分借助媒介资源把地方社会科学院打造成知名品牌，为更好地发挥社会效益营造舆论氛围。

（三）提升传播亲和力，创新宣传的方法

宣传思想工作最讲方法。在新媒体时代，做好思想武装的关键不仅在于传播力，还在于亲和力。深入开展对中央和省委重要会议精神的研究和宣传，把中央和省委的重大政策宣传到位、解释到位，要求对党和政府的理论政策、会议精神，不仅要“看透”“悟透”，更要“说透”，其中，看透是基础，悟透是关键，说透是目的。这对传播的方式方法提出了新的要求。

作为桥梁，河南省社会科学院要把理论研究“说透”，打破知识屏障，就要提升传播的亲和力。具体来说，要以受众为中心，明确目标受众，做好差异化传播，面对不同的受众要灵活转换话语策略，根据受众的接受习惯将同样的内容以不同的形态展现出来。如去基层宣讲要使用通俗易懂的话语，善用人民群众所感所知的语言，多讲人民群众喜闻乐见的故事，把晦涩难懂的理论研究以深入浅出的方式呈现出来，既要准确丰富，又要鲜活生动，易读易懂。努力推动社科研究成果贴近生活、贴近实际、贴近群众，不断提高省社科院服务社会的广度和深度。

参考文献

［1］山东社会科学院课题组，李建军，崔树义．论地方社科院向新型智库的转型［J］．社会科学管理与评论，2011（1）：3-10+111.

［2］张怡恬，张垚，王向令．说理透彻　论述严谨　气势磅礴——两篇“任理轩”文章对做好理论宣传的启示［J］．新闻战线，2021（21）：13-16.

［3］赵金．做好新时代宣传思想工作的科学方法论［J］．新闻战线，2021（4）：2-5.

加快推动博物馆文旅文创融合发展研究

白　洋　周　瑞*

文旅文创融合发展已成为目前博物馆发展的重要目标之一，文旅文创的融合发展一方面能够促进旅游业、制造业的蓬勃发展；另一方面能够为文化体系的建设带来新的机遇与挑战。现阶段文旅文创融合发展已然促进了区域协同创新，加大了社会参与的力度，促进了资源要素有序流动，优化了资源配置，极大地丰富和盘活了博物馆藏品资源。然而，在发展过程中也存在一些问题，这些问题牵制着文旅文创的进一步融合发展，阻碍着我国文化的进一步繁荣。

一、博物馆文旅文创融合发展存在的主要问题

（一）文化服务内容“供不应需”

博物馆的主要工作是为有需要的群众提供陈列展览、参观讲解、巡展送展等，但在实际工作中，很多博物馆存在陈列展览常年不变且缺乏新意、讲解内容存在错误或不详之处、巡展送展内容与当地群众所需不匹配等问题，这就导致了“供不应需”的情况发生，造成了资源的浪费。同时，也无法满足人民群众的需求。另外，展览内容过于“高雅”与百姓生活相去甚远，无法引起观众共鸣，

* 白洋，广州市孙中山大元帅府纪念馆党务干部；周瑞，硕士研究生，上海市嘉定区妇幼保健院党政办职员。

从而造成群众“回头率低”，更不可能产生后续的文旅文创需求冲动，从而发展无从谈起。

（二）文旅文创人才紧缺

文旅文创若想往纵深发展需要专业对口、文博知识和艺术积累深厚的人才，但是，目前各个博物馆并没有专门的编制用于招揽文旅文创相关人才。文旅文创人才可以分为专业型人才和管理型人才。其中，专业型人才是缺失最为严重的，这涉及文物鉴定、文物保护、文物开发等。文旅文创的前提是要有“真东西”展示出来，没有专业性人才的支撑，文旅文创就是“无水之源”。同时，管理型人才也不可小觑，文旅文创产品被制作出来，如果得不到科学合理的管理，也会导致文旅文创的利用率不高，大大降低文旅文创融合发展的势头。

（三）文旅文创产品开发营销不充分

文旅文创产品的开发与营销目前仍处在初级阶段，在理念、资金、开发思路和营销模式上还有很多问题亟待解决，整个产业链的完整性还有待进一步完善。一方面，文旅文创的产品主要集中在纪念品这一项上，而配套的餐饮、书店等设施就少了很多，尤其是在一些小型博物馆中，受场地和经营理念的制约，根本无法配套这些设施；另一方面，纪念品的同质化严重，同一主题的不同馆所售卖的纪念章可能是完全一样的，缺乏本馆特色，没有很好地将馆所独有的藏品融入文旅文创产品之中。

（四）文旅文创积极性不强

当前，文旅文创融合发展最大的障碍在于制度僵化，很多博物馆对于政策的理解不到位。比如，属于公益一类的博物馆，所有运行经费由财政拨款，如果本馆有文旅文创产品，那么卖出后的收益要全额上交，这就造成公益一类博物馆搞文旅文创的积极性不强，形成了“不做”可以吃“皇粮”，“做了”也要全部上交，而且“做的多错的多，不做不错”的思想。如此，谁又会去做呢？这就造成公益一类博物馆根本不想去做，文旅文创融合发展无从谈起。再看公益二类博物馆，部分经费需要自筹，这部分博物馆发展文旅文创的积极性很强，但是，因其定价不合理，导致游客购买的欲望不强，做出来的东西“无人问津”，也大大降低了工作人员的热情。

（五）宣传维护乏力

文旅文创融合发展离不开宣传，在传统的广播电视、报纸杂志、本馆网站、宣传册、户外广告等传统宣传口的基础上，又新增了微信公众号、抖音、快手平台等新媒体宣传口径。宣传方式不可不谓多，但许多博物馆的积极性却不强，基本还维持在上级要求的最低水平，没有很好地利用优势资源把自身产品推广出去。

二、博物馆文旅文创融合发展的思路与对策

（一）完善制度建设，加强政策宣讲

文旅文创融合发展要想有大作为，制度建设不可或缺。但是，制度如何制定，制定出来后如何让制度落地确实是亟待解决的问题。在实际的工作中，制度制定出来后，由于缺乏宣讲人员，导致很多单位对制度存在或多或少的不理解和曲解。因此，各地文化广电旅游局可以在制定出文旅文创政策之后，派专人赴各单位进行政策讲解，一方面可以让大家明白接下来要怎么做、哪些可以做、哪些不可以做；另一方面可以及时反馈问题，有利于制度的修改。唯有如此，才是真正地落实制度建设，促进文旅文创融合发展。

（二）强化交流，促进人才队伍建设

为了解决在文旅文创融合发展中专业型人才和管理型人才紧缺的问题，博物馆应主动对接文旅文创相关社会组织、企事业单位、艺术品单位，探索建立长效合作机制。尤其是与艺术品单位要加强交流，以提升文创产品内涵。对于专业人才培养，一是可以加强与高等院校的合作，将本馆专业型人才输送到对接院校进行定向培训；二是可以通过奖补、公开招聘的方式吸纳具有丰富文旅文创知识的人才为馆所用；三是开展长期的实习活动，让有意投身于文旅文创事业的在校生和社会人员参与到博物馆文旅文创融合发展之中。如此，可以更好地吸纳优秀人员参与进来。对于管理型人才，要在博物馆已有的专业型人才的基础上择优选择

对文旅文创领域有建树的人才“双肩挑”，这样可以更好地指导文旅文创实践活动。

（三）根据顾客需求调整产品结构

文旅文创的融合发展最终要落实到产品上，不同的产品在类型、特色、功能等方面存在差异性，在市场消费、产品价值、开发潜力等方面也不尽相同。因此，文旅文创产品要在情感体会、审美感受、使用情况等方面进行细化，从而开辟细分市场。同时，结合产品的消费人群、消费地域、市场时效等要素发现其中的协调因素，进而找准目标人群，有的放矢地推销自身文旅文创产品。另外，当下的人们越来越在意个性化需求，因此，博物馆的文旅文创融合发展要以个性化为纽带，将文旅与文创串联起来，从而促进文旅文创的融合发展。

（四）拓宽宣传方式

随着网络的普及，把文旅文创搬上网络成为发展趋势。目前，许多博物馆都把自己的精品展览放到网上，让人们足不出户就可以观看展览。既然可以通过网络的形式观看展览，未尝不可在观看展览的过程中，放置一些文旅文创产品，让有需要的观众进行购买，就好比目前比较流行的直播带货，通过直播的方式将产品推销出去。同样，在博物馆的线上展览过程中，可以在屏幕下方设置文旅文创产品链接，如果观众觉得展览不错，自然会购买一些产品用以回味展览，如此，便能让人们在游览的过程中将文旅与文创潜移默化地融合在一起。

博物馆文旅文创的融合发展还处在探索阶段，在探索的过程中难免会有发展不平衡不充分的情况存在。因此，一是要完善制度，加强宣传，只有让基层单位充分地了解制度，才能放手去干，才能鼓励先行先试，破除体制机制束缚，释放发展活力；二是人才培养，任何工作没有人这个基础元素都是无水之源，因此，必须要将人才培养放在重中之重的位置，才能更好地对文旅文创的发展起到推动作用；三是产业结构和宣传力度，再好的产品不宣传就会“卖不动”，再好的宣传没有质量过硬的产品也是虚妄。因此，博物馆立足馆藏基础，研发符合本馆实际的产品，并通过合适的宣传路径进行宣传，博物馆的文旅文创融合发展才能走得更加扎实稳健。凝聚社会合力，完善体制机制，加强人才队伍建设，扩大宣传范围，才能促进博物馆的文旅文创融合发展更加完备、更有成效，更能够为人民服务。

重视南阳近现代文化名人研究 打造河南副中心城市文化名片

王仁宇*

2021年5月中旬，习近平总书记视察南阳，对南阳发展给予殷切期望并做了重要指示。2021年10月下旬，中国共产党河南省第十一次代表大会召开，会议决定把南阳建设为河南省副中心城市。这是南阳千载难得的发展良机。这标志着河南在建设现代化的道路上，又迈出了重大一步。

河南副中心城市的建设，涉及政治、经济和文化众多领域里的方方面面，文化建设是其中的重要内容之一。不仅如此，南阳作为拥有近三千年历史的文化名城，文化建设对于南阳建设成为河南副中心城市具有举足轻重的地位和作用。在南阳出生，从南阳走出的文化名人，不仅是灿烂文化的创造者，也是文化繁荣的象征和结晶。因此，重视对南阳文化名人的研究和宣传，对于南阳文化、经济和政治的发展，对于南阳作为河南省副中心城市和区域的建设，都具有十分重要的意义和价值。

南阳因其得天独厚的地理优势，很早就是经济富庶之地，文化昌盛之乡。古往今来，这里生计优裕，斯文荟萃，名人辈出，他们为南阳社会发展、历史进步，为南阳走出盆地，闻名全国、饮誉世界做出了巨大贡献。在上古时代，就有范蠡、张衡、张仲景、诸葛亮、范晔、何晏等在不同的领域创造出辉煌历史，东汉以后，南阳饱受战火蹂躏，经济落后，民生艰难，文化凋零，走出的名人较少，但也有张巡、李贤等武将文臣，他们忠君爱民，定国安邦，建功立业，踵事增华，续写着南阳文化的绚丽篇章。

---

* 王仁宇，南阳师范学院副教授。

近代以来，西学东渐，南阳因毗邻武汉这一通商口岸，对外联系方便，一时间内，开河南风气之先，在中原地区独领风骚，涌现出一大批文化名人。清朝末年和民国时期，就有张嘉谋、冯友兰、董作宾、杨廷宝、丁声树、徐旭生、冯景兰、冯沅君、杨丙辰、方镇中等一批文化巨匠，他们在各自领域占据鳌头，出类拔萃。譬如，冯友兰是著名的哲学家和教育家，与王国维、陈寅恪分别占据哲学、文学和史学三大人文学科的三大家；董作宾（字彦堂）是著名的考古学家和文字学家，是与罗振玉（字雪堂）、王国维（字观堂）和郭沫若（字鼎堂）齐名的“甲骨四堂”之一。中华人民共和国成立以来，南阳又培养并走出一大批科学家和发明家，在全国河南籍的院士中，出生于南阳的就占 1/3。此外，还有南阳籍法学家在国内法学界蔚然壮观，引人注目。百余年间，南阳出现这么多专家学者、文化名人，灿若群星，不仅在河南省是独一无二的，就是在全国范围内也是比较少见的。他们是南阳的宝贵财富，是南阳建设成为河南副中心城市的重要资源。

与古代文化名人相比，近现代文化名人是在现代学科分类和教育体制下培养出来的，他们的研究领域比较专业和规范，研究成果比较深入和集中，距离当前时代和现代社会更加切近，具有很强的现实意义和应用价值。这些人中，有的仍然健在，正在发挥着作用；有的虽然去世，但还在产生着影响。这些杰出的文化名人大多数供职于高等学府和科研机构，他们终生的志业和事业，就是科学研究、著书立说和教书育人，因此，他们同时又是教育家，弟子门生遍及全国。如今，他们中间虽然有些已远离我们而去，但他们的哲嗣和高足活跃在科学界、教育界和文化界，不少还高居要津，具有各自学科领域建设和发展的话语权与决策力。因此，重视南阳近现代名人的研究和宣传，对于进一步提高南阳知名度，对于南阳的经济建设和社会发展，对于促进南阳作为河南省副中心城市的建设，都具有十分重要的意义。

在很长一段时期里，南阳比较重视古代名人的研究和宣传，尤其在诸葛亮和张仲景的宣传上注入了大量资金，投入了很大精力，也产生了良好的效果，取得了丰厚的回报。但南阳对近现代名人的重视还不够，没有做深入研究和大力宣传。

为了打造好南阳近现代文化名人这张名片，打造南阳文化名人的品牌，以促进南阳经济发展、社会建设，南阳作为河南省副中心城市，应该重点做好以下几个方面的工作：

一是对南阳近现代历史文化名人重新进行调查和统计。由于种种原因，过去一些名人被遗忘或遗漏了，这就需要重新进行调查和统计。在此基础上，遴选一些社会影响大、发展潜力强的文化名人进行重点研究和宣传。

二是对近现代南阳名人中特别出名的，在南阳或保留故居，或建设纪念馆、开辟纪念室、树立纪念像等，利用这些形式，不仅能让南阳人知道他们、了解他们，也能作为外地人到南阳参观和考察的景点和名胜。应大力将这些名人事迹宣传出去，不能让他们只住于方志、藏身于档案。

三是以南阳高等院校、相关机构与工矿企业为依托，成立相应的研究院所或研究学会，聘请志有所寄、情有所钟、学有所专、业有所长的人员作为专职研究人员，让他们潜心研究，立足南阳，放眼全国，展望全球，在全国乃至全球范围内首先步入研究行列，争取走在研究前列，把南阳建成研究这些文化名人的基地乃至重镇。

四是与南阳近现代文化名人，或者哲嗣与高足建立经常性联系，得到他们的关心与指导，争取能够获得这些名人的手稿、藏书等一手文献和资料，建立资料库。与国内相应的级别较高的研究机构和研究协会，如中国冯友兰研究会、东南大学建筑研究所等建立合作关系，得到它们的帮助和支持。

五是鼓励企业与公司和两院院士建立联系，进行合作，可由政府出面、学界牵线、政企联手、产学结合，充分利用南阳籍院士的智慧、学识和资源，为把南阳建设成为河南副中心城市做出贡献。